MATICES

Curso Intermedio Breve

CAMBRIDGE
UNIVERSITY PRESS

Edi
numen

La paleta de colores del español tiene amplia gama de matices
presente en cada uno de los pueblos en los que se habla.
David Isa

© **Editorial Edinumen, 2017**

Authors:
María Carmen Cabeza, Francisca Fernández, Emilio José Marín, Celia Meana, Ana Molina, Liliana Pereyra, Francisco Fidel Riva, equipo Prisma, equipo Nuevo Prisma (Sandra García, David Isa, Susana Molina y Ana María de Vargas)

Coordination Team:
David Isa, Celia Meana, María José Gelabert y Mar Menéndez.

ISBNs - 9781316503812
9781316503829

First published 2017
20 19 18 17 16 15 14 13 12 11 10 9 8 7 6 5 4 3 2 1

Printed in Mexico by Editorial Impresora Apolo, S.A. de C.V.

Editorial Coordination:
David Isa

Cover Design:
Juanjo López

Design and Layout:
Carlos Casado y Juanjo López

Illustrations:
Carlos Casado

Photos:
See page 250

Cambridge University Press
1 Liberty Plaza
New York, NY 10006

Editorial Edinumen
José Celestino Mutis, 4. 28028 Madrid. España
Telephone: (34) 91 308 51 42
Fax: (34) 91 319 93 09
Email: edinumen@edinumen.es
www.edinumen.es

SCOPE AND SEQUENCE

SCOPE AND SEQUENCE

OUR STORY

Matices was conceived with a focus on communication and results. Its student-centered approach gives learners the opportunity to use the language effectively and to complete useful, real-world tasks in a variety of socio-cultural contexts.

Matices reaches beyond general competency skills, working to provide students with activities that emulate real language and tasks that build their ability to successfully interact in Spanish-speaking environments. The **Matices** learning strategy is closely tied to the community of practice that exists between the student, his/her classmates, and the instructor. Students are encouraged to reflect on their learning and develop skills relating to the affective, cognitive, and social realms of language learning.

Matices offers students a modern and diversified approach to topics and cultural practices, and a set of distinctively authentic and relatable learning materials.

The **Matices** program consistently provides students and instructors with the following:

- **Activities** strategically designed to facilitate the construction of meaning and significantly improve language acquisition. Through scaffolding instruction, purposeful sequencing of activities, authentic speech samples, and self-reflection exercises, students are able to meaningfully engage in learning and acquire the necessary language skills.

- **Cultural content** that includes excerpts from literary works, contemporary music and the visual arts that are related to the unit theme, as well as authentic articles and essays.

- **Fragments of feature films** that work together with the unit content to strengthen students' understanding of Spanish-speaking cultures as they learn and develop intercultural sensibilities.

- **Strategies** that ask students to formulate hypotheses, accessing the meaning of new vocabulary and structures based on what they already know or can infer.

- **Communicative functions** that are presented both deductively and inductively to help students become active participants in their learning

- Over 48 **audio recordings**, ranging from listening comprehension passages to literature and news articles.

- **Instructor resources** that offer suggestions for classroom instruction and include additional activities that can be seamlessly implemented in class.

- **Digital resources** for both instructors and students, including fully interactive eBooks and a wealth of online practice activities.

▪ Para empezar

Just as the title indicates, the section centers on a conversation that introduces the theme of the unit and previews vocabulary and grammar structures.

In this section, students begin to interpret meaning and usage in an authentic context. Students are not expected to understand every word, but are rather given the opportunity to experience the language organically, as they would in real-life exchanges.

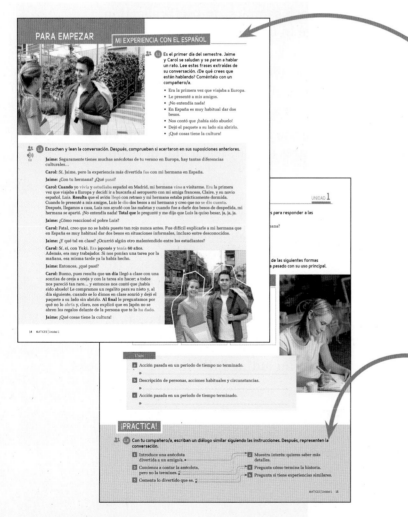

In *¡Practica!*, students are guided to create their own conversation with a partner, building confidence while they build conversation. Success at this point is not based on formal instruction. Instead, the carefully sequenced activities inductively guide students to achieve the task.

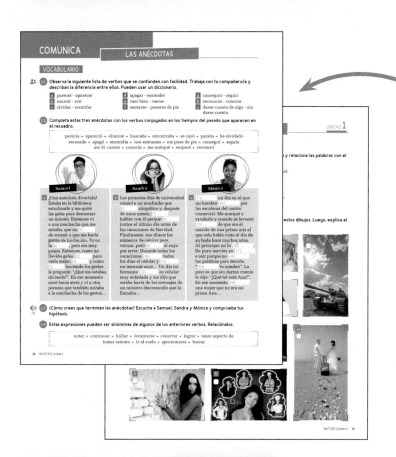

Comunica y Comunica más

Vocabulary and communicative functions are grouped together to form a cohesive unit of instruction. Vocabulary is presented in context in a sequence of activities that build from one to the next. Working through these activities with a partner or in small groups encourages students to approach learning as a community.

Comunicación asks students to engage with new vocabulary in a functional context, building real-world communication skills. Structures and functions are presented as elements of conversation, not as explicit grammatical formulas.

Cartelera de cine

Cartelera de cine presents short clips from feature films produced in Argentina, Spain, and other Hispanic countries that relate to the unit theme.

Scaffolding activities ask students to anticipate content and predict outcomes, encouraging students to interpret the segment as a whole as a strategy for accessing meaning, rather than focusing solely on comprehension. Subtitles in Spanish are also available to be used at the discretion of the instructor.

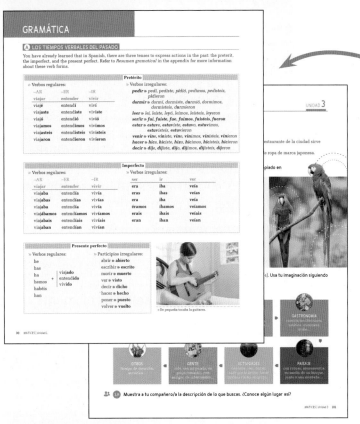

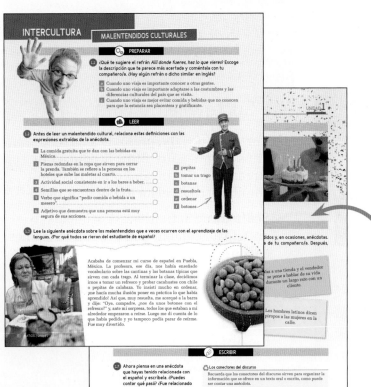

Gramática

Grammar is presented in Spanish, with a brief introduction in English to orient students with the structure and usage of the new grammatical element.

The section pulls together all the structures students have engaged with in the preceding sections, and provides clear explanations to ensure that students understand meaning and usage.

Intercultura

This section combines the unit theme, vocabulary, and grammar in a cultural context. Students make connections to their own culture and experience as they practice reading, listening, speaking, and writing. This section also focuses on developing critical thinking skills in students.

UNIT WALKTHROUGH

■ Nos conocemos

As indicated by the title ("getting to know each other"), this cultural section goes beyond a simple cultural snapshot and instead invites students to delve deeper into Hispanic perspectives with information and activities designed to encourage learners to expand on the cultural content of the text.

The final portion of the section provides an entertainment guide to the latest events, popular personalities, and activities taking place in the world today.

■ Literatura para la vida

The literature section is a gentle introduction to well-known authors, their historical context, and their work, and culminates with a literary sample or fragment. All literary pieces are recorded. Students are often guided to create their own work based on either the content or structure of the literary piece.

■ ¿Qué he aprendido?

More than a unit review, this section requires the student to demonstrate, with their own examples or explanations, what they have learned in the unit. A checklist is provided, allowing students to confirm and revisit the learning outcomes stated at the beginning of the unit.

ACKNOWLEDGMENTS

We would like to thank the following instructors for sharing their insights during the development of *Matices*. Their comments were instrumental in shaping our program.

Almudena Aguirre-Romero, Odessa College

Tim Altanero, Austin Community College

Miguel Ángel Novella, Eastern Washington University

Emily S. Beck, College of Charleston

Silvia Belen Ramos, Fairleigh Dickinson University

Melissa Bullard, Truckee Meadows Community College

Gerardo Cruz, Community College of Philadelphia

Erin Finzer, University of Arkansas at Little Rock

Elena Gandia Garcia, University of Nevada Las Vegas

Borja Gutierrez, Pennsylvania State University

Marie Horbaly, Northern Virginia Community College

Monica Jancha, University of Notre Dame

Matthew L Juge, Texas State University

Julia kraker, Mississippi State University

John Labiento, California State University Long Beach

Lina Lee, University of New Hampshire

Dr. Frederic Leveziel, University of South Florida St. Petersburg

Montserrat Linares, Elizabethtown College

Magdalena Maiz-Pena, Davidson College

Carolina Martinez, Queens College

James A. McAllister, University of New Orleans

Linda McManness, Baylor University

Lisa Merschel, Duke University

Lori Mesrobian, University of Southern California

Monica Millan, Eastern Michigan University

Bridget Morgan, Indiana University South Bend

Javier Morin, Del Mar College

Ric Morris, Middle Tennessee State University

Tania Muino-Loureiro, Northeastern University

Lisa Nalbone, University of Central Florida

Nancy Noguera, Drew University

Debra Ochoa, Trinity University

Kathleen Orcutt, American River College

Lucia Osa-Melero, Duquesne University

Agustin Otero, The College of New Jersey

Jeffrey Oxford, Midwestern State University

Diego Pascual, Texas Tech University

Sarah Pollack, College of Staten Island

April Post, Elon University

Dr. Alma P. Ramirez-Trujillo, Emory & Henry College

Linda Roy, Tarrant County College

Mark A. Salfi, University of San Francisco

Gabriel Saxton-Ruiz, University of Wisconsin-Green Bay

Engracia Schuster, Onondaga Community College

Ángeles Serrano-Ripoll, George Washington University

Dr. Reyna L. Sirias O., Lone Star College

Patricia Smith, Tufts University

Christine Stanley, Roanoke College

Veronica Tempone, Indian River State College

Ian Tippets, Lewis-Clark State College

Mercedes Tubino, Western Michigan University

Gladys Vega, William Paterson University

Dr. Eric Warner, Ferris State University

Rebecca White, Indiana University Southeast

Iker Zulaica Hernández, Purdue University

ACTIVATING YOUR ELETECA RESOURCES

ELEteca is the Learning Management System that accompanies your *Matices* Student´s Book.

To activate your ELEteca resources, visit **http://cambridge.edinumen.es/welcome** and follow the instructions to create an account and activate your access code.

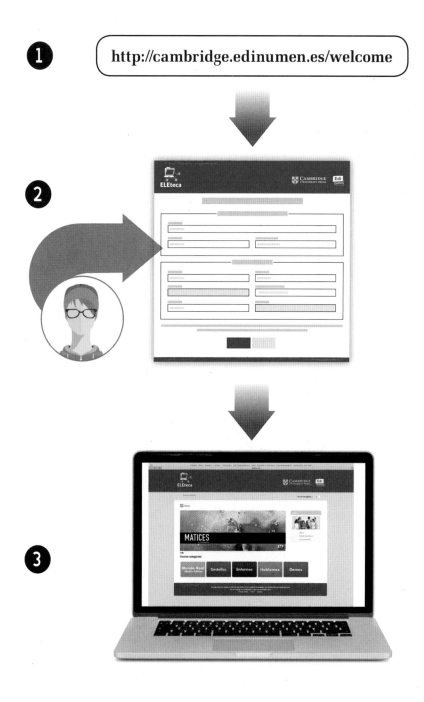

1 http://cambridge.edinumen.es/welcome

■ ¿Dónde crees que están los muchachos?

■ ¿Qué están haciendo?

■ ¿Por qué están ahí?

»Plaza Mayor, Madrid (España).

EXPERIENCIAS EN ESPAÑOL

1

Learning outcomes

By the end of this unit you will be able to:

- Talk about your experiences learning Spanish.
- Share stories about the past.
- React to what others tell you they did.
- Talk about cultural misunderstandings in the past.
- Describe what had already happened.

Para empezar

- Mi experiencia con el español

Comunica

- Las anécdotas: contar y describir anécdotas sobre el pasado
- Experiencias insólitas: reaccionar a una anécdota

Pronunciación y ortografía

- Acentuación (1): las palabras agudas y llanas

Cartelera de cine

- *Los años bárbaros*

Gramática

- Los tiempos verbales del pasado
- El pluscuamperfecto: forma y usos
- Usos de *ser* y *estar*

Intercultura

- Malentendidos culturales

Nos conocemos

- Famosos hispanos

Literatura para la vida

- *La casa de los espíritus*, de Isabel Allende

PARA EMPEZAR

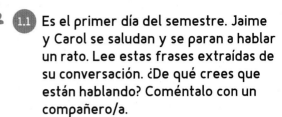

1.1 Es el primer día del semestre. Jaime y Carol se saludan y se paran a hablar un rato. Lee estas frases extraídas de su conversación. ¿De qué crees que están hablando? Coméntalo con un compañero/a.

- Era la primera vez que viajaba a Europa.
- Le presenté a mis amigos.
- ¡No entendía nada!
- En España es muy habitual dar dos besos.
- Nos contó que ¡había sido abuelo!
- Dejó el paquete a su lado sin abrirlo.
- ¡Qué cosas tiene la cultura!

1.2 Escuchen y lean la conversación. Después, comprueben si acertaron en sus suposiciones anteriores.

[1]

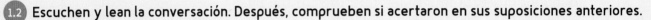

Jaime: Seguramente tienes muchas anécdotas de tu verano en Europa, hay tantas diferencias culturales…

Carol: Sí, Jaime, pero la experiencia más divertida **fue** con mi hermana en España.

Jaime: ¿Con tu hermana? ¿Qué **pasó**?

Carol: Cuando yo **vivía** y **estudiaba** español en Madrid, mi hermana **vino** a visitarme. **Era** la primera vez que viajaba a Europa y decidí ir a buscarla al aeropuerto con mi amiga francesa, Claire, y su novio español, Luis. **Resulta** que el avión **llegó** con retraso y mi hermana estaba prácticamente dormida. Cuando le presenté a mis amigos, Luis le **dio** dos besos a mi hermana y creo que no **se dio cuenta**. Después, llegamos a casa, Luis nos ayudó con las maletas y cuando fue a darle dos besos de despedida, mi hermana se apartó. ¡No entendía nada! **Total que** le pregunté y me dijo que Luis la quiso besar, ja, ja, ja.

Jaime: ¿Cómo reaccionó el pobre Luis?

Carol: Fatal, creo que no se había puesto tan rojo nunca antes. Fue difícil explicarle a mi hermana que en España es muy habitual dar dos besos en situaciones informales, incluso entre desconocidos.

Jaime: ¿Y qué tal en clase? ¿Ocurrió algún otro malentendido entre los estudiantes?

Carol: Sí, sí, con Yuki. **Era** japonés y **tenía** 60 años. Además, era muy trabajador. Si nos ponían una tarea por la mañana, esa misma tarde ya la había hecho.

Jaime: Entonces, ¿qué pasó?

Carol: Bueno, pues resulta que **un día** llegó a clase con una sonrisa de oreja a oreja y con la tarea sin hacer; a todos nos pareció tan raro… y entonces nos contó que ¡había sido abuelo! Le compramos un regalito para su nieto y, al día siguiente, cuando se lo dimos en clase sonrió y dejó el paquete a su lado sin abrirlo. **Al final** le preguntamos por qué no lo **abría** y, claro, nos explicó que en Japón no se abren los regalos delante de la persona que te lo **ha dado**.

Jaime: ¡Qué cosas tiene la cultura!

1.3 Observa los conectores en negrita (bold) y usa los que creas necesarios para responder a las siguientes preguntas.

   a ¿En qué momento de la vida de Carol sucedió la anécdota de su hermana?

   b ¿Por qué la hermana de Carol estaba tan desconcertada?

   c ¿En qué situación se extrañaron los compañeros de Yuki?

   d ¿Qué hicieron finalmente los compañeros ante la actitud de Yuki?

1.4 Vuelve a leer la conversación. Con un compañero/a, busquen ejemplos de las siguientes formas verbales de pasado que aparecen destacadas. Después, relacionen cada pasado con su uso principal.

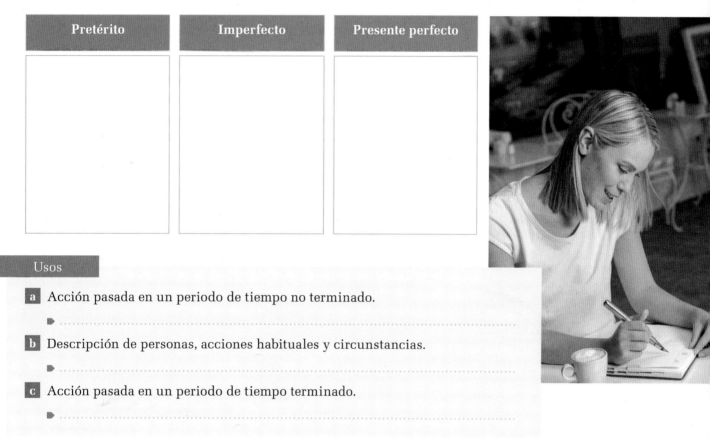

Pretérito	Imperfecto	Presente perfecto

Usos

   a Acción pasada en un periodo de tiempo no terminado.

   ▶ ....

   b Descripción de personas, acciones habituales y circunstancias.

   ▶ ....

   c Acción pasada en un periodo de tiempo terminado.

   ▶ ....

¡PRACTICA!

1.5 Con tu compañero/a, escriban un diálogo similar siguiendo las instrucciones. Después, representen la conversación.

1 Introduce una anécdota divertida a un amigo/a.

2 Muestra interés: quieres saber más detalles.

3 Comienza a contar la anécdota, pero no la termines.

4 Pregunta cómo termina la historia.

5 Comenta lo divertido que es.

6 Pregunta si tiene experiencias similares.

VOCABULARIO

1.1 Observa la siguiente lista de verbos que se confunden con facilidad. Trabaja con tu compañero/a y describan la diferencia entre ellos. Pueden usar un diccionario.

a parecer - aparecer
b sonreír - reír
c olvidar - recordar

d apagar - encender
e caer bien - caerse
f sentarse - ponerse de pie

g conseguir - seguir
h reconocer - conocer
i darse cuenta de algo - sin darse cuenta

1.2 Completa estas tres anécdotas con los verbos conjugados en los tiempos del pasado que aparecen en el recuadro.

> parecía ▪ apareció ▪ eliminé ▪ buscaba ▪ encontraba ▪ se cayó ▪ paraba ▪ he olvidado
> recuerdo ▪ apagó ▪ encendía ▪ nos sentamos ▪ me puse de pie ▪ conseguí ▪ seguía
> me di cuenta ▪ conocía ▪ me acerqué ▪ empecé ▪ reconocí

Samuel

Sandra

Mónica

a ¿Una anécdota divertida? Estaba en la biblioteca estudiando y me quité las gafas para descansar un minuto. Entonces vi a una muchacha que me miraba, que no [1] .... de sonreír y que me hacía gestos de invitación. Yo no la [2] ...., pero era muy guapa. Entonces, como no llevaba gafas, [3] .... para verla mejor, [4] .... y como [5] .... haciendo los gestos le pregunté: "¿Qué me estabas diciendo?". En ese momento miré hacia atrás y vi a otra persona que también miraba a la muchacha de los gestos...

b Los primeros días de universidad conocí a un muchacho que [6] .... simpático y, después de unos meses, [7] .... hablar con él porque [8] .... juntos el último día antes de las vacaciones de Navidad. Finalmente, nos dimos los números de celular para vernos, pero [9] .... el suyo por error. Durante todas las vacaciones [10] .... todos los días el celular y [11] .... un mensaje suyo... Un día mi hermana [12] .... su celular muy enfadada y me dijo que estaba harta de los mensajes de un número desconocido que la llamaba...

c [13] .... un día en el que un hombre [14] .... por las escaleras del centro comercial. Me acerqué a ayudarlo y cuando se levantó [15] .... de que era el marido de una prima mía al que solo había visto el día de su boda hace muchos años. Al principio no lo [16] .... De puro nervios yo [17] .... a reír porque no [18] .... las palabras para decirle: "[19] .... tu nombre". Lo peor es que sin darme cuenta le dije: "¿Qué tal está Ana?". En ese momento [20] .... una mujer que no era mi prima Ana...

[2]
1.3 ¿Cómo crees que terminan las anécdotas? Escucha a Samuel, Sandra y Mónica y comprueba tus hipótesis.

1.4 Estas expresiones pueden ser sinónimas de algunos de los anteriores verbos. Relaciónalos.

> notar ▪ continuar ▪ hallar ▪ levantarse ▪ conectar ▪ lograr ▪ tener aspecto de
> tomar asiento ▪ ir al suelo ▪ aproximarse ▪ borrar

COMUNICACIÓN

1.5 Lee las siguientes anécdotas y elige la opción correcta. Después, comprueba tus respuestas en el cuadro de la página siguiente.

Diálogo 1

💬 **¿Qué te pasó?** ¿Por qué no llamaste ayer?

🗨 ¡No te lo vas a creer!

💬 **¡Dime, dime!,** que estuvimos una hora esperando tu llamada…

🗨 **Pues resulta que** ayer, después de comer, fui al baño y se me cayó el celular en el inodoro y…

Diálogo 2

💬 **¿Sabes que me pasó** el lunes?

🗨 **No, cuenta, cuenta.**

💬 Fui a la playa con mi hermana y me quedé dormida una hora bajo el sol. Me puse crema, pero en lugar de protector me apliqué *aftersun*… **Total que** mira mi espalda.

🗨 ¡Ah! ¡Pareces un tomate!

Diálogo 3

💬 **Oye, tengo que contarte una cosa.**

🗨 **¿Qué te pasó?**

💬 **El otro día,** te llamé por teléfono y cuando contestaste, te dije: "Te quiero".

🗨 ¿Qué? No entiendo nada, Javier.

💬 En ese momento, una mujer empezó a reír y me dijo que no estabas. **En fin que** te confundí con tu madre.

🗨 Ja, ja, ja, mi madre no me dijo nada…

Para contar anécdotas:

1 *¿Qué te pasó?* sirve para:
- (a) empezar la anécdota.
- (b) preguntar.
- (c) introducir el tema.

2 *¡Dime, dime!* se usa para:
- (a) reaccionar solicitando el comienzo del relato.
- (b) preguntar.
- (c) empezar a contar el relato.

3 *Pues resulta que* indica:
- (a) el fin de la anécdota.
- (b) la reacción ante la anécdota.
- (c) el inicio del relato.

4 *¿Sabes qué me pasó?* se usa para:
- (a) reaccionar solicitando el comienzo.
- (b) introducir el tema.
- (c) preguntar.

5 *Total que* indica:
- (a) el comienzo de la anécdota.
- (b) el final de la anécdota.
- (c) la introducción del tema.

6 *Oye, tengo que contarte una cosa* se usa para:
- (a) introducir el tema.
- (b) empezar a contar el relato.
- (c) reaccionar ante la anécdota.

7 *¿Qué te pasó?* sirve para:
- (a) preguntar.
- (b) reaccionar.
- (c) empezar a contar el relato.

8 *En fin que* indica que:
- (a) el relato va a terminar.
- (b) el relato es corto.
- (c) se ubica en el tiempo.

COMUNICA

■ **Contar y describir anécdotas sobre el pasado**

» Para preguntar:
- *– ¿Qué te pasa (pasó)?*
- *– Cuenta, cuenta…*

» Para empezar a contar el relato:
- *– (Pues) Resulta que…*

» Para ubicar la anécdota en el tiempo:
- *– El otro día…*
- *– Un día…*
- *– Una vez…*
- *– Hace unos meses…*
- *– Cuando…*

» Para terminar de contar la anécdota:
- *– Total que…*
- *– En fin que…*
- *– Al final…*

» Para introducir el tema:
- *– ¿Sabes qué ha pasado?*
- *– (Oye), tengo que contarte una cosa.*
- *– ¿Sabes qué pasó ayer?*
- *– Oye, tengo que contarte una cosa, ¿tienes tiempo?*

» Para reaccionar solicitando el comienzo del relato:
- *– No, ¿qué pasa/pasó?*
- *– ¿Qué pasó ayer?*
- *– ¡Dime, dime!*
- *– Ah, ¿sí?*

1.6 Elige una de las anécdotas de la actividad 1.2 y escríbela a modo de diálogo con los recursos comunicativos del cuadro. Después, represéntalo con tu compañero/a.

DIÁLOGO 1

Samuel: *¿Sabes qué pasó ayer?*

Amigo/a:

DIÁLOGO 2

Sandra: *Tengo que contarte una cosa.*

Amigo/a:

DIÁLOGO 3

Mónica: *Oye, tengo que contarte una cosa, ¿tienes tiempo?*

Amigo/a:

VOCABULARIO

1.7 ¿Sabes qué significa el adjetivo *insólito*? Escucha la siguiente entrevista y relaciona las palabras con el número del entrevistado al que pertenecen.

a ◯ Payaso.
b ◯ Mascota.
c ◯ Tirarse en paracaídas.
d ◯ Carrera.
e ◯ Tanque.

f ◯ Luna de miel.
g ◯ Susto.
h ◯ Probador.
i ◯ Funeraria.
j ◯ Disfrazarse.

1.8 Vuelve a escuchar la entrevista y relaciona las palabras anteriores con estos dibujos. Luego, explica el significado a tu compañero/a.

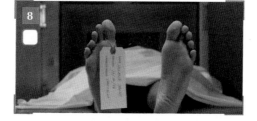

COMUNICA MÁS

1.9 Escribe en un papel la experiencia más insólita que hayas vivido. Después, dale el papel al profesor para que los reparta por la clase. Solo tienes tres minutos.

1.10 Discutan y decidan a quién pertenece cada una de las experiencias anteriores, argumentando sus opiniones.

Dice: "Una vez comí carne de serpiente".

O de Andrea, que hizo un curso de cocina.

Esa es de Peter, que le gusta ir de *camping*.

Yo creo que es de Katie, porque es muy atrevida.

1.11 El amor puede ser una experiencia extraordinaria en la vida. Lee este fragmento de la novela *Amor, curiosidad, prozac y dudas* de Lucía Etxebarría y verás cuántas cosas insólitas hicieron algunas personas por amor.

Apuntes para mi tesis: [...] Marco Antonio **perdió** un imperio por Cleopatra. Robin Hood raptó a lady Marian. Beatriz **rescató** a Dante del Purgatorio. [...] Julieta bebió una copa de veneno cuando vio muerto a Romeo. Melibea **se arrojó** por la ventana a la muerte de Calisto. Ofelia **se tiró** al río porque pensó que Hamlet no la amaba. [...] Juana de Castilla veló (held a vigil) a Felipe el Hermoso durante meses, día y noche, sin dejar de llorar, y después se retiró a un convento. Don Quijote **dedicó** todas sus aventuras a Dulcinea. Doña Inés se suicidó por don Juan y regresó más tarde desde el Paraíso para salvarlo del Infierno. Garcilaso escribió decenas de poemas para Isabel Freire, aunque nunca la **tocó**. [...] Rimbaud, que había escrito obras maestras a los dieciséis años, no escribió una sola línea desde el momento en que **acabó** su relación con Verlaine. [...] Verlaine **intentó** asesinar a Rimbaud, luego se convirtió al catolicismo y escribió las *Confesiones*; nunca volvió a ser el mismo. Anna Karenina **abandonó** a su hijo por amor al teniente Vronski, y se dejó arrollar por un tren cuando **creyó** que había perdido aquel amor. Y yo le dejo a Iain mensajes diarios en el contestador, pero si me lo pide lo dejaré de hacer y nunca más volveré a llamarle. Y no se me ocurre mayor prueba de amor, porque pienso en él constantemente.

(Adaptado de *Amor, curiosidad, prozac y dudas*, Lucía Etxebarría)

» Lucía Etxebarría, nacida en 1966 en España, escritora que gusta de la polémica, publicó su primera novela en 1997, *Amor, curiosidad, prozac y dudas*. Ganó el Premio Nadal de novela (1998) y el Premio Planeta (2004) por otras dos novelas suyas.

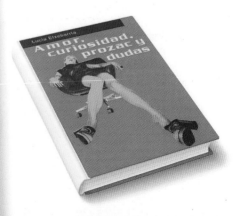

1.12 ¿Por qué la autora del texto se compara con todos estos personajes? ¿Cuál es la mayor prueba de amor que ella puede imaginar?

1.13 Haz una lista con los infinitivos de los verbos en negrita y defínelos. Hay dos verbos que son sinónimos. ¿Sabes cuáles son? Incluye otros sinónimos que conozcas. Trabaja con tu compañero/a.

Infinitivo	Definición	Sinónimos

1.14 Lee las siguientes frases con el verbo *dejar* extraídas del texto y relaciónalas con su significado.

1. Juana de Castilla veló a Felipe el Hermoso durante meses, día y noche, sin **dejar de** llorar. ....

2. Anna Karenina abandonó a su hijo por amor al teniente Vronski, y **se dejó** arrollar por un tren. ....

3. Y yo le **dejo** a Iain mensajes diarios en el contestador. ....

a. Depositar algo en algún lugar.

b. No continuar, cesar de hacer algo.

c. Permitir, consentir; sin fuerza para parar la acción.

1.15 Las imágenes representan a algunos de los personajes del fragmento de la novela anterior. Identifícalos según la información que tienes.

a.

b.

c.

d.

e [   ]   f [   ]   g [   ]

1.16 ¿A cuál de los personajes atribuyes estas frases? Después, investiga la historia sobre uno que no conozcas y cuéntasela a la clase.

a Cuando lo vi muerto, me volví loca de dolor y decidí acabar con mi vida.
b Todo lo que hice fue para ganarme el amor y la admiración de ella.
c Mi amado esposo, el rey, ha muerto.
d He dejado a mi hijo por amor y cuando él me abandonó, no pude continuar.

1.17 De todos los personajes que aparecen en el texto, ¿cuál te resulta más atractivo y por qué? ¿Puedes añadir algún otro personaje que hizo algo insólito por amor? Cuéntaselo a tus compañeros.

1.18 Ahora, escribe en este blog lo más insólito que hiciste tú por amor y lo que otra persona hizo por ti. No es necesario decir la verdad, lo importante es que uses bien los pasados.

Mi blog   Usuario   Contraseña

AMOR, AMOR, AMOR

Pues yo una vez...

COMUNICACIÓN

1.19 Observen a estas personas y describan cómo creen que se sienten al escuchar la anécdota que les están contando.

Ángel

Rosa

Adolfo

Beatriz

1.20 Clasifica las expresiones del recuadro en función de su intención. Ten en cuenta que una misma expresión puede indicar diferentes reacciones.

> ¡No me digas! ▪ ¡Híjole! ▪ ¿De verdad? ▪ ¡Madre mía! ▪ ¡Qué bueno! ▪ ¡Genial!
> ¡No me lo puedo creer! ▪ ¡Qué curioso! ▪ ¡No te olvides de nada! ▪ ¡Nunca había oído nada parecido!
> ¡Quiero saberlo con todo lujo de detalles! ▪ ¡Qué divertido! ▪ ¿En serio? ▪ ¡Bárbaro!

▪ **Reaccionar a una anécdota**

» Para expresar sorpresa positiva:

» Para expresar interés y curiosidad:

» Para expresar que les gusta la información:

» Para expresar escepticismo:

COMUNICA MÁS

1.21 Lee las siguientes situaciones y decide cuál de las expresiones anteriores podrías usar y la que sería ofensiva.

Un mexicano te invita a comer a su casa y, de entrante, te saca una ensalada de lechuga con aguacate y chapulines despolvoreados. Te dice que es un plato exquisito en México y que lo tienes que probar.

Es tu cumpleaños y un español te pregunta cuántos años cumples. A continuación, te empieza a tirar de las orejas.

1.22 Crea una situación parecida en la que una persona de otra cultura podría sentirse incómoda según las costumbres de tu comunidad o país. Después, compártela con tu compañero/a. ¿Cómo reaccionó?

1.23 Eres un/a chismoso/a y quieres enterarte de la vida de tu compañero/a. Es un personaje famoso (cantante, actor, etc.) que oculta un oscuro pasado. Esta es tu oportunidad. Pregúntale todo aquello que quieras saber y toma notas. Sorpréndete con las historias y las anécdotas que te cuenta.

PRONUNCIACIÓN y ORTOGRAFÍA

Acentuación (1): las palabras agudas y llanas

1.1 Lee el cuadro con las reglas generales de acentuación y clasifica estas palabras en agudas (A) o llanas (LL).

(A) sillón	(LL) Félix	(LL) ojo	(A) autobús	(LL) útil	(A) allí
(A) jamás	(LL) camiseta	(LL) escriben	(LL) trabajo	(LL) lápiz	(LL) árbol
(A) reloj	(LL) pelo	(A) celular	(A) pensar	(A) pared	(LL) comedor

LAS PALABRAS AGUDAS Y LLANAS

- Una sílaba es un grupo fónico que se pronuncia en un único golpe de voz. Las sílabas pueden ser **tónicas** (las que reciben el mayor golpe de voz) y **átonas** (las que reciben una menor intensidad en su pronunciación).

- En español, dependiendo de la posición de la sílaba tónica, tenemos diferentes tipos de palabras:
  » Las palabras que tienen el acento en la última sílaba se llaman **agudas**. Estas palabras llevan tilde cuando terminan en vocal, en –*n* o en –*s*: _sofá, ordenador_…
  » Las palabras que tienen el acento en la penúltima sílaba se llaman **llanas**. Estas palabras llevan tilde cuando terminan en consonante diferente de –*n* y –*s*: _césped, impresora_…

1.2 Lee el texto y pon la tilde en las palabras que lo necesiten según las reglas generales de acentuación que has estudiado. Trabaja con tu compañero/a.

El chofer de Einstein

Albert Einstein iba a las universidades para dar conferencias. Como no le gustaba conducir y, sin embargo, el coche le resultaba muy cómodo para sus desplazamientos, contrató los servicios de un chofer. Después de varios viajes, Einstein le comento al chofer lo aburrido que era repetir lo mismo una y otra vez. El chofer le dijo: "Le puedo sustituir por una noche. Despues de escuchar su conferencia tantas veces, la puedo recitar palabra por palabra". Einstein le tomo la palabra. Llegaron a la sala y el chofer expuso la conferencia y ninguno de los académicos presentes descubrio el engaño. Al final, un profesor de la audiencia le hizo una pregunta. El chofer no tenia ni idea de cual era la respuesta, pero tuvo un golpe de inspiracion y le dijo: "La pregunta que me hace es tan sencilla que dejaré que mi chofer, que se encuentra al final de la sala, la responda".

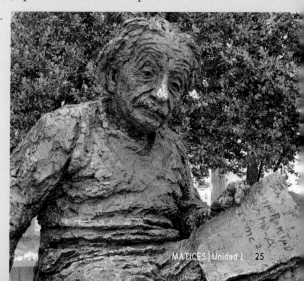

Jordi **MOLLA** · Ernesto **ALTERIO** · Hedy **BURRESS** · Allison **SMITH** y Juan **ECHANOVE**

Los años bárbaros

Una película de **Fernando Colomo**

Un viaje hacia la libertad

Con José Mª Pou, Samuel Le Bihan y la colaboración especial de Pepón Nieto y Alex Ángulo como "Máximo"
Una producción de Beatriz de la Gándara para Sogetel-Fernando Colomo P.C. en coproducción con Mainstream con la participación de Warner Sogefilms, Canal+ España y Canal+ Francia.

Guión CARLOS LOPEZ · JOSE ANGEL ESTEBAN · FERNANDO COLOMO con la colaboración de NICOLAS SANCHEZ-ALBORNOZ. Inspirado en la novela "Otros hombres" de MANUEL LAMANA. Sonido JOËL RIANT. Música Original JUAN BARDEM. Montaje MIGUELA. SANTAMARIA. Dirección Artística ALAIN BAINEE. Vestuario VICENTE RUIZ. Director de Fotografía NÉSTOR CALVO. Director de Producción FELIX RODRIGUEZ. Coproductor ALEXANDRE HEYLEN. Productores Ejecutivos BEATRIZ DE LA GANDARA - FERNANDO BOVAIRA. Director FERNANDO COLOMO.

SINOPSIS

Durante la posguerra española, en el año 1947, dos jóvenes estudiantes universitarios miembros de asociaciones de estudiantes contrarias al régimen son condenados a ocho años y enviados al campo de trabajo del Valle de los Caídos. Un vez allí, consiguen escaparse gracias a la ayuda de un francés especialista en fugas (jailbreaks), a través de un plan organizado. Empiezan entonces un viaje por España con unas supuestas (supposed) viajeras norteamericanas que conocen durante su fuga y que simpatizan con sus ideas democráticas de libertad.

¿SABÍAS QUE...?

- La película está basada en una novela autobiográfica de Manuel Lamana titulada *Otros hombres*.
- La película del director, Fernando Colomo, a diferencia de la novela, crea personajes de ficción inspirándose en la huida real del escritor de la novela y un compañero que lograron escapar de un campo de concentración del régimen franquista y huir (flee) a Francia a pie en 1948.
- La comedia desdramatiza la terrible situación que miles de españoles vivieron durante la dictadura de Franco y que les llevaron a cruzar las fronteras para salvar sus vidas y vivir en libertad.

SECUENCIA

00:38:30 ▶ 00:41:35

DATOS TÉCNICOS

TÍTULO	LOS AÑOS BÁRBAROS.		
AÑO	1998.	**GÉNERO**	Drama.
PAÍS	España y Francia.	**DIRECTOR**	Fernando Colomo.

INTÉRPRETES

Jordi Mollà, Ernesto Alterio, Hedy Burress, Allison Smith, Juan Echanove, José María Pou, Samuel Le Bihan, Álex Angulo, Pepon Nieto, Ana Rayo Ruano.

RECONOCIMIENTOS

5 nominaciones a los Premios Goya, incluyendo mejor guion adaptado.

ANTES
DE VER LA SECUENCIA

1.1 Vuelve a leer la sinopsis de la película y relaciona estas imágenes con sus descripciones.

1 ☐

2 ☐

3 ☐

4 ☐

a Tomás y Jaime fueron trasladados al Valle de los Caídos, un campo de trabajo en la sierra de Madrid, donde los presos políticos del franquismo cumplían sus condenas (sentences) con trabajos forzosos.

b Una noche Tomás, Jaime y otros universitarios contrarios al régimen quedaron para hacer pintadas de protesta en los muros de la universidad.

c Los dos estudiantes fueron arrestados y encarcelados antes de su juicio. Posteriormente, los condenaron a ocho años de prisión y a trabajos forzosos en el monumento del Valle de los Caídos.

d Esa misma noche, mientras el resto de los compañeros regresaban de hacer las pintadas, Tomás y Jaime fueron sorprendidos casi en el acto y detenidos.

TIEMPO
00:00:09
00:03:37

Tomás y Jaime, después de escapar del campo de trabajo, inician su viaje hacia la frontera con Francia y cuentan con la ayuda de dos jóvenes norteamericanas con las que vivirán diferentes aventuras y anécdotas.

1.2 Uno de los aspectos del film más criticados y elogiados (praised) al mismo tiempo es el tono cómico con el que tratan estos hechos vividos por refugiados españoles de aquella época. Observa este momento y responde a las siguientes preguntas relacionadas con hechos aparentemente anecdóticos.

1 El guardia civil…

(a) sospecha de las parejas.

(b) hace un control rutinario de carretera.

(c) para el vehículo por velocidad.

2 Los guardias civiles no entienden la nacionalidad de la muchacha porque ella lo dice…

(a) en español con acento extranjero.

(b) mal a propósito.

(c) en su lengua y los guardias no entienden inglés.

3 La guardia civil se relaja y olvida su obligación…

(a) porque acepta el regalo de una de las muchachas: whisky escocés de importación.

(b) porque le parece muy divertido el juego de palabras entre la marca de la bebida y la documentación exigida.

(c) porque una de las muchachas sí encuentra su pasaporte.

4 Cuenta con tus propias palabras las anécdotas lingüísticas o culturales de la secuencia.

....

....

....

....

DESPUÉS

DE VER LA SECUENCIA

1.3 Decide si estas afirmaciones sobre la secuencia son verdaderas (V) o falsas (F).

		V	F
a	El beso de la secuencia significa que la muchacha está locamente enamorada.	○	○
b	Los dos protagonistas hablan inglés y se comunican perfectamente con ellas.	○	○
c	La muchacha que maneja tiene una idea muy romántica e idealizada de la resistencia antifranquista.	○	○
d	Van a pasar por Toledo y Sevilla.	○	○
e	Los personajes deciden cambiarse el nombre.	○	○
f	La actitud de la guardia civil con ellas es machista e irrespetuosa.	○	○
g	Tomás y Jaime conocen muy bien a las muchachas y saben cómo les van a ayudar.	○	○
h	Finalmente, los muchachos les cuentan con detalle su larga experiencia como activistas políticos en clandestinidad.	○	○

1.4 Responde a estas preguntas sobre aspectos históricos mencionados en la película. Puedes consultar en Internet.

a ¿Sabes a qué personas se refiere la muchacha que maneja cuando menciona a los *fugados* y a los *maquis*?

b La misma muchacha dice que presume (brags) de que su padre fue un brigada internacional. ¿Sabes quiénes fueron las *brigadas internacionales*?

c ¿Sabes dónde está y para qué fue finalmente destinado el Valle de los Caídos, el campo de trabajo de los personajes?

d Explica qué elementos del argumento hacen que la historia sea: anecdótica, insólita y dramática.

1.5 Aquí tienes algunos elementos biográficos de Manuel Lamana, autor de la novela en la que se inspiró la película. Léelos y compáralos con el argumento de la película: ¿hay alguna diferencia?

a En 1941 se matricula en la Universidad Complutense de Madrid y participa en los movimientos estudiantiles de oposición al régimen franquista.

b En 1947 es condenado junto a su compañero Nicolás Sánchez Albornoz a seis años de prisión por intentar refundar un sindicato estudiantil prohibido por Franco.

c Ambos fueron trasladados y condenados en la construcción del Valle de los Caídos, lugar del que consiguieron escapar gracias a un plan elaborado desde Francia.

d Recorrieron gran parte de España en un coche con dos norteamericanas, Barbara Probst y Barbara Mailer, hasta llegar a los Pirineos y cruzarlos a pie hasta Francia.

GRAMÁTICA

You have already learned that in Spanish, there are three tenses to express actions in the past: the preterit, the imperfect, and the present perfect. Refer to *Resumen gramatical* in the appendix for more information about these verb forms.

Pretérito

» Verbos regulares:

–AR	–ER	–IR
viajar	entender	vivir
viaj**é**	entend**í**	viv**í**
viaj**aste**	entend**iste**	viv**iste**
viaj**ó**	entend**ió**	viv**ió**
viaj**amos**	entend**imos**	viv**imos**
viaj**asteis**	entend**isteis**	viv**isteis**
viaj**aron**	entend**ieron**	viv**ieron**

» Verbos irregulares:

pedir ▸ *pedí, pediste, pidió, pedimos, pedisteis, pidieron*

dormir ▸ *dormí, dormiste, durmió, dormimos, dormisteis, durmieron*

leer ▸ *leí, leíste, leyó, leímos, leísteis, leyeron*

ser/ir ▸ *fui, fuiste, fue, fuimos, fuisteis, fueron*

estar ▸ *estuve, estuviste, estuvo, estuvimos, estuvisteis, estuvieron*

venir ▸ *vine, viniste, vino, vinimos, vinisteis, vinieron*

hacer ▸ *hice, hiciste, hizo, hicimos, hicisteis, hicieron*

decir ▸ *dije, dijiste, dijo, dijimos, dijisteis, dijeron*

Imperfecto

» Verbos regulares:

–AR	–ER	–IR
viajar	entender	vivir
viaj**aba**	entend**ía**	viv**ía**
viaj**abas**	entend**ías**	viv**ías**
viaj**aba**	entend**ía**	viv**ía**
viaj**ábamos**	entend**íamos**	viv**íamos**
viaj**abais**	entend**íais**	viv**íais**
viaj**aban**	entend**ían**	viv**ían**

» Verbos irregulares:

ser	ir	ver
era	iba	veía
eras	ibas	veías
era	iba	veía
éramos	íbamos	veíamos
erais	ibais	veíais
eran	iban	veían

Presente perfecto

» Verbos regulares:

he
has
ha
hemos   +   viaj**ado**
habéis   entend**ido**
han   viv**ido**

» Participios irregulares:

abrir ▸ **abierto**
escribir ▸ **escrito**
morir ▸ **muerto**
ver ▸ **visto**
decir ▸ **dicho**
hacer ▸ **hecho**
poner ▸ **puesto**
volver ▸ **vuelto**

»De pequeña tocaba la guitarra.

1.1 Jayla ha escrito una entrada en su blog sobre una experiencia que ha tenido. Completa la entrada con las formas correctas de los verbos. Comprueba las respuestas con tu compañero/a y contesten las preguntas.

○○○

Bienvenidos

| Usuario | Contraseña |

EXPERIENCIAS

El blog de Jayla

Hola, me llamo Jayla. Soy norteamericana, de Chicago. Estudio español desde hace dos años. Me encanta este idioma porque puedo usarlo en varios países, suena muy bien y no me cuesta mucho pronunciarlo. Mi primer contacto con el español [1] .... (ser, pretérito) en Chicago, mi ciudad natal. Me inscribí en un curso del Instituto Cervantes y allí conocí a Emiliano, mi profesor de español, que me enseñó muchas cosas de la lengua y la cultura hispana.

Aprovechando que [2] .... (tener, imperfecto) tres meses libres después de terminar la universidad, [3] .... (decidir, pretérito) hacer un curso de español en Cuernavaca, México. Recuerdo que aquellas clases [4] .... (ser, imperfecto) muy amenas y que yo tenía mucha ilusión por aprender. Empezábamos las lecciones a las nueve de la mañana y terminábamos a las doce. [5] .... (Haber, imperfecto) muy buen ambiente en clase y cada día, cuando [6] .... (llegar, imperfecto) yo, tomábamos juntos un café. La clase era muy agradable y cómoda. [7] .... (Sentarnos, imperfecto) alrededor de una mesa que había en el centro de la sala. De las paredes colgaban carteles con fotografías de bellos parajes de México y de Hispanoamérica y, asimismo, frases coloquiales del español.

Algunos fines de semana visitamos en grupo varias ciudades de México: Taxco, el D.F., Puebla, Toluca... Después [8] .... (volver, pretérito) a Chicago y [9] .... (tener, pretérito) que organizar mi vida porque [10] .... (conseguir, pretérito) un trabajo en Houston y debía mudarme allí.

Ahora estoy muy contenta porque mi empresa me [11] .... (pedir, presente perfecto) viajar de nuevo a México para perfeccionar mi español. Estudiaré en Monterrey durante tres meses. [12] .... (Vivir, presente perfecto) varias veces con familias mexicanas de acogida y, esta vez, me gustaría pasar más tiempo con ellos, por eso he decidido compaginar mis estudios de español con las actividades diarias de la familia. Ya me [13] .... (adaptar, presente perfecto) a su estilo de comida y a su forma cariñosa de hablar.

Creo que al final de mi curso de intermedio sabré muchas cosas más sobre la vida y la cultura hispanas. Conoceré a muchas personas.

En el futuro me gustaría conocer España, pero todavía no [14] .... (ahorrar, presente perfecto) lo suficiente para viajar allí. Además, no dispongo de mucho tiempo para hacerlo. Pero lo haré, seguro, estoy impaciente...

a ¿Cuándo se tomaban juntos un café? ....

b ¿Por qué volvió a Chicago? ....
....

c ¿Qué cosas ha hecho ya para adaptarse a su vida con una familia mexicana? ....

d ¿Por qué no ha viajado a España? ....
....

GRAMÁTICA

1.2 Observen las frases destacadas en azul de la actividad anterior y completen con ellas los ejemplos que faltan en el siguiente cuadro.

- El **presente perfecto** se usa para hablar de una acción pasada en un periodo de tiempo no terminado o relacionado con el presente:

    – ....

    » Con este tiempo también se habla de experiencias vividas o no hasta el momento presente:

    – ....

    – ....

- El **pretérito** se usa para hablar de acciones terminadas ocurridas en un periodo de tiempo terminado y delimitado del pasado:

    – ....

    » Se usa también para hablar del número de veces que ha ocurrido una acción en un pasado terminado:

    – *El año pasado fui tres veces a Bogotá para visitar a mis abuelos.*

- El **imperfecto** presenta la acción como un proceso, sin indicar su final. Por esta razón se usa principalmente para describir personas, cosas, lugares o evocar situaciones en el pasado:

    – ....

    » Además, se usa para hablar del contexto en el que sucede la acción principal en pasado y para expresar acciones habituales también en pasado:

    – ....

    – ....

1.3 Yoko, una muchacha japonesa, ha contestado con un comentario en el blog de Jayla sobre su experiencia con el aprendizaje de español. Léelo y, después, escribe tu propio comentario.

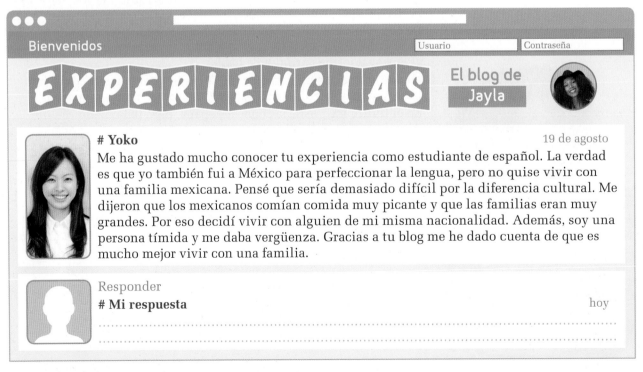

EXPERIENCIAS El blog de Jayla

 # Yoko　　　　　　　　　　　　　　　　　　　　　　　　19 de agosto

Me ha gustado mucho conocer tu experiencia como estudiante de español. La verdad es que yo también fui a México para perfeccionar la lengua, pero no quise vivir con una familia mexicana. Pensé que sería demasiado difícil por la diferencia cultural. Me dijeron que los mexicanos comían comida muy picante y que las familias eran muy grandes. Por eso decidí vivir con alguien de mi misma nacionalidad. Además, soy una persona tímida y me daba vergüenza. Gracias a tu blog me he dado cuenta de que es mucho mejor vivir con una familia.

Responder
 # Mi respuesta　　　　　　　　　　　　　　　　　　　　　　　　hoy

....

....

1.4 Elabora un cuestionario de cinco preguntas para conocer la experiencia con el aprendizaje de español de tu compañero/a. Después, entrevístalo y toma nota de sus respuestas.

> Modelo: *¿Cuándo y dónde empezaste a estudiar español?*

Cuestionario:

1 *¿Cuándo y dónde empezaste a estudiar español?*
2 ....
3 ....
4 ....
5 ....

1.5 Después de conocer las experiencias de tus compañeros, ¿cómo valoras tu propia experiencia con el idioma? ¿Ha sido positiva hasta ahora? ¿Has descubierto otra forma de aprender la lengua?

B EL PLUSCUAMPERFECTO: FORMA Y USOS

The pluperfect or the past perfect in Spanish, as in English, describes what someone had done or what had occurred. Use the pluperfect to talk about a past action that occurred prior to another past action.

- El **pluscuamperfecto** se forma con el imperfecto del verbo **haber** + participio:

Imperfecto del verbo *haber*		Participio pasado
había		
habías		
había		viaj**ado**
habíamos	+	entend**ido**
habíais		viv**ido**
habían		

♻ Recuerda
- La formación del participio regular y los participios irregulares son iguales a los del presente perfecto.

– *Cuando salía del trabajo, me di cuenta de que había llovido.*

- Se usa para:
» Expresar una acción pasada anterior a otra también pasada. Es su uso principal:
  – ....
» Expresar una acción posterior a la del verbo principal, pero con la idea de inmediatez o rapidez en la realización de la acción:
  – ....
» Contar algo que sucede por primera vez:
  – ....

1.6 Vuelve a leer la conversación entre Carol y Jaime de la sección *Para empezar* y completa el cuadro anterior con las frases en pretérito pluscuamperfecto que aparecen en el texto.

»Carol y Jaime.

GRAMÁTICA

1.7 Relaciona las columnas para formar frases con sentido.

1 Se encontraba fatal… .... ○		**a** y a los diez minutos me los había dado.
2 Le pedí 1000 pesos… .... ○		**b** porque había estudiado mucho.
3 Estaba muy cansado,… .... ○		**c** tanta suerte.
4 Nunca había tenido… .... ○		**d** porque había comido demasiado.
5 Compré un lavaplatos a las 10:00 h........... ○		**e** ya que había trabajado mucho.
6 Mi hermana sacó matrícula de honor....... ○		**f** y a las 12:00 h ya me lo habían traído.

1.8 Ahora di a qué uso del pluscuamperfecto corresponde cada una de las frases anteriores según el cuadro que has estudiado. Compara con tu compañero/a y justifiquen su respuesta si no están de acuerdo.

1.9 Inspirándote en las siguientes imágenes, crea frases como la del modelo, usando el pluscuamperfecto. Después, compáralas con las de tu compañero/a. ¿Han interpretado las situaciones de la misma manera?

a *Cuando llegó a casa, ya habían robado.*

b

c

d

C USOS DE *SER* Y *ESTAR*

In general, use **ser** and **estar** to talk about and describe people, places, things, events... When the characteristics are inherent to or typical of the subject being described, use **ser** (*El cielo es azul*). However, when those characteristics are not inherent to or typical of the subject, use **estar** to describe them (*Parece que va a llover, el cielo está muy gris*).

SER	ESTAR
■ Profesión o puesto en una empresa.	■ Profesión temporal o puesto en una empresa.
– *Laura **es** profesora pero,*	***está** de dependiente en verano para ganar un dinero extra.*
■ Lugar de celebración de un evento.	■ Lugar: ubicación de cosas y personas.
– *La fiesta **es** en mi casa.*	*Mi casa **está** en la calle Ibiza.*
■ Características que son propias de una persona, cosa, lugar, evento y forman parte de su naturaleza.	■ Características que no forman parte de la naturaleza del sujeto, sino que son ocasionales y pueden cambiar según el momento.
– *Patricia **es** una joven muy alegre,*	*pero hoy **está** muy seria, seguro que tiene algún problema.*

1.10 Completa la conversación entre Violeta y Nuria con *ser* y *estar*. Después, escucha el audio para comprobar tus respuestas. ¿Qué relación hay entre ellas?

[4]

[Ringggg]
Violeta: ¿Bueno?
Nuria: ¡Hola!, soy Nuria.
Violeta: ¡Qué milagro!, Nuria, ¿cómo [1] ....?
Nuria: Bien, bien. En la loquera, ya sabes..., como siempre. ¿Y tú?, ¿qué tal?
Violeta: Pues yo, ahora, [2] .... mucho más ocupada. ¡Ah, claro!, no lo sabes, pero ya [3] .... trabajando desde la casa y la verdad es que [4] .... más relajado. Me encanta.
Nuria: ¡Qué bueno! Oye, ¿[5] .... Javier?
Violeta: No, no [6] .... Todavía no llega. Seguro que [7] .... aún en la oficina, ¿le digo algo?
Nuria: Dile que me llame alguna vez, que [8] .... su hermana.
Violeta: OK. Oye, no te olvides de que tenemos cena el sábado.
Nuria: Sí, pero no recuerdo, ¿[9] .... en tu casa o vamos a ese restaurante nuevo que [10] .... cerca?
Violeta: ¡En casa! Y ahora que lo digo, tu hermano me tiene que ayudar a limpiar la casa, pues no he tenido tiempo de ponerla en orden y [11] .... bastante sucia.
Nuria: ¡Uy! Mi hermano va a [12] .... de empleado doméstico. ¡Me encanta! Nos vemos el sábado.

 1.11 Prepara una conversación parecida con tu compañero/a usando *ser* y *estar*. Preséntenla a la clase para ver quién ha incorporado más ejemplos con estos verbos.

INTERCULTURA

MALENTENDIDOS CULTURALES

1.1 ¿Qué te sugiere el refrán *Allí donde fueres, haz lo que vieres*? Escoge la descripción que te parece más acertada y coméntala con tu compañero/a. ¿Hay algún refrán o dicho similar en inglés?

a Cuando uno viaja es importante conocer a otras gentes.

b Cuando uno viaja es importante adaptarse a las costumbres y las diferencias culturales del país que se visita.

c Cuando uno viaja es mejor evitar comida y bebidas que no conocen para que la estancia sea placentera y gratificante.

 LEER

1.2 Antes de leer un malentendido cultural, relaciona estas definiciones con las expresiones extraídas de la anécdota.

1 La comida gratuita que te dan con las bebidas en México. .... ◯

2 Piezas redondas en la ropa que sirven para cerrar la prenda. También se refiere a la persona en los hoteles que sube las maletas al cuarto. .... ◯

3 Actividad social consistente en ir a los bares a beber. ......◯

4 Semillas que se encuentran dentro de la fruta....................◯

5 Verbo que significa "pedir comida o bebida a un mesero". .... ◯

6 Adjetivo que demuestra que una persona está muy segura de sus acciones. .... ◯

a pepitas
b tomar un trago
c botanas
d resuelto/a
e ordenar
f botones

1.3 Lee la siguiente anécdota sobre los malentendidos que a veces ocurren con el aprendizaje de las lenguas. ¿Por qué todos se rieron del estudiante de español?

Acababa de comenzar mi curso de español en Puebla, México. La profesora, ese día, nos había enseñado vocabulario sobre las cantinas y las botanas típicas que sirven con cada trago. Al terminar la clase, decidimos irnos a tomar un refresco y probar cacahuates con chile o pepitas de calabaza. Yo insistí mucho en ordenar, ¡me hacía mucha ilusión poner en práctica lo que había aprendido! Así que, muy resuelta, me acerqué a la barra y dije: "Oye, compadre, ¿nos da unos botones con el refresco?" y, ante mi sorpresa, todos los que estaban a mi alrededor empezaron a reírse. Luego me di cuenta de lo que había pedido y yo tampoco podía parar de reírme. Fue muy divertido.

🔊 ESCUCHAR

1.4 Escucha a un profesor de español de Madrid que nos cuenta una anécdota ocurrida en sus clases y toma nota de lo que pasa. Compara con tu compañero/a las notas que has tomado y, entre los dos, piensen en un final para la anécdota. Tengan en cuenta su experiencia de aprendizaje y lo que saben de la cultura hispana.

[5]

1.5 Escucha ahora el resto de la anécdota. ¿Qué tiene que hacer el festejado después de apagar las velas del pastel? ¿Qué tradiciones o costumbres existen en tu familia o cultura en las fiestas de cumpleaños? Cuéntaselo a la clase.

[6]

💬 HABLAR

1.6 Los diferentes códigos culturales también pueden provocar malentendidos y, en ocasiones, anécdotas. Lee las siguientes tarjetas, reacciona y compara tu respuesta con la de tu compañero/a. Después, representa una de las situaciones con tu compañero/a.

> Te encuentras en la calle con un conocido al que no ves desde hace tiempo. Él te saluda, pero tiene prisa y te dice "luego te hablo", y no te llama.

> Hablas con una persona hispana y notas que te habla desde muy cerca.

> Vas a una tienda y el vendedor se pone a hablar de su vida durante un largo rato con un cliente.

> Vas en el metro y tienes la sensación de sentirte observado porque te están mirando con cierta intensidad.

> La gente, cuando camina lentamente por la calle, va por el lado derecho de la acera y, cuando camina a paso rápido, va por el izquierdo.

> Los hombres latinos dicen piropos a las mujeres en la calle.

✏️ ESCRIBIR

1.7 Ahora piensa en una anécdota que hayas tenido relacionada con el español y escríbela. ¿Puedes contar qué pasó? ¿Fue relacionado con la lengua o con situaciones interculturales? Usa los conectores oracionales para contar lo que pasó.

♻️ **Los conectores del discurso**

Recuerda que los conectores del discurso sirven para organizar la información que se ofrece en un texto oral o escrito, como puede ser contar una anécdota.

- Para ordenar la información: **primeramente, en primer lugar, en segundo (lugar), por un lado, por otro (lado)**...
- Para concluir: **al final, finalmente, para terminar, en conclusión**...

¿SABEN QUIÉN ES?

1.1 Observa las fotografías y responde verdadero (V) o falso (F).

	V	F
a La escultura de la foto está en Barcelona y representa a varios escritores españoles.	☐	☐
b En la escultura se representa a Cervantes y a los personajes de su obra más famosa.	☐	☐
c Cervantes fue famoso por sus novelas desde los veinte años.	☐	☐
d Solo escribió novelas.	☐	☐
e *El Quijote* está considerada como la primera novela en lengua española.	☐	☐

MIGUEL DE CERVANTES

1.2 Lean esta breve biografía y comprueben sus respuestas.

Miguel de Cervantes Saavedra nació en Alcalá de Henares (Madrid) en 1547. Durante cinco años fue soldado y sirvió a Felipe II en Italia. Perdió el movimiento de su mano izquierda en la batalla de Lepanto. A continuación, estuvo preso en Argel; después de cinco años, fue rescatado de la prisión y regresó a España, donde fue recaudador de impuestos. Se trasladó a Valladolid pero volvió a vivir en Madrid, dedicándose finalmente a la literatura. Produjo numerosas obras de teatro, poesía y novela, pero la más importante fue *El ingenioso hidalgo don Quijote de la Mancha*. Creó a su personaje más famoso en 1605, Don Quijote, un viejo hidalgo que leyó demasiados libros y se volvió loco. Por este motivo, sintió la necesidad de salir, como caballero andante, por los campos de La Mancha en busca de aventuras. Con él se creó el concepto de *novela moderna*. Cervantes murió el 23 de abril de 1616, fecha en la que, tradicionalmente, se celebra el Día del Libro. En la actualidad hay un conjunto escultórico en Madrid dedicado a él y a los protagonistas de su gran obra: don Quijote y Sancho Panza.

1.3 Completa la biografía de estos dos artistas hispanos.

ESCULTURA: FERNANDO BOTERO

El 19 de abril de 1932 [1] .... (nacer) en Medellín, capital del Departamento de Antioquía, Colombia. [2] .... (Cursar) estudios primarios en el Colegio Bolivariano. En 1948 dos de sus acuarelas [3] .... (incluirse) en una muestra colectiva en el Instituto de Bellas Artes de Medellín. [4] .... (Financiar) sus estudios en el Liceo San José y la Normal de Marinilla con los dibujos que [5] .... (realizar) para el suplemento dominical de *El Colombiano*. En 1956 [6] .... (tener) su primera exposición individual en la Galería Leo Matiz. Entre 1953 y 1954 [7] .... (viajar) a París e Italia. Al año siguiente [8] .... (contraer) matrimonio con Gloria de Artei. En 1956 [9] .... (establecer) su residencia en México, en donde [10] .... (interesarse) por el arte precolombino y el trabajo de los surrealistas mexicanos. En 1957 [11] .... (viajar) por primera vez a Estados Unidos. Desde entonces se ha ganado el reconocimiento internacional.

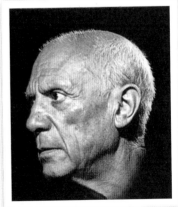

»*Jinete*, Museo de Israel, Jerusalén.

PINTURA: PICASSO

[1] .... (Nacer) en Málaga (España) en 1881. En 1895 [2] .... (trasladarse) a Barcelona donde [3] .... (ingresar) en la Facultad de Bellas Artes. Cinco años más tarde [4] .... (ir) por primera vez a París, donde [5] .... (organizar) una exposición. Nueve años después [6] .... (volver) a vivir en París, donde [7] .... (conocer) a Matisse. Al cabo de tres años, [8] .... (pintar) las señoritas de Avignon. Cuando en 1936 [9] .... (empezar) la guerra civil española, [10] .... (volver) de nuevo a París, donde [11] .... (pintar) *El Guernica*. [12] .... (Casarse) varias veces y [13] .... (tener) tres hijos. En 1955 [14] .... (instalarse) en Cannes y, a los dos años, [15] .... (pintar) *Las Meninas*, inspirándose en el cuadro de Velázquez. En 1973 [16] .... (morir) en su casa de Notre Dame de Vie (Francia).

 Escucha los textos completos.
[7]

»*El Guernica*, Museo del Prado, Madrid.

NOS CONOCEMOS

🎥 CINE

Guillermo del Toro nació el 9 de octubre de 1964 en Guadalajara, Jalisco (México). Llevó a cabo sus primeros trabajos de cine cuando estudiaba en Secundaria. Pasó diez años trabajando en diseño de maquillaje, y después formó su propia compañía llamada *Necropia*. Fue el productor ejecutivo de su primera película a los 21 años. Cofundó el Festival de Cine de Guadalajara y creó la compañía de producción Tequila Gang. En 1998 decidió irse a vivir al extranjero. Su primera película se llamaba *Cronos*. En 2006 filmó su sexta película, *El laberinto del Fauno*, con la que ganó 8 premios Ariel y 7 Premios Goya, además de recibir tres Premios Oscar.

"En México y Latinoamérica tenemos una de las imaginaciones más ricas, por eso siempre he creído que debemos estar siempre en el banquete fílmico mundial".

LA MAYORÍA DE PERIODISTAS ESPECIALIZADOS EN FICCIÓN APLAUDEN EL ESTILO DE GUILLERMO DEL TORO.

Busca en Internet el argumento de estas películas y cuéntasela a tus compañeros.

Escribe su biografía.

SILVIO RODRÍGUEZ ES UN MÚSICO CUBANO REPRESENTANTE DE UN MOVIMIENTO MUSICAL LLAMADO "NUEVA TROVA CUBANA", FENÓMENO ESTÉTICO NACIDO EN LA SEGUNDA MITAD DE LOS AÑOS 60.

😊 MÚSICA

Silvio Rodríguez

"Las canciones de este artista presentan mucho contenido social y político".

» 29 de noviembre 1946: Nace en San Antonio de los Baños, La Habana (Cuba).
» 1958: Conoce la obra de José Martí, poeta de la independencia cubana.
» 1962: Comienza los estudios de piano.
» Marzo de 1964: Ingresa en el servicio militar obligatorio de las Fuerzas Armadas Revolucionarias.
» Diciembre de 1964: Compra una guitarra y aprende a tocarla con Esteban Baños.
» 1963-1965: Compone sus primeras canciones.
» 1967: Debuta en el programa de televisión "Música y estrellas". Da su primer recital.
» 1975: Primer disco solo: *Días y flores*.
» Destacan, entre otros trabajos:
Rabo de nube (1980)
Tríptico (1984)
Silvio (2002)
Expedición (2002)
» 2007: Recibe un doctorado honoris causa de la Universidad Mayor de San Marcos en Perú.

¿Cómo se llama esta escritora?

LITERATURA PARA LA VIDA

1.1 Completa la información sobre esta autora con los verbos del recuadro.

ISABEL ALLENDE

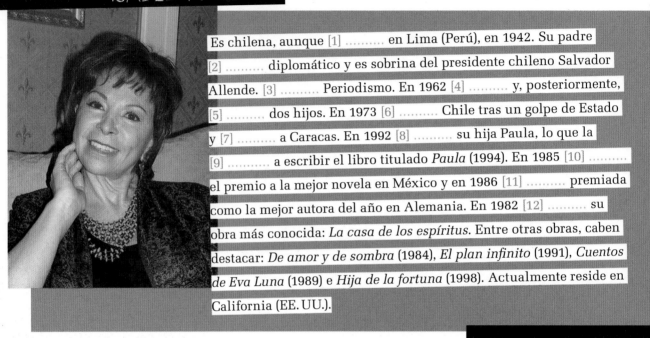

se casó ▪ recibió ▪ tuvo ▪ llevó ▪ fue ▪ se exilió ▪ murió
nació ▪ era ▪ abandonó ▪ se publicó ▪ estudió

Es chilena, aunque [1] .... en Lima (Perú), en 1942. Su padre [2] .... diplomático y es sobrina del presidente chileno Salvador Allende. [3] .... Periodismo. En 1962 [4] .... y, posteriormente, [5] .... dos hijos. En 1973 [6] .... Chile tras un golpe de Estado y [7] .... a Caracas. En 1992 [8] .... su hija Paula, lo que la [9] .... a escribir el libro titulado *Paula* (1994). En 1985 [10] .... el premio a la mejor novela en México y en 1986 [11] .... premiada como la mejor autora del año en Alemania. En 1982 [12] .... su obra más conocida: *La casa de los espíritus*. Entre otras obras, caben destacar: *De amor y de sombra* (1984), *El plan infinito* (1991), *Cuentos de Eva Luna* (1989) e *Hija de la fortuna* (1998). Actualmente reside en California (EE. UU.).

1.2 Relaciona el resumen de cada historia con su libro. Observa las portadas en la página anterior.

a Veintitrés relatos de amor y violencia unidos por un fino hilo narrativo y un rico lenguaje.

b La historia reciente de la vida de la autora y de la de su familia, una casa abierta, llena de gente y de personajes literarios, hijas perdidas, nietos, éxitos y dolores... También es la historia de amor entre un hombre y una mujer maduros.

c Un libro conmovedor e íntimo. Su hija entró en estado de coma y, junto a su cama, Isabel Allende comenzó a redactar la historia de su familia y de sí misma para regalársela después.

d Se narra la saga de una poderosa familia a lo largo de cuatro generaciones y sigue los movimientos sociales y políticos del periodo en el que vive Chile. Inspirada en sus recuerdos de infancia en la vieja casona de sus abuelos, fue llevada al cine y protagonizada, entre otros, por Jeremy Irons, Meryl Streep, Winona Ryder y Antonio Banderas.

e Narrada por una joven mujer, es una novela histórica, situada a finales del siglo XIX en Chile y trata de una portentosa saga familiar en la que reencontramos algunos de los personajes de *La casa de los espíritus*.

 INVESTIGA

Busca información sobre *La casa de los espíritus* y haz una presentación al resto de la clase.

1.3 Aquí tienes un fragmento de la obra *La casa de los espíritus*. Antes de leerlo, observa algunas palabras que aparecen en el texto y busca en el diccionario aquellas que no conozcas.

- evocar
- alegría
- daguerrotipo
- bastar
- filibustero/a

- regocijo
- atocharse
- embalsamado/a
- tropezar
- bichos

- remoto/a
- retrato
- momificado/a
- recordar
- chocar

- aventurero/a
- animales
- lejano/a
- ser suficiente
- llenarse

La casa de los espíritus

Hacía un par de años que Clara no veía a su tío Marcos, pero lo recordaba muy bien.

Era la única imagen perfectamente nítida de su infancia y para evocarla no necesitaba consultar el daguerrotipo del salón, donde aparecía vestido de explorador, apoyado en una escopeta de dos cañones de modelo antiguo, con el pie derecho sobre el cuello de un tigre de
5 Malasia. (...)

A Clara le bastaba cerrar los ojos para ver a su tío en carne y hueso, curtido por las inclemencias de todos los climas del planeta, flaco, con unos bigotes de filibustero, entre los cuales asomaba su extraña sonrisa de dientes de tiburón. Parecía imposible que estuviera dentro de ese cajón negro en el centro del patio.

10 En cada visita que hizo Marcos al hogar de su hermana Nívea, se quedó por varios meses, provocando el regocijo de los sobrinos, especialmente de Clara, y una tormenta en la que el orden doméstico perdía su horizonte. La casa se atochaba de baúles, animales embalsamados, lanzas de indios, bultos de marinero. Por todos lados la gente andaba tropezando con sus bártulos inauditos, aparecían bichos nunca vistos, que habían hecho el viaje desde tierras
15 remotas, para terminar aplastados bajo la escoba implacable de la Nana en cualquier rincón de la casa. (...)

Clara recordaba perfectamente, a pesar de que entonces era muy pequeña, la primera vez que su tío Marcos llegó a la casa de regreso de uno de sus viajes. Se instaló como si fuera a quedarse para siempre. (...)

(*La casa de los espíritus*, Isabel Allende)

1.4 Ahora, elige la opción correcta.

1 La historia se cuenta a través de los recuerdos de...
- a la sobrina de Marcos.
- b el padre de la familia.

2 La profesión de Marcos era...
- a vendedor de pieles.
- b explorador.

3 Cuando empieza el relato, Clara no había visto a su tío...
- a desde hace tiempo.
- b nunca.

4 Nana era...
- a la hermana de Marcos.
- b la asistenta de la familia.

5 Siempre que Marcos iba a casa...
- a se quedaba unos días.
- b llevaba grandes equipajes.

6 Cuando se cuenta el relato...
- a Marcos había muerto.
- b Marcos había vuelto a visitarles.

¿QUÉ HE APRENDIDO?

- **Habla con tu compañero/a comenzando de esta forma.**

  1 Recuerdo un día en el que…

  2 ¿Una anécdota divertida? Estaba…

  3 Mi primer contacto con el español fue…

  4 Cuando llegué a la clase…

- **Completa la siguiente anécdota.**

  💬 ¿Sabes qué me pasó…?

  💬 No,…

  💬 Pues resulta que… Total que…

  💬 ¡Ah! ¡Nunca había oído nada parecido!

- **Explica a tu compañero/a las siguientes palabras.**

  > payaso ▪ caerse ▪ insólito ▪ mascota
  > luna de miel ▪ paracaídas

- **Completa las frases con el pluscuamperfecto.**

  1 Nunca… ....

  2 Cuando llegué a casa,… ....

  3 Por la mañana le pedí… y por la tarde ya…
  ....

- **Reacciona ante estas situaciones.**

  1 Estás en el metro y te golpean en el hombro. No te dicen "lo siento".

  2 Conoces a una persona de un día y te invita a su fiesta de cumpleaños.

  3 Después de terminar de cenar en un restaurante, tus amigos no dejan propina.

- **Completa usando un conector.**

  1 Llamaron a la puerta… ....

  2 Fuimos al cine… ....

  3 Regresé a mi casa… ....

- **Reflexiona y responde a estas preguntas.**

  1 ¿Qué ha sido lo más difícil de aprender en esta unidad? ¿Y lo más fácil? ....
  ....

  2 ¿Qué crees que es lo más importante? ¿Por qué? ....
  ....

  3 ¿Qué epígrafe te parece más interesante?
  ....
  ....

AHORA SOY CAPAZ DE…

		SÍ	NO
1	Contar una anécdota en pasado.	☐	☐
2	Reaccionar ante una anécdota.	☐	☐
3	Contar experiencias insólitas.	☐	☐
4	Pronunciar algunas palabras acentuadas correctamente.	☐	☐

MI VOCABULARIO

Verbos

acabar to end, finish
acercarse to get close, approach
ahorrar to save
apagar to switch off
aparecer to appear, show up
arrojar(se) to hurl (yourself)
buscar to look for
caerse to fall
conocer to know, be familiar with
conseguir to get, obtain, achieve (goal)
darse cuenta de algo to realize
dejar to allow, leave behind, abandon
dejar de (+ infinitivo) to stop doing something
disfrazarse to put on a costume
eliminar to eliminate
encender to switch on
hallar to find
olvidar to forget
parecer to seem
perder to lose
ponerse de pie to stand up
reconocer to recognize
recordar to remember
reír to laugh
rescatar to rescue
seguir to follow
sentarse to sit
sonreír to smile
tirar(se) to throw (yourself)

Descripciones

chismoso/a gossipy
incómodo/a uncomfortable
insólito/a unbelievable, unusual
placentero/a pleasant

Cultura y experiencias insólitas

la anécdota story, anecdote
la carrera race, career
los chapulines grasshopper
la funeraria funeral home
la luna de miel honeymoon
el malentendido misunderstanding

el paracaídas parachute
el payaso clown
el piropo flirtatious remark
el probador fitting room
el susto fright, scare

Contar y reaccionar a las anécdotas

Ah, ¿sí? Oh, really?
Al final At the end
Cuenta, cuenta. Do tell.
Cuando… When
¡Dime, dime! Tell me!
El otro día The other day
En fin que In the end
Hace unos meses Some months ago
¡No te olvides de nada! Don't forget any part of it/anything
¡Nunca había oído nada parecido! I have never heard of such a thing!
¿Qué te pasa/pasó? What's wrong?/What happened to you?
¡Quiero saberlo con todo lujo de detalles! I want to know/hear every detail about it!
(Pues) Resulta que It turns out that
¿Sabes qué pasó ayer? Do you know what happened yesterday?
Tengo que contarte una cosa. I have something to tell you.
Total que In short
Un día One day
Una vez One time

Conectores del discurso

al final in the end
en conclusión in short, in conclusion
en primer lugar first of all, in the first place
en segundo (lugar) secondly, in the second place
finalmente finally
para terminar in closing
por otro (lado) on the other hand, what's more
por un lado on the one hand
primeramente in the first place

- ¿Qué está haciendo ahí?
- ¿A dónde crees que va?
- ¿Cómo crees que se siente? ¿Por qué?
- Y tú, ¿cómo te sientes cuando piensas lo mismo?

»Salar de Uyuni, Bolivia.

¿ESTUDIAS O TRABAJAS?

2

Learning outcomes

By the end of this unit you will be able to:
- Talk about studying and living independently.
- Express wishes and desires.
- Give advice and make recommendations.
- Use set expressions to encourage others and wish them well.

Para empezar
- Trabajar en el extranjero

Comunica
- Los estudios en el extranjero: expresar deseos y preferencias
- Clases universitarias: reaccionar ante un deseo y hacer valoraciones

Pronunciación y ortografía
- Acentuación (2): las palabras esdrújulas y sobreesdrújulas

Cartelera de cine
- *Azul oscuro casi negro*

Gramática
- El presente de subjuntivo: verbos regulares e irregulares
- Usos del presente de subjuntivo:
  - » Dar consejos y hacer recomendaciones
  - » Expresar peticiones

Intercultura
- Volver al nido

Nos conocemos
- El *spanglish*

Literatura para la vida
- *Soneto LXXXIX*, de Pablo Neruda

2.1 Con un compañero/a, observen las siguientes imágenes y contesten a las preguntas.

1 ¿A qué hacen referencia todas ellas?
2 ¿Cuáles usan más habitualmente? ¿Por qué?
3 ¿Qué es más práctico para comunicarse entre familiares y amigos cuando estamos en otro país?
4 ¿Hay algún medio de comunicación que no les guste en absoluto?

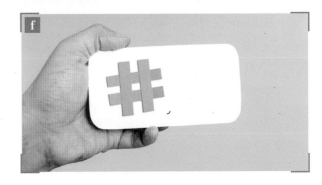

2.2 Lee las preguntas y escucha atentamente la siguiente conversación que Antonio mantiene con su madre sobre lo que está haciendo en Chile. Después de escuchar, responde a las preguntas.

a ¿Cuál es el medio de comunicación que utilizan?
b ¿Antonio extraña a su familia? ¿Por qué?
c ¿Crees que trabajar de mesero es una buena oportunidad?
d ¿Cuál es la profesión de Antonio? ¿Piensas que Antonio debería esperar a encontrar un trabajo relacionado con su profesión?
e ¿Por qué acepta trabajar como mesero?
f ¿En qué tipo de restaurante trabaja?
g Al final, ¿cómo valora la madre el trabajo de su hijo?

2.3 Escucha la conversación y completa la información que falta.

[9]

Mamá
☆
12:18 España
✓ Online
📹 Videollamada
🔇 Colgar
🔊

Antonio: ¡Hola, mamá! ¿Cómo están?

Madre: ¡Hola, hijo! Pues, estamos bien y te extrañamos mucho.

Antonio: Y yo a ustedes también. Sobre todo sus comiditas caseras.

Madre: Ya me lo imaginaba. [1] *espero* bien todos los días, ¿me escuchas?

Antonio: Sí, mamá, pero ya sabes que no me gusta mucho cocinar. Oye, ¿está papá por ahí?

Madre: No, hijo. Hoy llegará tarde... Pero, cuenta, cuenta, ¿cómo estás?

Antonio: Estoy bien y muy contento. Tengo muchas cosas que contarte. ¿Sabes? Ya he encontrado trabajo. Vine a Chile para trabajar y lo he conseguido. ¿Qué te parece?

Madre: ¡Qué bien! ¡Qué rápido! ¿Cómo fue?

Antonio: Pues mira... La semana pasada mi compañera de apartamento, Teresa, me dijo que en el restaurante de unos amigos suyos necesitaban un mesero y que ella les había hablado de mí.

Madre: Bueno, ¿de mesero? Por algo se empieza, ¿no? [2] *pensaba que sería* algo de tu profesión.

Antonio: Ya, mamá. Ya sé que soy ingeniero... Pero [3] *está bien* por un tiempo. Así puedo pagar las facturas y gastos de momento. ¿No es una buena oportunidad?

Madre: Sí, hijo, sí. Ya encontrarás algo de lo tuyo más adelante...

Antonio: El restaurante es muy moderno y elegante. [4] *me parece* a comer allí tienen mucho dinero. Es una pena que no estén aquí para verlo. Oye, ¿qué tal Marta?

Madre: Al final, tu hermana ha dejado definitivamente a Miguel, y yo, la verdad, [5] *prefiero* a estar juntos. [6] .... con Miguel si la relación no funciona...

Antonio: Sí, tienes razón... Bueno, mamá, dale muchos besos y un abrazo a papá y mi hermana. Te dejo, que tengo que ir a trabajar.

Madre: Vale, hijo. [7] *es una b...* Solo [8] *pide* tu sueño de ser ingeniero.

Antonio: Ya lo sé. Mira, si puedo, te llamo el domingo.

2.4 De las frases que has anotado en la actividad anterior, elige las que no están ni en modo infinitivo ni en modo indicativo y escríbelas a continuación. ¿Sabes en qué modo están?

a ....   b ....   c ....   d ....   e ....

2.5 Ahora clasifica las frases según lo que expresan.

a Para expresar deseos: ....
b Para expresar peticiones y mandatos: ....
c Para dar consejos y hacer recomendaciones: ...
d Para valorar las acciones de otras personas: ...

¡PRACTICA!

2.6 Con tu compañero/a, escriban un diálogo similar siguiendo las instrucciones. Después, representen la conversación.

1 Llama a un/a amigo/a que se ha ido a estudiar o a trabajar al extranjero. Salúdalo.

2 Responde la llamada y dile qué tal estás.

3 Pregúntale qué hace allí.

4 Dile que estás estudiando y dando clases de inglés en una academia de lengua.

5 Dale un consejo.

6 Dale las gracias. Despídete.

VOCABULARIO

2.1 Lee cómo aprendieron español estos estudiantes de español y completa las frases con el vocabulario de los estudios. Después, comprueba tus respuestas con tu compañero/a.

> asignatura obligatoria ▪ estudios primarios ▪ máster ▪ presencial ▪ beca ▪ curso intensivo ▪ bilingüe ▪ escuela secundaria ▪ asignatura optativa ▪ curso virtual ▪ curso de perfeccionamiento ▪ colegio privado ▪

Claudine

a Yo cursé mis [1] .... en un colegio [2] ...., por lo que mi nivel de español siempre ha sido bastante bueno. Cuando cumplí 18 años, me fui de *au pair* a España. Creo que esta es una manera barata de aprender otro idioma.

Boris

b El año pasado terminé un [3] .... de español, donde investigué sobre el aprendizaje del español. Al mes, empecé a dar clases en un [4] .... de Corea del Sur. Hacer amigos hispanos por Internet es lo que más me apasiona.

Adele

c El año pasado obtuve una [5] .... para un [6] .... de tres semanas en Argentina y pude mejorar lo que había aprendido durante mis clases de español. Allí conocí a mucha gente. Mira, estos son los amigos de los que tanto te he hablado.

Devis

d Yo nunca había tomado clases de español en la [7] .... Un día me inscribí en un curso [8] .... de español, y la escuela me concedió (granted) una beca de estudios. Había varios tipos de becas. La que elegí incluía un curso de español en México con estancia en una familia de allí.

Elsa

e Mi primer contacto con el español fue hace dos años, cuando lo elegí en el instituto. Empezó como una [9] .... y al año siguiente la elegí como [10] .... Mis amigos dicen que podría estudiar mejor francés o chino, pero me encanta estudiar español.

Hugo

f Yo empecé con un [11] .... de español porque lo necesitaba para ir de vacaciones. El curso, cuya duración era de un año, me permitió aprender bastante para hacer este viaje a Cuba. Después hice un [12] .... en Internet, donde conocí a mi mejor amiga.

2.2 Relaciona las siguientes expresiones con su definición.

1 Colegio privado. .... ◯

2 Colegio concertado. ..... ◯

3 Aula multimedia. .... ◯

4 Curso intensivo. .... ◯

5 Beca. .... ◯

6 Asignatura optativa. .... ◯

a Espacio equipado con computadoras.

b Aquella que la elige el alumno voluntariamente.

c Aquel que se realiza (is carried out) en un espacio corto de tiempo y con dedicación completa.

d Centro de estudios que funciona como una empresa privada.

e Subvención para realizar estudios.

f Centro de estudios privado pero con subvenciones (grants) del gobierno.

2.3 ¿Y tú? ¿Qué tipo de cursos has hecho para aprender español? Habla con tu compañero/a.

2.4 Serena es una joven estadounidense que está buscando en Internet información sobre diferentes programas para estudiar español. Lee las páginas que ha visitado y ponle un título a cada programa.

a **Vive en español una experiencia inolvidable.**
Español para jóvenes, adultos y familias en un entorno rural en los bosques de Asturias. Convive, comparte y aprende de una manera natural. *Todos juntos* es una empresa familiar especializada en **aprendizaje** y en el ecoturismo responsable. Nuestro proyecto educativo se especializa en crear espacios de ocio y tiempo libre para jóvenes adolescentes, adultos y para los más pequeños, con un **enfoque** y **metodología** que apuesta por (supports) la igualdad, la cooperación, la solidaridad, el amor por la vida y el respeto a la naturaleza.

(Adaptado de http://www.green-spiral.com/es)

b **Imagina un año de aventuras**
estudiando en una **universidad** colombiana, haciendo amigos de todo el mundo, viajando, formando parte de una familia anfitriona (host), cuidando de sus niños y recibiendo un salario mensual. Estas son solo algunas ventajas que el **programa** *au pair* te ofrece.

(Adaptado de http://www.culturalcare.com.co)

c **Convive con el idioma, vívelo, apréndelo y comunícate. Escuela de idiomas** *Comunícate*.
La mejor forma de aprender un idioma es estudiándolo mientras lo utilizas en la vida diaria. Con *Comunícate* puedes elegir un destino y **realizar cursos** adaptados a tu edad y exigencias. Vive un idioma y disfruta de su estudio sumergiéndote en su propia cultura.
Disfruta de un **curso escolar** en el extranjero si eres estudiante de 14 a 18 años. Pasa un año de **intercambio** en otro país como estudiante de **Secundaria** y estudia junto a **nativos**.

COMUNICA

2.5 Relaciona las siguientes descripciones con el tipo de programa al que se refiere.

	PROGRAMAS		
	A	B	C
1 Programa que ofrece la posibilidad de ganar dinero.	○	○	○
2 Curso al que se puede asistir con los padres.	○	○	○
3 Programa que se desarrolla en la naturaleza.	○	○	○
4 Curso donde se estudia un curso académico en un instituto.	○	○	○
5 Opción que tiene en cuenta un aprendizaje integral, que incluye también educación en valores.	○	○	○

2.6 Busca correspondencia en los textos anteriores para cada una de las siguientes palabras.

a Academia de lenguas: ....   **f** Escuela superior: ....

b Visión pedagógica: ....   **g** Escuela media: ....

c Instrucción: ....   **h** Hablantes autóctonos: ....

d Cambio: ....   **i** Orientación: ....

e Tomar clases: ....   **j** Año académico: ....

2.7 Ayuda a estos estudiantes a elegir el curso más apropiado para ellos según sus preferencias. Habla con tus compañeros y explica por qué crees que es una buena opción para esa persona.

El año pasado tuve un verano aburridísimo y para este, quiero hacer algo diferente. Soy un poco tímida, por eso prefiero que me acompañe mi amiga y así podemos disfrutar juntas. Ojalá haya muchos jóvenes.

»Robert.

»Alina.

No me salió ningún trabajo para el verano, entonces decidí que voy a hacer algo diferente. Quiero conocer a gente de otras partes. Espero que mi español sea bastante bueno para poder comunicarme con ellos. ¡Y claro! mis padres prefieren que no les cueste mucho dinero.

2.8 ¿Qué tipo de curso elegirías tú para estudiar español? Habla con tus compañeros.

COMUNICACIÓN

Para expresar deseos y preferencias, se usa:

» **Querer / Desear / Esperar / Preferir** + infinitivo, si no cambia el sujeto:
- *Quiero ayudarte en todo lo posible.*

» **Querer / Desear / Esperar / Preferir** + **que** + subjuntivo, si cambia el sujeto:
- *Esperan que les llame el domingo.*
- *Deseo que aproveches la oportunidad de estudiar en el extranjero.*
- *Prefiero que me paguen en dólares.*

» **Querer / Desear / Esperar / Preferir** + nombre (noun):
- *Quiero un celular con llamadas internacionales.*

» **Ojalá** + subjuntivo:
- *Ojalá haga buen tiempo en Asturias.*

» **Que** + subjuntivo, para expresar deseos a otra persona. Estas expresiones son usadas en situaciones sociales como cuando:
- alguien está enfermo. ▶ *Que te mejores.*
- alguien va a hacer un viaje. ▶ *Que tengas buen viaje.*
- es el cumpleaños de alguien. ▶ *Que cumplas muchos más.*

2.9 Relaciona la situación en cada imagen con el deseo apropiado. ¿Qué expresiones no tienen imágenes? ¿En qué situación crees que se usan?

1 Que sean muy felices.
2 Que se diviertan.
3 Que cumplas más años.

4 Que sueñes con los angelitos.
5 Que tengas suerte.
6 Que aproveche.

2.10 En grupos de tres, cada uno explica una situación al grupo. Sus compañeros deberán reaccionar con un deseo. Anota la respuesta que te gusta más y, después, compártela con la clase.

Modelo: ▶ *Ayer, en una de las excursiones, olvidé la cámara de mi hermano en algún sitio.*
🗨 *Ojalá puedas encontrarla antes de regresar a casa.*
▶ *Espero que tu hermano comprenda que fue un accidente y que no se enfade.*

COMUNICA MÁS

VOCABULARIO

2.11 Algunos estudiantes hablan sobre sus clases en la universidad. ¿Quién crees que lo ha dicho? Relaciónalo con sus imágenes.

1 Este año termino la universidad. Creo que **tengo un buen expediente**. Mi **nota media** es un 9. ¡Espero no **suspender** nada y poder empezar mis estudios de posgrado en Italia!

2 Me gusta cuando el profesor hace una pregunta y nosotros tenemos que consultarla en Internet. De esta forma no tenemos que **memorizar**, sino que debemos **reflexionar** sobre los temas. ¡Ojalá **pase** todo!

3 Todas las mañanas el profesor **pasa lista** para ver quién no ha venido. Luego **debatimos sobre un tema** de actualidad y **plantea una duda** y tenemos que **analizar** las causas y las consecuencias. Espero que el profesor siga haciendo esto todos los días.

4 Somos muy pocos en clase. Esto hace que la mayoría de las **asignaturas** sean **clases prácticas**. Me gusta cuando el profesor **hace un experimento**. ¡Ojalá las clases sean siempre así!

5 Ayer **hicimos un comentario de texto** sobre el poeta chileno Neruda. ¡Me encanta cómo escribe! Por favor, que leamos más literatura.

2.12 ¿Qué es lo que más te gusta de tus clases? Expresa tu opinión.

2.13 Benjamín es un muchacho mexicano de 18 años que piensa ir a la universidad. Observa el esquema del sistema educativo en su país e indica qué está cursando ahora.

PREESCOLAR
(3-6 años aprox.)

EDUCACIÓN PRIMARIA
(6-12 años aprox.)

EDUCACIÓN SECUNDARIA
(12-16 años aprox.)

PREPARATORIA
(16-18 años aprox.)

UNIVERSIDAD
(18-22 años aprox.)

TÉCNICO UNIVERSITARIO

TÉCNICO SUPERIOR UNIVERSITARIO

2.14 Elabora, junto a tus compañeros, el esquema de estudios de tu país y compáralo con el mexicano. Después, explícaselo al resto de la clase. Di dónde te encuentras ahora y qué piensas estudiar en un futuro.

2.15 Benjamín tiene dudas de a qué universidad irá, y ha escrito en un foro para que le ayuden. ¿En qué te basarías tú para la elección de una universidad?

FORO UNIVERSITARIO

Saludos a todos:

Abro este tema principalmente porque el año que viene voy a ir a la universidad, y realmente no sé qué destino escoger: ¿la Universidad de Monterrey o la de Guadalajara? He leído la diversidad de opiniones en cuanto al destino, y he de decidirme para mañana. Me gustaría estudiar en el Instituto Tecnológico de Estudios Superiores de Monterrey. Me han dicho que es una de las mejores universidades de América Latina y muy reconocida, por lo que es un punto a tener en cuenta. Las infraestructuras están bastante bien, pero el clima en la ciudad no es muy bueno. Respecto al número de estudiantes me han dicho que es un poco más masificada que la de Guadalajara. Otra opción sería estudiar en la Universidad de Guadalajara. La ciudad es muy bonita, con muchas cosas para hacer por la ciudad. El sistema de sanidad es eficiente y de los mejores de México. Además, el clima es bastante bueno. La infraestructura no es tan buena, pero compensa al tener menos estudiantes por aula.

¿Qué me pueden recomendar los estudiantes que están en estas universidades, o de los que conozcan ambas ciudades y sepan qué decirme? ¡Muchas gracias de antemano a todos!

»Benjamín.

COMUNICA MÁS

 2.16 Lee también los comentarios que le hacen y, con toda la información, contesta verdadero (V) o falso (F).

FORO UNIVERSITARIO

 Javier. Yo creo que mejor Guadalajara. En cuestión de infraestructura, no veo diferencia alguna. He estado en las dos. Eso sí, Monterrey es una ciudad industrial por experiencia, Guadalajara en cambio vive más del comercio. Me parece que la vida cultural es mejor en Guadalajara, pero ¡ojo! Monterrey tiene un museo de arte moderno impresionante.

 Felipe. Pues yo elegiría Monterrey, porque estudiar en el TEC no es comparable con la Universidad de Guadalajara. Ni por equivocación. Aquí viene mucha más gente a estudiar.

 Miriam. No conozco la Universidad de Guadalajara, pero la ventaja que tiene el TEC es que el trato al alumno es bueno, tiene muchos medios, la infraestructura del campus es genial y está muy bien conectada con empresas, lo que facilita mucho el tema de las prácticas.

 Carlos. Ambas opciones son buenas, así que no te confunda al tomar la decisión lo de "la mejor universidad de América Latina", eso lo dicen todas las privadas mexicanas. Analiza el plan de estudios de ambas universidades e infórmate cuál es la más conveniente en función de tu carrera.

	V	F
a Benjamín tiene que elegir la universidad dentro de un mes.	☐	☐
b La Universidad de Monterrey está considerada una de las mejores de Latinoamérica.	☐	☐
c El clima en Monterrey es peor que el de Guadalajara.	☐	☐
d Hay más estudiantes en la Universidad de Guadalajara.	☐	☐
e Una persona opina que el trato con los alumnos es mejor en la Universidad de Monterrey.	☐	☐
f Un joven le aconseja que analice mejor las asignaturas de la carrera que quiere estudiar.	☐	☐

2.17 ¿Qué le recomendarías tú a Benjamín? Escribe una entrada en el foro.

FORO UNIVERSITARIO

COMUNICACIÓN

- **Reaccionar ante un deseo**
  - » Para animar a la persona que expresa...
    - – negación en el deseo, se usa:
      - – *¡Ojalá no suspenda los exámenes finales!*
      - – **Tampoco es para tanto.**
      - – **No te pongas así.**
      - – **No digas esas cosas.**

    - – un deseo en afirmativo, se usa:
      - – *¡Ojalá pase el examen!*
      - – **Ya verás que sí.**
      - – **(Que) sí, hombre, (que) sí.**
      - – **¡Pero cómo no vas a** + infinitivo**!**

  - » Para acercar a esa persona a la realidad, se usa:
    - – *¡Espero que el profesor nos pase a todos!*
    - – **Sí, sí, seguro.** (irónico)
    - – **¡Sueñas!** (informal)
    - – **Pero... ¡cómo va a** + infinitivo**!**

- **Hacer valoraciones**
  - » Para hacer valoraciones sobre un hecho de manera general, se usa:
    - – **Es / Me parece** + adjetivo/nombre de valoración + infinitivo:
      - – *Es genial tener una familia grande.*
      - – *Me parece una tontería comprar ropa cara.*
    - – **Está / Me parece** + adverbio de valoración + infinitivo:
      - – *Está bien trabajar de mesero.*
  - » Cuando la valoración se refiere a las acciones que realizan otras personas, se usa:
    - – **Es / Me parece** + adjetivo/nombre de valoración + **que** + subjuntivo:
      - – *Es una buena oportunidad que vivas esta experiencia.*
    - – **Está / Me parece** + adverbio de valoración + **que** + subjuntivo:
      - – *Me parece mal que la gente no sea respetuosa con las personas mayores.*

2.18 Escucha las siguientes reacciones y marca con un ✔ de qué tipo es. Después, vuelve a escuchar y escribe la expresión que usan en cada caso. ¿En qué tipo de situación crees que se usa la expresión nueva? Habla con tu compañero/a y compara tus respuestas.

[10]

	Animar a la persona	Acercar a esa persona a la realidad	Expresión
1			
2			
3			
4			
5			
6			

2.19 La Secretaría de Educación Pública presenta una nueva ley ante el Congreso. Lee las propuestas e imagina las reacciones de los diputados (representatives) teniendo en cuenta que, según su ideología, unos expresarán esperanza, otros escepticismo y otros serán contrarios. En grupos de tres, túrnense para hacer los diferentes papeles.

- La Educación Secundaria será obligatoria hasta los dieciocho años.
- Todos los estudiantes de las carreras técnicas realizarán prácticas pagadas en empresas.
- Habrá clases de inglés y francés con profesores nativos desde preescolar.
- En la universidad solo habrá treinta estudiantes por salón de clase.
- Los libros serán gratuitos para todos los estudiantes.

E1: Diputada

E2: Diputado conservador

E3: Diputado liberal

2.20 Escribe tres aspectos positivos y tres negativos sobre tu universidad.

Positivos 👍	Negativos 👎
Modelo: *Todos los estudiantes tienen acceso a wifi en todo el campus.*	Modelo: *El costo de la matrícula sube un 5% cada año.*

2.21 Compara y comenta tus respuestas con las de tus compañeros y expresa tus deseos para solucionar los aspectos negativos. Tus compañeros reaccionarán a tus deseos y los valorarán.

2.22 Imagina que vas a presentarte al Consejo escolar de tu universidad. Prepara un discurso donde hables de esos aspectos positivos y negativos, y de tus deseos de cambio para el próximo curso.

PRONUNCIACIÓN y ORTOGRAFÍA

Acentuación (2): las palabras esdrújulas y sobreesdrújulas

2.1 Lee el cuadro y escribe un ejemplo más en cada apartado. Trabaja con tu compañero/a.

LAS PALABRAS ESDRÚJULAS Y SOBRESDRÚJULAS

- Las **palabras esdrújulas** son las que tienen la sílaba tónica en la antepenúltima (third-to-last) sílaba. Siempre llevan tilde: *esdrújula, brújula, música,* ....

- Las **palabras sobresdrújulas** son las que tienen la sílaba tónica en la sílaba anterior (before) a la antepenúltima sílaba. Normalmente estas palabras son adverbios terminados en *–mente*, imperativos o gerundios seguidos de pronombres.
  - » Los adverbios terminados en *–mente* se forman a partir de un adjetivo. En este caso, si el adjetivo de origen se acentúa, el adverbio en *–mente* también: *fácil* ▶ *fácilmente; efectiva* ▶ *efectivamente,* ....
  - » La colocación de los pronombres después de imperativo y gerundio da lugar, en muchas ocasiones, a palabras sobresdrújulas. En este caso, se acentúan siempre: *cómpratelo, dándoselo,* ....

2.2 Lee el siguiente texto y pon las tildes en las palabras que lo necesiten. Después, compáralo con tu compañero/a. ¿Han encontrado las ocho tildes que faltan? *¡Atención!* Una palabra se repite.

En España, hay 1 561 123 alumnos matriculados en las universidades publicas y 142 409 en las privadas. Practicamente 1 046 570 jovenes estudian grados y otros 656 962 están matriculados en masteres. Generalmente, los grados constan de 240 creditos, es decir, de 2400 horas de clase. Para obtener un máster, en cambio, basta con 600 o 1200 horas de clase (60 o 120 creditos). Los estudios que más alumnos agrupan son el grado de Derecho (con el 7%), Magisterio (6,9%) y el de Administración y Dirección de Empresas (6,2%). Una de las carreras más modernas y prometedoras es la de Investigación y Tecnicas de Mercado, que se puede cursar en la Universidad de Barcelona y en la de Murcia. ¿Quieres saber más sobre esta carrera? Informate en el sitio web de estas universidades.

» Universidad de Salamanca.

quim gutiérrez   **marta** etura   **antonio** de la torre   **héctor** colomé   **raúl** arévalo   **eva** pallarés

azuloscuro**casi**negro

una película de **daniel sánchez arévalo**

Si el color de tu vida no te gusta...
¡actúa, rebélate!

con la colaboración especial de **ana** wagener, **manuel** morón, **roberto** enríquez
sonido directo **jaime** barros, aydte. de dirección **antton** zabala, director de producción **daniel** goldstein, música **pascal** gaigne, peluquería **francisco** rodríguez,
maquillaje **karmele** soler, diseño de vestuario **nereida** bonmatí, director artístico **federico** garcía cambero, montaje **nacho** ruiz capillas,
director de fotografía **juan carlos** gómez (A.E.C.), productor ejecutivo **josé antonio** félez, guión y dirección **daniel** sánchez arévalo
www.azuloscurocasinegro.com

Tesela   CANAL+   GRUPO **alta**films

SINOPSIS

Jorge ha heredado el trabajo de portero (doorman) de su padre después de que este sufriera un infarto cerebral hace siete años. Sin embargo, lucha contra un destino que parece inevitable. En los últimos años se ha esforzado por hacer su trabajo, cuidar de su padre y estudiar una carrera. Ahora su deseo es encontrar un puesto acorde a sus estudios (es licenciado en Empresariales). A través de su hermano Antonio, que está en prisión, conoce a Paula, con quien iniciará una extraña relación que impulsará a Jorge a dejar de sentirse responsable de todo y enfrentarse a sus deseos.

¿SABÍAS QUE...?

- En 2006 recibió seis nominaciones a los Premios Goya, pero recibió tres estatuillas: mejor puesta en escena (staging) original, mejor actor y mejor actor revelación.
- El título de la película tiene un significado simbólico. Puede contener varios significados como un estado anímico, un futuro incierto o designar un color que varía dependiendo de un estado anímico.
- Para el actor Quim Gutiérrez fue su primer papel como protagonista y ganó el Goya al mejor actor.

SECUENCIAS DE LA PELÍCULA

00:09:18 ▶ 00:13:08
00:35:44 ▶ 00:37:08

DATOS TÉCNICOS

TÍTULO	AZUL OSCURO CASI NEGRO.		
AÑO	2005.	**GÉNERO**	Drama.
PAÍS	España.	**DIRECTOR**	Daniel Sánchez Arévalo.

INTÉRPRETES

Quim Gutiérrez, Marta Etura, Antonio de la Torre, Héctor Colome, Raúl Arévalo, Eva Pallares, Manuel Morón, Ana Wagener, Roberto Enríquez.

ANTES

DE VER LA SECUENCIA

2.1 Antes de ver las secuencias, observa las imágenes que tienes a continuación. Con tu compañero/a, describan cada una de ellas, relacionándolas con la sinopsis de la película.

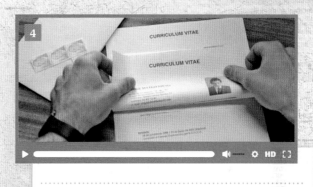

2.2 Observa la imagen 3 y habla con tu compañero/a: ¿Crees que a Jorge le gusta lo que está haciendo? ¿Cuáles crees que serían los inconvenientes de trabajar como portero?

2.3 ¿Alguna vez has hecho una entrevista de trabajo? ¿En qué consiste? ¿Qué tipo de preguntas suelen hacer? Habla con tus compañeros.

TIEMPO
00:00:09
00:03:57

Jorge envía varios currículum a diferentes empresas para dejar la portería. Mientras, su hermano y la novia de este están en prisión.

2.4 Este es el momento en el que Jorge es entrevistado en una empresa. Ordena la conversación.

- ◯ **Entrevistador:** ¡Ah!
- ◯ **Jorge:** Estoy trabajando.
- ◯ **Entrevistador:** ¿Con qué?
- ◯ **Entrevistador:** Aquí no aparece experiencia laboral.
- ◯ **Jorge:** Bueno, soy portero.
- ◯ **Entrevistador:** ¿De fútbol?
- ◯ **Jorge:** Es que he estado compaginándolo.
- ◯ **Entrevistador:** Siete años para terminar la carrera.
- ◯ **Jorge:** No, de portería, de vivienda.
- ◯ **Entrevistador:** ¿Y en qué trabaja? ¿En qué sector?
- ◯ **Jorge:** Es que no está relacionado con el sector.

2.5 ¿Por qué crees que Jorge oculta su experiencia laboral como portero en su currículum? Habla con tu compañero/a.

TIEMPO
00:03:58
00:05:23

Jorge acude a otra entrevista de trabajo.

2.6 Visualiza esta secuencia y responde a las siguientes preguntas.

a ¿Qué le pasaría a Jorge si lo aceptaran en ese nuevo trabajo?
b ¿Dónde tendría que ir a vivir?
c ¿Cuántas horas semanales tiene que trabajar en ese puesto?
d ¿Qué opina el director de la empresa sobre el cuidado del padre?
e ¿Qué condiciones laborales tiene su trabajo como portero?
f ¿Por qué no le gusta trabajar como portero?
g ¿Qué respuesta recibe por parte de la empresa?

2.7 Comenta con tu compañero/a el final de esta secuencia. ¿Cómo crees que se siente Jorge? ¿Cómo te sentirías tú ante esta situación? ¿Qué creen que pasará después?

DESPUÉS

DE VER LA SECUENCIA

2.8 ¿Cuántos personajes podemos ver en estas secuencias? Intenta describir el escenario y qué es lo que está pasando entre los personajes.

....
....
....
....

2.9 Has visto dos entrevistas de trabajo a las que ha asistido Jorge. ¿Consideras acertadas ese tipo de preguntas en una entrevista de trabajo? ¿Hasta qué punto va en contra de nuestra libertad? Habla con tu compañero/a.

2.10 Jorge se ve rechazado repetidas veces en su búsqueda de empleo. ¿Qué consejos le darías para que por fin logre pasar una entrevista?

2.11 Imagina que formas parte del departamento de Recursos Humanos de una de estas empresas y elabora una lista de preguntas que podrías realizar para una entrevista de trabajo.

2.12 A continuación, vas a tener tú mismo que presentarte a una entrevista laboral. Elabora un currículum vitae para uno de estos puestos de trabajo. Después, tu compañero/a te entrevistará.

2.13 En la película se muestra a Jorge, un joven que tiene unas expectativas debido a sus cualificaciones y experiencia, y que finalmente no alcanza todo lo que desea en la vida. ¿Crees que esto es cierto? ¿Piensas que esto no refleja la situación actual de los jóvenes? ¿Cómo es la situación de los jóvenes en tu país? Habla con tus compañeros.

GRAMÁTICA

A EL PRESENTE DE SUBJUNTIVO: VERBOS REGULARES

You have already learned the forms of the subjunctive and you have been using the subjunctive throughout the unit. Review the endings here and then select the correct options to complete the explanations that follow.

–AR	–ER	–IR
trabajar	**comer**	**vivir**
trabaj**e**	com**a**	viv**a**
trabaj**es**	com**as**	viv**as**
trabaj**e**	com**a**	viv**a**
trabaj**emos**	com**amos**	viv**amos**
trabaj**éis**	com**áis**	viv**áis**
trabaj**en**	com**an**	viv**an**

»Hija, espero que no trabajes mucho, que comas bien y que vivas una vida tranquila.

» Las terminaciones de los verbos en –er, –ir son ☐ **iguales** / ☐ **diferentes**.

» En todas las conjugaciones, la primera y tercera persona del singular son ☐ **iguales** / ☐ **diferentes**.

2.1 Completa las conversaciones con los verbos propuestos en afirmativo o negativo para expresar tu deseo. Después, crea tu propio deseo al final.

He comprado mi primer carro.

Espero que...
- llevarme a la universidad.
- escribir mensajes de texto en el carro.
- exceder el límite de velocidad.
- ...

He recibido un mensaje de texto de mi ex.

Prefiero que...
- contestar.
- ignorarlo.
- borrarlo sin leer.
- ...

Mañana empiezo a trabajar en una tienda de ropa.

Quiero que...
- llegar a tiempo.
- vender mucho.
- discutir con los clientes.
- ...

B EL PRESENTE DE SUBJUNTIVO: VERBOS IRREGULARES

The following charts show examples of verbs that have some type of irregularity in the present subjunctive. These examples include stem-changing verbs and verbs with irregular **yo** forms in the present indicative that affect forms in the present subjunctive. Other verbs have spelling changes or are completely irregular in the present subjunctive.

2.2 Lee la información y completa las formas que faltan. Trabaja con tu compañero/a.

El presente de subjuntivo: verbos irregulares

E>IE	O>UE	U>UE	E>I	♻ **Recuerda**
querer	**soñar**	**jugar**	**servir**	-car ▸ -que
quiero ▸ [1]	sueño ▸ sueñe	juego ▸ [7]	sirvo ▸ sirva	-gar ▸ -gue
quieres ▸ [2]	sueñas ▸ [4]	juegas ▸ juegues	sirves ▸ [10]	-zar ▸ -ce
quiere ▸ quiera	sueña ▸ sueñe	juega ▸ [8]	sirve ▸ sirva	
queremos ▸ queramos	soñamos ▸ [5]	jugamos ▸ juguemos	servimos ▸ [11]	
queréis ▸ queráis	soñáis ▸ soñéis	jugáis ▸ juguéis	servís ▸ sirváis	
quieren ▸ [3]	sueñan ▸ [6]	juegan ▸ [9]	sirven ▸ sirvan	
.........., ...	.........., ...		.........., ...	

I>Y	Verbos que cambian **E>IE** cambiarán a **E>I** en **nosotros / vosotros**:	Verbos que cambian **O>UE** cambiarán a **O>U** en **nosotros / vosotros**:
destruir	**mentir**	**dormir**
destruyo ▸ destruya	miento ▸ mienta	duermo ▸ [17] ....
destruyes ▸ destruyas	mientes ▸ [14]	duermes ▸ duermas
destruye ▸ [12]	miente ▸ mienta	duerme ▸ duerma
destruimos ▸ destruyamos	mentimos ▸ [15]	dormimos ▸ [18] ....
destruís ▸ destruyais	mentís ▸ mintáis	dormís ▸ durmáis
destruyen ▸ [13]	mienten ▸ [16]	duermen ▸ [19] ....
.........., ...	.........., ...	....

Verbos con formas irregulares en **yo**	Verbos irregulares	
tener	**ser**	
tengo ▸ [20]	**sea**	
tienes ▸ **tengas**	[23]	
tiene ▸ **tenga**	**sea**	
tenemos ▸ [21]	[24]	
tenéis ▸ **tengáis**	**seáis**	
tienen ▸ [22]	**sean**	
.........., ...,	.........., ..., ..., ...	

» ¿Quiere que le sirva más café?

2.3 Trabaja con tu compañero/a y clasifiquen estos infinitivos debajo de cada columna según su irregularidad correspondiente.

repetir ▪ saber ▪ ir ▪ sentir ▪ encontrar ▪ acostarse ▪ pedir ▪ defender ▪ sentarse ▪ empezar
venir ▪ construir ▪ conocer ▪ divertirse ▪ incluir ▪ morir ▪ almorzar ▪ estar ▪ salir ▪ haber

GRAMÁTICA

2.4 Lee el correo electrónico que escribió Mario a un amigo y subraya los verbos que estén en presente de subjuntivo. Después, comenta con tu compañero/a si son regulares o irregulares.

> ● ● ●
>
> Espero que te <u>vaya</u> bien en el examen que tienes mañana y que consigas entrar en esa universidad. Ojalá que me puedas llamar pronto y me digas que ya estás tramitando la inscripción.
>
> También espero que estés más tranquilo que la última vez, y que los nervios no te jueguen una mala pasada; ya sabes que lo más importante es mantener la calma y la concentración.
>
> De mí, poco te puedo contar; solo que entregué hace unos días mi proyecto final al profesor, pero todavía no he recibido la nota, y que posiblemente me operarán el mes que viene de la rodilla, ya sabes: mi pasión por el fútbol.
>
> Pero hay más; si todo sale bien y encuentro trabajo, y mi hermano Iván termina la carrera este año, nos mudaremos a un apartamento en el centro. ¿Qué te parece? Esto sí que es una noticia.

1 *vaya ▶ ir ▶ irregular*   **3** ....   **5** ....

2 ....   **4** ....   **6** ....

2.5 Imagina la respuesta del amigo a Mario y escríbela, expresándole, por supuesto, buenos deseos para su futuro.

C USOS DEL PRESENTE DE SUBJUNTIVO: DAR CONSEJOS Y HACER RECOMENDACIONES

- Para dar consejos y hacer recomendaciones de manera general, se usa:

  ***Aconsejar / Recomendar* + infinitivo**
  - *Yo aconsejo ir en metro por Madrid.*

- Para dar consejos y hacer recomendaciones a una persona o grupo de personas, se usa:

  ***Me/te/le/nos/os/les* + *aconsejar / recomendar* +** | ***que* + subjuntivo (sujetos diferentes)**
  | infinitivo (mismo sujeto)
  | nombre

  - *Te aconsejo que tomes tu tiempo durante el examen.*
  - *¿Qué recomiendas hacer en Madrid?*

 Recuerda

- No cambia el sujeto ▶ infinitivo
- Sujetos diferentes ▶ *que* + subjuntivo

» Te recomiendo que busques una beca para pagar parte de los estudios.

2.6 María ha decidido ir a Estados Unidos a estudiar en tu universidad. Escríbele un correo electrónico dándole consejos y recomendaciones sobre los aspectos que debe saber sobre la universidad, los estudiantes, los profesores, etc.

> ● ● ●
>
> Para: mariagomez@smail.com

(D) USOS DEL PRESENTE DE SUBJUNTIVO: EXPRESAR PETICIONES

■ Para pedir o mandar algo a alguien, se usan los siguientes verbos:

    pedir ▶ **Te pido...**
    rogar ▶ **Te ruego...**
    mandar ▶ **Te mando...**
    exigir ▶ **Te exijo...**
            Me exijo...
    ordenar ▶ **Te ordeno...**

♻ **Presente de indicativo**

  ■ pedir (e>i)   ■ rogar (o>ue)

❗ **El verbo *exigir***

exijo	exigimos
exiges	exigís
exige	exigen

■ Estos verbos van seguidos de...

    – un nombre. ▶ *Te pido paciencia.*
    – un infinitivo (si los sujetos no cambian). ▶ *Me exijo ser más responsable.*
    – el subjuntivo (si hay dos sujetos diferentes). ▶ *Te pido que recojas la ropa sucia del suelo.*

❗ **Atención**

  ■ Para expresar peticiones o mandatos que pueden molestar al interlocutor, es frecuente usar expresiones como *por favor, tengo que decirte una cosa/cosita*; *no te enfades, pero...*, y **justificar** la petición o mandato con *es que..., es que si no...*

  ■ Para **pedir disculpas** por un comportamiento no adecuado, se usan expresiones como *es verdad, tienes razón, perdón/perdona/perdóname, lo siento (mucho), no volverá a pasar, no lo volveré a hacer...*

🔊
[11]

2.7 Escucha la conversación que mantiene Mario con su hermano gemelo Iván, después de estar viviendo juntos unos meses en su nuevo apartamento del centro. Marca si las siguientes afirmaciones son verdaderas (V) o falsas (F). ¿Crees que tienen una buena relación?

		V	F
a	Todos los días Iván deja su ropa sucia en el cuarto de baño.	◯	◯
b	Mario no quiere recoger la ropa de su hermano.	◯	◯
c	Mario se acuesta muy tarde.	◯	◯
d	Iván pone la televisión muy temprano y despierta a su hermano.	◯	◯
e	Iván es muy ordenado.	◯	◯

2.8 Vuelve a escuchar y anota las peticiones de Mario y de Iván en el lugar correspondiente. Compara tus respuestas con tu compañero/a.

Exigencias con uno mismo	Peticiones a otra persona

»Mario e Iván.

GRAMÁTICA

 2.9 Vamos a conocer a Pablo. Ha decidido independizarse y alquilarse un apartamento. Se lo ha comunicado a todos sus amigos por Facebook. Lee su mensaje y los comentarios de sus amigos, y completa el texto con las formas correctas del verbo.

Facebook

facebook

| | Usuario | Contraseña |

Pablo ¡Hola, muchachos!
Ya no me lo pienso más. Ahora que tengo algunos ahorros, me voy a independizar, ¡que ya voy camino de los treinta! He visto varios apartamentos por el centro y hay uno de dos habitaciones que me gusta bastante.
Tiene ascensor y el propietario paga la comunidad*. ¿Quién me ayuda con la mudanza? También lo quiero [1] .... (pintar) a mi gusto, así que si alguien puede echarme una mano… ya saben mi número de teléfono, que seguro que luego todo el mundo quiere venir a cenar a mi apartamento nuevo.
Me gusta • Comentar • 1 de noviembre, 23:25

> **Manuel** ¡Ya era hora! Siempre dices que [2] .... (estar) cansado de depender de tus padres, pero no te vas nunca. Ojalá te [3] .... (ir) bien el traslado. Ya sabes que estaré fuera un par de meses y no te podré ayudar, pero me apunto a la cena de gorra**, ¿eh?
> Me gusta • Comentar • 2 de noviembre, 09:12

> **Iria** ¿Te independizas sin un trabajo estable? Que [4] .... (tener) suerte y espero que el propietario [5] .... (pagar) la comunidad de verdad. Me parece mal que [6] .... (aprovecharse, ellos) de los jóvenes en estos casos. Te recomiendo que lo [7] .... (poner) por escrito en el contrato. Te quiero [8] .... (ayudar) en todo lo posible. Ahora mismo trabajo por las tardes, así que por las mañanas, sin problemas.
> Me gusta • Comentar • 2 de noviembre, 09:14

> **Blanca** Pablo, ¡cómo me alegro! Pero tú siempre has vivido en familia, ¿no? Mira, no quiero que [9] .... (sentirse) mal, pero prefiero que me [10] .... (pedir) otra cosa. Tengo la espalda bastante mal y no puedo levantar peso.
> Me gusta • Comentar • 2 de noviembre, 09:36

> **Miguel** ¡Ojalá [11] .... (ser) verdad, primo! Ya pensaba que te retirarías en casa de tus padres. Deseo que [12] .... (disfrutar) de tu nueva vida, pero viviendo a 500 km lo tengo difícil para ayudarte. Que todo [13] .... (salir) bien.
> Me gusta • Comentar • 2 de noviembre, 10:11

> **Jaime** Oye, Pablito, pero ¿tú qué [14] .... (pensar)? ¿Que no te voy a echar una mano? Solo te pido que [15] .... (reservar) esa segunda habitación para mí. Es que mis padres se están cansado de tenerme por medio…
> Me gusta • Comentar • 2 de noviembre, 11:02

---

* maintenance fee that usually covers heat, hot water, and building upkeep.
** for free (colloquial).

2.10 Compara tus respuestas con tu compañero/a. Después, anota las estructuras en las que usaron el presente de subjuntivo y explica su uso.

Estructura	Uso del subjuntivo

2.11 Escribe un comentario para Pablo, expresando algún deseo, recomendación o petición relacionado con la nueva vida que va a emprender.

	Facebook		

facebook   Usuario   Contraseña

....
....
....

Me gusta • Comentar • Hace un momento

2.12 En grupos de tres, hablen con sus compañeros sobre sus experiencias de convivir con otras personas respondiendo a las preguntas que siguen. Después, preparen una lista de peticiones para la persona con quien comparten o van a compartir cuarto y presenten su lista a la clase.

- ¿Compartes cuarto con un/a compañero/a o alguna vez has compartido cuarto con otras personas?
- ¿Piensas que es importante llevarte bien con la persona con la que compartes cuarto?
- ¿Es más difícil compartir piso con alguien que conoces o con un desconocido?

Modelo: *Me gustaría hablar contigo, Juan/Juana. Mira, te pido que…*

2.13 ¿Cómo te sientes cuando le pides algo a alguien y recibes una respuesta negativa? Aquí te damos una lista de sentimientos. Elige uno o dos de ellos y explícalo con un ejemplo.

- decepción
- insatisfacción
- enfado
- indiferencia

Modelo: *Yo le pido a mi hermano que no discuta con nuestra madre porque me resulta muy desagradable, pero no me hace caso. Tengo una gran sensación de impotencia…*

2.14 En un papel, escribe tres peticiones que se puedan realizar en el salón de clase. Intercambia los papeles con tus compañeros. Después, cada uno, por turnos, debe hacer las peticiones o dar las órdenes a uno de sus compañeros y este debe realizarlas.

Modelo: *Te pido que te levantes, por favor, vayas a la mesa del profesor, le pidas el libro y se lo des a mi compañero.*

VOLVER AL NIDO

PREPARAR

2.1 Estas son algunas expresiones que aparecen en un artículo que vas a leer. Con ayuda del diccionario, escriban una definición de cada una de ellas. ¿Qué palabra de las expresiones tienes que buscar en el diccionario para encontrar la definición? ¿Con qué tema crees que están relacionadas? Discútelo con tu compañero/a.

a Emanciparse.
b Incorporarse al mercado laboral.
c Estar en el paro.
d Retribuir un trabajo.

2.2 El artículo, que ha sido publicado en un periódico español, se titula: *El 12% de los jóvenes vuelve a casa de sus padres después de haberse emancipado*. ¿De qué trata el artículo? ¿Qué ideas pueden anticipar leyendo este título?

LEER

2.3 Ahora, lee el artículo, ordena los párrafos y comprueba tus hipótesis anteriores.

El 12% de los jóvenes vuelve a casa de sus padres después de haberse emancipado

1 Si emanciparse era difícil, la crisis lo ha hecho casi imposible. Ya no es cuestión de que los jóvenes dejen la casa de sus padres para vivir por su cuenta, sino de que muchos de aquellos que lo hicieron están teniendo que regresar.

☐ Este estudio, patrocinado por la Fundación Bancaja, ofrece por primera vez datos sobre la "vuelta al nido" de los jóvenes españoles después de haberse emancipado. Los motivos económicos son los principales causantes del fenómeno de la reversibilidad residencial de los jóvenes (45,5%), seguido del precio de la vivienda (25,2%) y los alquileres (6,7%). Hay que tener en cuenta que el primer empleo de los jóvenes es retribuido con 720 euros (789 dólares) mensuales y el 63% tiene un contrato temporal en su primera experiencia laboral.

☐ En concreto, el 12% de los jóvenes entre 16 y 30 años que estaban emancipados han vuelto al domicilio familiar a causa de su inestable situación laboral. En el caso de los de entre 25 y 30 años este porcentaje aumenta hasta el 27%.

☐ Además, este estudio ofrece otros datos interesantes: casi la totalidad de los jóvenes entre 16 y 19 años vive con sus padres (96%), mientras que uno de cada dos de más de 25 años se ha emancipado; cuanto mayor es el nivel de estudios de los jóvenes, más tardan en tener su primer empleo; y, curiosamente, los que viven en zonas urbanas encuentran trabajo más tarde que los que viven en poblaciones no urbanas.

☐ Por último, en el apartado del estudio dedicado a la formación de pareja y paternidad, se indica que a los 30 años son padres 6 de cada 10 jóvenes con estudios obligatorios, y solo el 10% de los universitarios tiene hijos.

☐ Son las cifras de un estudio del Instituto Valenciano de Investigaciones Económicas (IVIE), *Cambios en las trayectorias vitales de los jóvenes*, que se ha hecho entre jóvenes que en los últimos cinco años se han incorporado al mercado laboral. En paro, el 85% vive con sus padres; cuando logran un empleo, solo el 58%.

(Adaptado de http://www.20minutos.es/noticia/1609114/0/jovenes/vuelven-casa-padres/ ... y-emancipar se/#xtor=AD-15&xts=467263#xtor=AD-15&xts=467263)

2.4 Acabas de ordenar un texto por párrafos. Busca ejemplos de las palabras, frases o elementos del texto que corresponden a las siguientes estrategias y anótalos en el lugar correspondiente. Después, indica las estrategias que te han sido válidas para ordenar el texto. ¿Por qué?

ESTRATEGIAS	PARA MÍ
1 Reconocer la función de los conectores: *Por último*	⬡
2 Seguir los porcentajes:	⬡
3 Ordenar por edades:	⬡
4 Entender el contexto del párrafo:	⬡
5 Analizar la estructura del texto:	⬡
6 Descartar las palabras desconocidas:	⬡

ESCUCHAR

2.5 Escucha las opiniones que han dado algunas personas sobre este tema y anótalas. Comparte tus apuntes con tu compañero/a.

[12]

Pedro ....

Elisa ....

Víctor ....

Juan ....

Antonia ....

Vicente ....

HABLAR

2.6 ¿Qué te ha parecido la situación de los jóvenes en España con respecto a este tema? ¿Crees que a algunos jóvenes les gusta vivir con sus padres aunque puedan emanciparse? Coméntalo con tus compañeros en grupos pequeños.

ESCRIBIR

2.7 Y tú, ¿qué opinas de vivir con los padres hasta pasados los treinta? ¿Cómo es la situación en tu país? Escribe un texto en tu cuaderno usando algunos de estos conectores.

♻ Conectores del discurso

- **luego:** Valor temporal. Equivale a *después*.
- **incluso:** Añade información.
- **es que:** Valor causal: expresa una excusa.
- **mientras:** Introduce dos acciones simultáneas.
- **en definitiva:** Expresa una conclusión.
- **o sea:** Reformula una idea.

NOS CONOCEMOS

EL SPANGLISH

¿SABEN QUÉ ES EL SPANGLISH?

2.1 Escoge la respuesta correcta.

a El *spanglish* es la mezcla de español e inglés de la población hispana adinerada que vive en Estados Unidos.

b El *spanglish* es la lengua que mezcla palabras españolas con inglesas y que hablan algunas de las comunidades hispanas que viven en Estados Unidos.

PEDISTE EL DELIVERY, BUEN MOMENTO PARA CURSAR MARKETING.

ORIGEN DEL SPANGLISH

2.2 Lee y ordena los siguientes fragmentos.

a *(1)* El origen del *spanglish* data de mediados del siglo XIX cuando México pierde la guerra y cede a Estados Unidos más de la mitad de su territorio. A partir de este momento, estos habitantes de origen mexicano tienen que aprender inglés.

---

b Cuatro años después, en 1977, surge la obra fundacional de la literatura en *spanglish*, el cuento "Pollito Chicken" de la narradora de origen puertorriqueño Ana Lydia Vega, donde critica duramente la pérdida de identidad de los inmigrantes en Estados Unidos.

---

c Sin embargo, ellos siguen hablando en español y poco a poco surge el *spanglish* como símbolo de su propia identidad. En la segunda mitad del siglo XX, la gran inmigración de latinoamericanos a Estados Unidos supone la expansión definitiva del *spanglish*.

---

d En la década de los 70, los Nuyorican Writers, un grupo de dramaturgos y poetas de vanguardia y de origen puertorriqueño, son los primeros en llevar el *spanglish* a la literatura. Crecen en Nueva York, pero hablan y escriben en español e inglés.

e Un año después, en 2004, Stavans da un paso más en el proceso de expansión de este nuevo idioma con la creación del *ciber-spanglish,* donde nacen verbos como "printear" (de imprimir/*to print*) o "resetear" (de volver a encender la computadora/*to reset*).

f En el año 1973 fundan en Manhattan el *Nuyorican Poets Café*, que se convierte en el núcleo de la literatura en *spanglish*.

g En el año 2003, Ilan Stavans, un filólogo de origen mexicano, publica el mayor diccionario de esta lengua que recoge 6000 palabras y expresiones surgidas de la mezcla del español e inglés.

Ahora escucha [13] el texto ordenado.

MARÍA HABLA SPANGLISH

María es una muchacha de origen puertorriqueño que ha vivido siempre en Estados Unidos. Dice que cuando viaja a Puerto Rico se ríen de ella porque habla en *spanglish*.

2.3 Lee las siguientes frases de María y encuentra las palabras en *spanglish*.

a edificio   *bildin*

b ocupado ....

c adiós ....

d bilingüe ....

e ver la TV ....

f vaso ....

g pasar la aspiradora ....

h teclear ....

¡Babay Diego! Nos vemos mañana.

Vacuno la carpeta una vez a la semana.

Antes de acostarme tomo un glasso de leche porque me ayuda a dormir mejor.

Juan es muy rápido cuando clickea.

¡Qué bildin más bonito!

Ana estaba watcheando la TV.

¡Lo siento, no puedo ir! Esta semana estoy muy bisi.

Dice que es bilingual, pero yo no le creo.

GUÍA DE OCIO

🎵 MÚSICA

Geoffrey Royce Rojas nació en Nueva York en 1989, donde pasó su infancia y adolescencia. De padres dominicanos, desde pequeño se interesó por la música, participando en el coro de la escuela y escribiendo letras en español y en inglés. A los 16 años realizó sus primeras composiciones musicales y adoptó el nombre artístico de **Prince Royce**. En el 2010 debutó con el lanzamiento de su primer disco titulado *Prince Royce*, donde se encuentran canciones como "Stand by me" y "Corazón sin cara". Aunque lleva pocos años en el mercado músical, ya ha conseguido varias distinciones, como su nominación en 2010 a los Premios Grammy Latinos al mejor álbum tropical contemporáneo. ■

"El público me ha hecho mi sueño realidad y he madurado mucho. Siempre tengo presente que el público y la música son lo más importante para mí".

STAND BY ME. PREMIO LO NUESTRO A LA MEJOR CANCIÓN TROPICAL DEL AÑO.

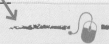

Busca en Internet la canción y letra para "Stand by me" y escúchala. Después, vuelve a escuchar la canción siguiendo la letra.

COMEDIANTE, AUTOR, ACTOR, PRESENTADOR DE TELEVISIÓN Y COMENTARISTA.

Busca el videoclip *Spanglish 101* en Comedy Central para ver un ejemplo de su humor y cómo transmite su experiencia bilingüe y bicultural al público.

😀 HUMOR

"La vida es demasiado corta para ser monolingüe."

Bill Santiago, comediante de *Stand up* y autor del libro *Pardon My Spanglish*, nació en Nueva York y es de padres puertorriqueños. Ha participado en programas como *Comedy Central Premium Blend*, *Showtime, Conan, The Late Late Show with Craig Ferguson, Chelsea Lately* y *CNN en español*, entre otros. Bill Santiago trae su humor y observaciones sobre el lenguaje, la sociedad y la política. Su libro *Pardon My Spanglish* está siendo utilizado en las universidades y escuelas secundarias de todo el país para estimular las discusiones acerca de la identidad, el idioma y el multiculturalismo. ■

LITERATURA PARA LA VIDA

»Santiago.

¿En qué país estamos?

¿Conoces a algún escritor de este país?

¿De quién crees que es esta casa?

¿De quién crees que vamos a hablar?

¿Sobre qué temas piensas que escribe este autor?

LITERATURA PARA LA VIDA

2.1 ¿Conoces a Pablo Neruda? ¿Qué sabes de él? Busca información sobre este autor y continúa escribiendo su biografía. Luego, contesta las preguntas.

PABLO NERUDA

Neftalí Ricardo Reyes Basoalto es el verdadero nombre de Pablo Neruda. Nació el 12 de julio de 1904 en Parral, Chile, pero pasó su infancia en Temuco, un pueblo al sur del país, donde su padre ejercía como conductor de trenes. Vivía lejos de las tradiciones y de la civilización, rodeado de trabajadores y en contacto constante con la naturaleza. En 1923 escribió su primer libro de poemas, *Crepusculario*...

INVESTIGA

Intenta contestar a estas preguntas.

a ¿Cuál es el verdadero nombre de Pablo Neruda?
b ¿En qué lugar y en qué año nació?
c Cuando Neruda es muy pequeño, muere alguien muy importante para él, ¿quién? ¿Cómo se llamaba?
d ¿En qué año adoptó el apodo "Pablo Neruda"?
e ¿Cuándo aparece su obra *Veinte poemas de amor y una canción desesperada*?
f ¿Dónde y cuándo muere Pablo Neruda?

[14]

2.2 Escucha este diálogo entre dos estudiantes de español y comenta las respuestas a estas preguntas con tus compañeros.

a ¿Qué es para ti el amor?
b ¿Es un sentimiento triste o alegre?
c ¿Cuál es tu canción de amor preferida? Si recuerdas la letra, ¿podrías recitarla en clase?

2.3 El primer verso del poema es "Cuando yo muera". ¿Por qué crees que se unen el amor y la tristeza en el poema? ¿Qué crees que habrá pasado?

2.4 Lee y escucha el poema. Después, responde las preguntas.

Soneto LXXXIX

Cuando yo muera quiero tus manos en mis ojos:
quiero la luz y el trigo de tus manos amadas
pasar una vez más sobre mí su frescura:
sentir la suavidad que cambió mi destino.
5 Quiero que vivas mientras yo, dormido, te espero,
quiero que tus oídos sigan oyendo el viento,
que huelas el aroma del mar que amamos juntos
y que sigas pisando la arena que pisamos.
Quiero que lo que amo siga vivo
10 y a ti te amé y canté sobre todas las cosas,
por eso sigue tú floreciendo, florida,
para que alcances todo lo que mi amor te ordena,
para que pasee mi sombra por tu pelo,
para que así conozcan la razón de mi canto.

(*Cien sonetos de amor*, Pablo Neruda)

NERUDA

a ¿En este texto el autor narra hechos objetivos o emociones subjetivas?

b Subraya los verbos en presente de subjuntivo e indica aquellos que expresan deseos.

c ¿Qué desea el autor para su amada?

d ¿Qué crees que significa "*dormido*" y "*sigue tú floreciendo*"? ¿Qué nos quiere decir el autor?

2.5 Crea ahora un poema siguiendo esta estructura.

*Cuando yo acabe el curso quiero…
Quiero…
Quiero que…
quiero que…
que…
y que…*

¿QUÉ HE APRENDIDO?

- **Explica a tu compañero/a las siguientes palabras.**

  > curso intensivo ▪ beca ▪ pasar lista
  > nota media ▪ expediente académico

- **Escribe tres deseos para cuando acabes la universidad.**

  Modelo: *Deseo viajar a Europa.*

  1 ....
  ....
  2 ....
  ....
  3 ....
  ....

- **Lee los tres deseos que ha escrito tu compañero/a en la actividad anterior y deséale que se cumplan.**

  Modelo: *Deseo que viajes a Europa.*

  1 ....
  2 ....
  3 ....

- **Reacciona a estos deseos y valoraciones.**

  ① 💬 ¡Ojalá aprenda mucho en este curso!
  💬 ....

  ② 💬 ¡Espero que mis prácticas sean muy interesantes!
  💬 ....

  ③ 💬 Prefiero que el profesor no ponga un examen tipo test.
  💬 ....

- **Valora tus clases de español.**

  Me parece genial... ....
  ....
  ....

  Está bien... ....
  ....
  ....

  Es... ....
  ....
  ....

AHORA SOY CAPAZ DE...

		SÍ	NO
1	...expresar deseos para mí y para los demás.	☐	☐
2	...pedir a los demás lo que necesito.	☐	☐
3	...entender cuando alguien me pide algo.	☐	☐
4	...comprender y usar palabras relacionadas con los estudios.	☐	☐

MI VOCABULARIO

Los estudios

el aprendizaje learning
la asignatura obligatoria required course
la asignatura optativa optional course
el bachillerato high school diploma
la beca scholarship
la clase presencial face-to-face class
el colegio bilingüe bilingual school
el colegio privado private school
el curso de perfeccionamiento continuing
education
el curso escolar school year
el curso intensivo intensive course
el curso virtual online course
el enfoque approach, focus
la escuela de idiomas language school
la escuela secundaria secondary school
los estudios primarios primary education
el instituto high school (Spain)
el instituto tecnológico institute of technology
el intercambio exchange
el máster masters
la metodología methodology
el programa au pair program for studying
abroad while working as a live-in nanny
el preescolar preschool

Verbos

aconsejar to advise
aprovechar el tiempo to take advantage of time
aprovecharse de to take advantage of someone
exigir to demand
extrañar to miss
mandar to order, to send
mantener (la calma) to maintain (calm)
ordenar to order
reaccionar to react
recomendar (e>ie) to recommend
rogar (o>ue) to beg

Lenguaje del aula

analizar un tema analize a topic or theme
aprobar (o>ue) to pass
la clase práctica lab, workshop
la clase teórica theory class
comentario de texto text analysis
consultar un libro/una enciclopedia/Internet to
look up information in a book/an enciclopedia/
on the Internet
debatir un tema to debate a topic
el expediente academic transcript
hacer un experimento to do an experiment
memorizar to memorize
la nota alta/baja high/low grade
la nota media grade point average
pasar (un examen) to pass
pasar lista to take attendance
plantear una duda to lay out a problem
reflexionar to reflect
suspender to fail (a course, test, etc.)

Palabras y expresiones

No digas esas cosas. Don't say those things.
No te pongas así. Don't get like that.
Ojalá I hope
Que cumplas más años. Many happy returns.
Que sean muy felices. (I hope) you will be very
happy.
Que sueñes con los angelitos. (I hope) you dream
with angels.
Que te diviertas. (I hope) you have fun.
Que te vaya bien. (I hope) it goes well for you.
Que tengas buen provecho. (I hope) you enjoy
the meal.
Que tengas suerte. I wish you luck.
(Que) sí, hombre, (que) sí. Yes, of course, of course.
¡Sueñas! (informal) You're dreaming!

Conectores discursivos

en definitiva ultimately, in the end
es que it's just that, the thing is therefore
luego therefore
o sea in the other words, or rather

■ ¿Qué hace la persona en la imagen?

■ ¿Qué es lo que más te gusta hacer cuando vas de vacaciones?

■ ¿Te gustaría alojarte en este hotel construido por el artista uruguayo Carlos Páez Vilaró?

■ ¿Qué te llama más la atención de esta imagen?

» Hotel y Museo Casapueblo, Punta del Este, Uruguay.

SOBRE GUSTOS Y SENTIMIENTOS

3

Learning outcomes

By the end of this unit you will be able to:

- Talk about what is appealing and distasteful for you and others.
- Discuss fashions and alternative types of vacations.
- Express feelings and emotions.
- Talk about things that are known and unknown.

Para empezar

- Nos divertimos

Comunica

- Vacaciones alternativas: preguntar y responder por la existencia de algo
- Estar a la moda: expresar gustos y aversiones

Pronunciación y ortografía

- Acentuación (3): la tilde diacrítica

Cartelera de cine

- *Sus ojos se cerraron y el mundo sigue andando*

Gramática

- Los relativos *que* y *donde* con indicativo y subjuntivo
- Pronombres y adjetivos indefinidos
- Verbos de sentimientos con infinitivo y subjuntivo

Intercultura

- Vivir fuera de tu país

Nos conocemos

- Entrevista a Mónica Molina

Literatura para la vida

- *Campos de Castilla*, de Antonio Machado

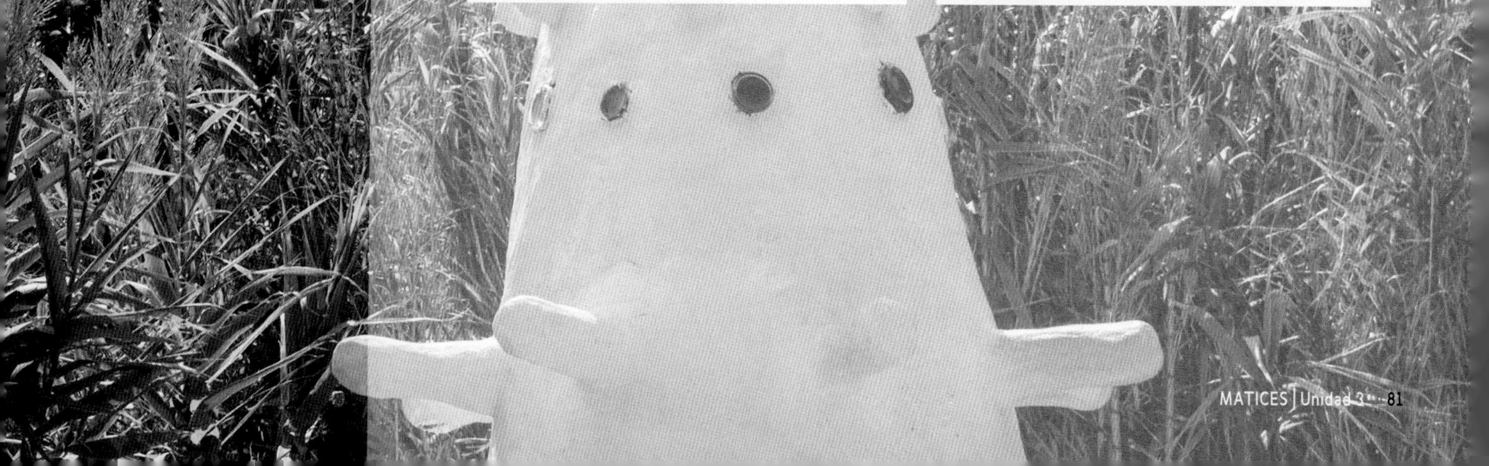

3.1 Observen las imágenes. ¿Con qué actividades de tiempo libre las identificas?

Modelo: *1. ir a la playa.*

3.2 De las actividades anteriores, indica tu opinión sobre ellas y añade otras actividades que puedes hacer cuando visitas una nueva ciudad.

....

....

....

[16]

3.3 Ana es de Uruguay y en unos días va a visitar a Verónica en Madrid. Escucha el diálogo y responde a las siguientes preguntas.

a ¿Qué actividad no pueden hacer las muchachas en Madrid?

b ¿Qué actividad pensaba Verónica que a Ana no le gustaba nada?

c ¿Qué prefiere hacer Ana en lugar de visitar museos?

d ¿Qué idea que propone Ana le encanta a Verónica?

3.4 Lee el diálogo e identifica qué actividades de tiempo libre se mencionan en ella.

Ana: Vero, ¡no te podés imaginar las ganas que tengo de ir a España a conocerte! Ya sabés que voy a un departamento de intercambio que está en el centro de la ciudad.

Verónica: Sí, lo sé. ¡Ya verás qué bien nos lo vamos a pasar!

Ana: Seguro, pero tenemos que decidir qué vamos a hacer. ¿Preparaste ya algún plan interesante? Ya sabés que me encanta ir a la playa, pero en Madrid es un poco complicado, ¿no?

Verónica: Pues sí, bastante. Hay un río, pero es muy pequeño y, además, no nos podemos bañar, ja, ja, ja.

Ana: Bueno, me hablaron también de que en Madrid hay muchas calles comerciales.

Verónica: Pues eso sí que podemos hacerlo. Pero me extraña mucho de ti. Creía que odiabas ir de compras.

Ana: Eh, no exactamente... Cuando viajo, me gusta mucho comprar ropa original para mis amigos y familiares.

Verónica: Entonces podemos ir a Fuencarral. Es una calle que tiene muchas tiendas con ropa moderna. También podríamos dedicar unos días al arte. Tenemos unos museos fantásticos, como el Museo del Prado, el Thyssen, el Reina Sofía...

Ana: A mí no gusta demasiado la idea de los museos. Prefiero andar por la ciudad sin objetivos concretos.

Verónica: Perfecto, haremos lo que a ti te apetezca, para eso eres mi invitada.

Ana: Bueno... Muchas gracias. Tenemos que ir al cine a ver una película española, quiero conocer lo que son las tapas... ¡Ah! ¿Y sabés lo que me vuelve loca? Me encantan los parques de atracciones.

Verónica: ¡No me digas! Pues muy cerca de Madrid está el Parque Warner. Tiene atracciones dedicadas a los personajes de los dibujos de Warner Bros.

Ana: ¡Qué lindo!, me encanta la idea.

Verónica: Bueno, voy a informarme un poco más en Internet y te digo.

Ana: Muy bien. Muchas gracias, Vero.

Recuerda

vos		tú
podés	▶	puedes
sabés	▶	sabes

3.5 Ahora comenta con tus compañeros las actividades que te gustan más, pero señala también algún aspecto negativo que te moleste. Y de las actividades que no te gustan, debes decir algo positivo. ¿Coinciden en algunas?

Modelo: 💬 *Me encanta ir de compras, pero me fastidia comprar cuando hay mucha gente.*
💬 *No me gusta ir a la playa porque odio tomar el sol, pero me gusta mucho pasear por la playa por la mañana cuando no hay mucha gente.*

¡PRACTICA!

3.6 Con tu compañero/a, escriban un diálogo similar siguiendo las instrucciones. Después, representen la conversación.

1 Llama a un amigo/a para hablar de las vacaciones que van a tomar juntos.

2 Pregunta a tu amigo/a qué planes tiene para el destino elegido.

3 Plantea ideas para hacer en función de tus gustos.

4 Expresa tus gustos ante las propuestas de tu amigo/a. Sugiere algo que te guste también a ti.

5 Opina sobre las propuestas de tu amigo/a.

6 Revisen entonces lo que finalmente van a hacer.

COMUNICA

VOCABULARIO

3.1 ¿Qué es para ti lo más importante cuando vas de vacaciones? Con tu compañero/a, anoten los aspectos más importantes que tienen en cuenta.

3.2 Observa las opiniones de estas personas y complétalas con las nuevas palabras. ¿Con quién estás más de acuerdo? ¿Por qué?

Jimena, 46 años

a Cuando viajo busco estar cómoda, sentirme como en casa. Por eso el [1] .... es muy importante para mí, por encima de todo lo demás.

Bruno, 25 años

b Lo principal es el [2] .... Tengo que estar convencido de que es el lugar que quiero visitar. Al resto de cosas, me puedo adaptar.

desplazamiento
ahorrar
destino
alojamiento
gastos

Nicolás, 52 años

c No me gustan todos los medios de transporte, así que el [3] .... para mí es muy importante cuando viajo. Me encanta viajar en tren, porque el avión me da pánico.

Rosa, 30 años

d Yo prefiero [4] .... dinero en hoteles y siempre viajo de intercambio. Así puedo tener más [5] .... en compras o en comida.

3.3 Observa este anuncio de una página web de viajes. ¿Con cuál de las opiniones de la actividad anterior lo relacionas?

Viaje por el mundo entero

Sin pagar alojamiento

Viva como la gente local

3.4 Lee este extracto de un artículo de prensa sobre el turismo de intercambio de casas e identifica sus ventajas. ¿Crees que tiene inconvenientes? Coméntalo con tu compañero/a.

Quienes usaron el intercambio, normalmente repiten. El intercambio de casa te da la posibilidad de alojarte gratis en destinos que de otra forma no piensas. Los usuarios de estas páginas reciben propuestas en lugares en los que nunca habían imaginado. Para los inclinados a este tipo de turismo es "como dejar la casa a un amigo que te aconseja dónde comer o qué visitar". Se reciben propuestas insólitas como Bahamas, Panamá, Marruecos o Australia. Para Diego, con varios años de experiencia en el intercambio de casa, lo mejor de esta opción es que "formas parte de una comunidad y te hace ser más respetuoso con el entorno en el que ellos viven".

(http://elviajero.elpais.com/elviajero/2010/03/18/actualidad/1268908444_850215.html)

3.5 Lee los anuncios que se ofrecen en la página web *vacacionesalternativas.com* para las casas de intercambio. Busca en ellos los sinónimos de estas palabras. Tres de las palabras destacadas en color no tienen sinónimo. ¿Les puedes poner uno? Trabaja con tu compañero/a.

a agradable: ....
b brillante: ....
c típica: ....
d céntrico: ....

e excursiones: ....
f preocupaciones: ....
g montañas: ....
h invitados: ....

i confort: ....
j ....
k ....
l ....

http://www.vacacionesalternativas.com

Vacaciones alternativas.com

■ Casa rural en Río Negro, Bariloche, Argentina

Alojamiento para 5 personas. No se puede fumar.
3 dormitorios. Se admiten **mascotas**.
2 baños completos. Wifi.

Por qué nos encanta nuestra casa
▸ Está situada al lado de un lago.
▸ En **plena** naturaleza.
▸ Ideal para aquellos visitantes que necesiten relajarse y disfrutar de la tranquilidad.

Casa rural en península de San Pedro, a 25 km de la ciudad de San Carlos de Bariloche. Tiene dos plantas, en la planta baja hay un salón con chimenea, una cocina y un baño. En la segunda hay tres dormitorios y un baño. Excelentes vistas panorámicas de la montaña, lago y bosques. Se pueden hacer muchas actividades guiadas, ya que se organizan durante todo el año **jornadas** de senderismo, pesca, montañismo, rafting, etc. Si estás **estresado** y necesitas un lugar tranquilo, esta es tu casa.

http://www.vacacionesalternativas.com

Vacaciones alternativas.com

■ Casa en Iruya, Salta, Argentina

Alojamiento para dos personas. No se puede fumar.
1 dormitorio. No se admiten mascotas.
1 baño. Conexión a Internet.

Por qué nos encanta nuestra casa
► Está en una pequeña villa, en el corazón de la montaña, pero bien comunicada con Humahuaca, la población cercana más grande.
► Zona **pintoresca**.

Ofrecemos una casita pequeña, con aire acondicionado y calefacción. Aunque es pequeña, es muy **luminosa** y **acogedora**. Lo mejor de esta casa son sus maravillosas vistas, en plena **sierra** de Santa Victoria, a 2.700 metros sobre el nivel del mar, es un lugar idílico para quienes buscan tranquilidad y conexión con la naturaleza. Está rodeado de ríos y se organizan actividades de senderismo y escalada casi todos los días. Ideal para los que quieran perderse de verdad.

http://www.vacacionesalternativas.com

Vacaciones alternativas.com

■ Casa de campo en Misiones, Puerto Iguazú, Argentina

Alojamiento para 4 personas.
No se puede fumar. Dos dormitorios.
Se admiten mascotas.
1 baño completo y un aseo.

Por qué nos encanta nuestra casa
► Está muy cerca de las cataratas de Iguazú.
► Zona rural, tranquila y relajada.
► **Amplio** jardín con piscina.

Nuestra casa tiene una planta. Tiene todas las **comodidades**: televisión, conexión a Internet, lavadora… La cocina da al jardín. Hay un baño con bañera de hidromasaje y dos habitaciones amuebladas. A pocos kilómetros de las Cataratas de Iguazú, en una zona ideal para todo tipo de excursiones. La casa dispone de una piscina privada donde los **huéspedes** pueden refrescarse y relajarse al final del día. En otras palabras, nuestra casa es ideal para aquellos que quieran conocer Argentina en plena naturaleza, sin sufrir los **agobios** de una gran ciudad.

3.6 Tatiana se ha registrado en *vacacionesalternativas.com* porque quiere unas vacaciones diferentes. Elige la oferta que te parezca más apropiada para ella y coméntala con tu compañero/a. Justifiquen su respuesta.

http://www.vacacionesalternativas.com

Vacaciones alternativas.com

>>>> anuncio

Busco un lugar en Argentina donde pueda relajarme y desconectar de las prisas de la gran ciudad. Quiero una casa que esté cerca de la naturaleza para hacer actividades de senderismo. Ideal cerca del agua. La casa no tiene que ser muy grande, solo vamos dos personas, pero es imprescindible que tenga conexión a Internet, ya que estoy preparando mi tesis.

3.7 Ahora es tu turno. Ofrece tu casa en la red siguiendo el modelo de los anuncios anteriores. Ten en cuenta los aspectos positivos y a qué tipo de turistas puede interesar.

http://www.vacacionesalternativas.com

Vacaciones alternativas.com

■ Casa en ....

Por qué nos encanta nuestra casa

▶

▶

3.8 Pongan en común todas sus casas sin mencionar quién es el propietario. ¿Con qué casa les gustaría intercambiar?

COMUNICA

- **Preguntar y responder por la existencia de algo**
  - » Para preguntar por la existencia o no de algo o de alguien, se usa el subjuntivo:
    - – *¿Hay alguna casa que esté cerca del mar?*
    - – *¿Conoces algún barrio donde haya un parque grande?*
    - – *¿Sabes si hay alguien en el grupo que sepa escalar?*
  - » Para negar la existencia o afirmar que es poca, también se usa el subjuntivo:
    - – *No hay (casi) nadie en clase que sepa cocinar.*
    - – *No conozco a (casi) nadie que tenga más de cinco hermanos.*
    - – *Hay pocas personas que viajen con frecuencia a Australia.*
    - – *Conozco a pocos hombres que prefieran las películas románticas.*

> ♻ **Recuerda**
>
> **Los indefinidos:**
> - **algún / ningún** (+ nombre masc. sing.)
> - **alguno-s / ninguno-s**
> - **alguna-s / ninguna-s** (+ nombre)
> - **alguien / nadie** (personas)
>
> Más información en pág. 96.

3.9 Observa las imágenes y formula preguntas a tu compañero/a utilizando las estructuras aprendidas.

Modelo: *¿Conoces algún restaurante donde sirvan auténtica comida mexicana?*

3.10 Completa las frases con información que desconoces. Compártela en grupos pequeños. ¿Hay alguien en tu grupo que lo sepa?

Modelo: 🗨 *No conozco a nadie que tenga más de cinco hermanos.*
       💬 *Yo sí, mis vecinos tienen siete hijos.*

a No conozco ningún restaurante que…..

b No hay nadie que…...

c Hay pocas personas que… ....

d No conozco ninguna playa donde…...

VOCABULARIO

3.11 Lee el texto y piensa en el significado de las palabras destacadas.

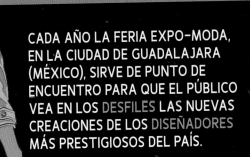

MODA

CADA AÑO LA FERIA EXPO-MODA, EN LA CIUDAD DE GUADALAJARA (MÉXICO), SIRVE DE PUNTO DE ENCUENTRO PARA QUE EL PÚBLICO VEA EN LOS DESFILES LAS NUEVAS CREACIONES DE LOS DISEÑADORES MÁS PRESTIGIOSOS DEL PAÍS.

En esta edición, cuatro nuevos talentos buscan con esfuerzo que sus nombres sean más relevantes, que aparezcan en las etiquetas de las prendas favoritas de los consumidores. El mercado de la moda en México no es fácil, pero Viviana Parra, Macario Jiménez, Héctor Mijangos y Cynthia Gómez logran cada día competir con las grandes firmas.

» *"Si alguien lleva una marca que le gusta, con la que se identifica, la gente suele ser fiel y no cambiar a otra"*, comenta Viviana, *"por eso es muy complicado introducir nuevos diseños con nombres poco conocidos, aunque no imposible"*, añade.

Día Siete sirve para dar un adelanto de sus creaciones de cara a la nueva temporada.

¿QUÉ LE GUSTARÍA VER EN LOS APARADORES?

Propuesta de Cynthia Gómez. Mucho colorido, telas estampadas, deslavadas y formas geométricas. Para moda masculina, guayaberas, y para mujeres, espaldas descubiertas.

Propuesta de Macario Jiménez. Para mujeres, vestidos con escotes discretos. Para hombres, prendas cómodas y elegantes.

Propuesta de Viviana Parra. Vestidos muy glamorosos, prendas duales, es decir, que sirvan tanto para vestir de día, como de noche.

Propuesta de Héctor Mijangos. Ropa unisex, funcional, práctica, duradera, cómoda y fácil de combinar.

(Extraído de revista *Día Siete*)

COMUNICA MÁS

3.12 Encuentra en el texto anterior las palabras para estas definiciones.

a Nombre comercial que se pone a un producto: ....
....

b Espacio de tiempo que en moda coincide con la estación: ....

c Profesionales que se dedican a la creación de nuevos estilos: ....

d Eventos donde los modelos muestran al público las novedades: ....

e Los distintos componentes que forman parte de la vestimenta: ....

f Nombre que se coloca en la ropa para identificar al fabricante: ....

g Tela diseñada con dibujos o formas variadas:.........
....

h Parte de un vestido que deja el pecho al descubierto: ....

i Que ha perdido la fuerza de su color original: ....

j Cuando se presenta algo con antelación a lo previsto:
....

k Las cristaleras en las que se muestra la ropa que se vende en la tienda: ....

3.13 ¿Qué idea general se extrae del texto? ¿Crees también que el público es fiel (loyal) a una marca? Comenten con sus compañeros y saquen la conclusión general de la clase.

3.14 Escucha la encuesta sobre moda que hicieron a varias personas en la calle y decide si las siguientes afirmaciones son verdaderas (V) o falsas (F).

[17]

		V	F
a	Carmen se gasta más de cien pesos en ropa.	☐	☐
b	Mónica se gasta poco, pero compra ropa de calidad.	☐	☐
c	Jair lleva todos los días corbata.	☐	☐
d	A José Luis le gusta ir combinado.	☐	☐

3.15 Lee los comentarios que cada persona hace de su estilo. ¿Con qué imagen lo identificas?

Bienvenidos

Usuario   Contraseña

El blog de **moda**

Comentarios

1 Me encanta ir elegante y mi estilo es más bien clásico, pero con un toque de distinción. Casi siempre compro ropa de buena calidad, no me importa que sea cara.

2 Prefiero la ropa cómoda. Mi gorra es mi compañera. Odio las camisas. No gasto mucho, aunque de vez cuando me gusta comprar joyas y tenis de marca.

3 Mi inspiración son los hombres de antes, masculinos y preocupados por su aspecto. Odio los jeans y me fijo mucho en los detalles, como un corbatín o un sombrero original. Compro mi ropa en pequeñas tiendas retro y mercados.

4 Yo me fijo en los cantantes de pop y rock. Quiero dar una imagen de mujer actual, libre y espontánea. Me gusta ir femenina, pero discreta. No gasto mucho porque muchas cosas las creo yo misma.

a   b   c   d

3.16 Con el vocabulario aprendido, define tu estilo o el de una persona cercana a ti.

3.17 Comenten en clase si para ustedes es importante seguir la moda y por qué. Pongan en común sus opiniones. ¿Están todos de acuerdo?

COMUNICA MÁS

■ **Expresar gustos y aversiones**

» Para **expresar gustos** se pueden usar verbos como *encantar* o *gustar*:

- El verbo *encantar* expresa un grado máximo de satisfacción y, por este motivo, no lleva nunca marcadores de intensidad.
- El verbo *gustar* suele ir acompañado de adverbios de cantidad que matizan el grado de intensidad de la experiencia.

⚠ **Atención**

➕➕➕ me gusta mucho/muchísimo.
➕➕ me gusta bastante.
➕ no me gusta mucho/demasiado.
➕ no me gusta nada.

- *Me encanta* equivale a *me gusta muchísimo*.

» Para **expresar aversiones**, además de las formas negativas del verbo *gustar*, se puede usar **me molesta**, **me fastidia** que pueden ir acompañados de marcadores de intensidad (**mucho**, **muchísimo**, **bastante**), o el verbo **odiar**, que expresa el grado máximo de aversión y que no suele llevar marcadores de intensidad.

- *Odio llevar camisas.*
- *No me gusta nada la ropa clásica.*
- *Me molesta llevar jeans en verano.*
- *Me fastidian los zapatos de tacón.*

» Cuando se expresan **gustos o aversiones sobre acciones**, las oraciones se construyen con infinitivo (si la persona que experimenta las acciones de los dos verbos es la misma) o con subjuntivo (si se trata de personas diferentes).

- *(A mí) Me encanta (yo) cuidar mi aspecto físico.*
- *(A mí) No me gusta que mis padres critiquen mi estilo.*

3.18 Escribe un tuit a partir de un hashtag. Puedes utilizar las expresiones de sentimientos negativos que aprendiste. Escribe un texto máximo de 140 caracteres. Una vez escrito, puedes pasárselo a tu compañero/a de la derecha. Hagan al final una **puesta en común** (put forward your best ideas).

Modelo: *#zapatosvstenis*
A mí me parece que los tenis son más cómodos y combinan con todo. Odio llevar zapatos, no son cómodos y no me gusta nada el material.

PRONUNCIACIÓN y ORTOGRAFÍA

Acentuación (3): la tilde diacrítica

3.1 **Fíjense en las siguientes oraciones detenidamente. Presten atención a las palabras que están en negrita. ¿Qué diferencia encuentras entre ellas?**

a – **El** conductor paró de un frenazo el bus.

– Me lo dijo **él**.

b – **Si** llueve, no iremos al zoo.

– Me respondió que **sí**.

LA TILDE DIACRÍTICA

- La tilde diacrítica sirve para diferenciar dos palabras que se escriben igual pero que tienen diferente significado.

  – *Aun teniendo dinero, no se gasta el dinero en marcas. (Conjunción que equivale a "aunque" o "incluso")*

  – *Aún no ha llegado. (Adverbio de tiempo que equivale a "todavía")*

3.2 **Observa estos otros ejemplos y marca en cada caso su función gramatical.**

A
1 ¿Dónde has puesto **tu** abrigo?
2 **Tú** siempre dices la verdad.

a. adjetivo posesivo
b. pronombre personal.

B
1 Te invito a cenar a **mi** casa.
2 ¿Tienes algo para **mí**?

a. pronombre objeto.
b. adjetivo posesivo.

C
1 **Te** he comprado un par de zapatos.
2 Voy a pedirme una taza de **té**.

a. nombre.
b. pronombre objeto.

D
1 Compré una chaqueta **de** cuero.
2 Dice que le **dé** 1000 euros.

a. preposición.
b. verbo *dar*.

E
1 **Sé** que tienes razón.
2 Luis **se** afeita por las mañanas.

a. pronombre reflexivo.
b. verbo *saber*.

F
1 Quiso convencerlo, **mas** fue imposible.
2 Habla un poco **más** alto.

a. conector adversativo.
b. adverbio de cantidad.

[18] **3.3** **Escucha el dictado y cópialo en tu cuaderno.**

Dario Grandinetti · Aitana Sánchez-Gijón · Juan Echanove

Gardel, fue su pasión.

Y algunas pasiones nunca mueren...

Sus Ojos se Cerraron
y el mundo sigue andando

Una película de **Jaime Chávarri**

SINOPSIS

La película tiene lugar en Buenos Aires, en los años 30. Juanita es una joven y bella modista (dressmaker) española que admira a Carlos Gardel con obsesiva pasión. Un día conoce a Renzo, un fracasado cantante, de quien se enamora por el simple hecho de tener un gran parecido físico con su ídolo. Por este amor es capaz de abandonar a su antiguo novio e intentar convertir por todos los medios al joven Renzo en una copia perfecta de Gardel. Su fijación conducirá a su amado a un trágico desenlace (end) de las mismas dimensiones que las del propio Carlos Gardel.

¿SABÍAS QUE...?

- Es una coproducción entre Argentina y España e integra actores de ambas nacionalidades, lo que es una muestra interesante de la diferencia de acentos y expresiones.
- Es un drama que cuenta una historia de amor, aunque también sirve para rendir homenaje al cantante Carlos Gardel, mito y símbolo cultural en Argentina que falleció trágicamente en un accidente de avión en el año 1935.
- En total se integran en la película doce tangos.

SECUENCIA DE LA PELÍCULA

00:09:49 ▶ 00:13:50

DATOS TÉCNICOS

Título	Sus ojos se cerraron y el mundo sigue andando.		
Año	1996.	**Género**	Drama.
País	Argentina y España.	**Director**	Jaime Chávarri.

INTÉRPRETES

Dario Grandinetti, Aitana Sanchez-Gijón, Juan Echanove Labanda, Ulises Dumont, Raúl Brambilla, Carlos Carella, Ramón Rivero, Pepe Soriano, María Fernández, Chela Ruiz.

ANTES

DE VER LA SECUENCIA

Renzo se encuentra con Juanita por segunda vez durante una de sus actuaciones. Ambos se enamoran al instante. Juanita ignora a su novio, Gustavo.

3.1 En la secuencia que vas a ver, Renzo enamora a Juanita que asiste junto a sus amigas a una de las actuaciones del joven en el café La Pérgola. Con esta información, imagina qué sentimientos tienen cada uno de estos personajes.

Quiere que

Desea que

Les encanta que

Odia que

Prefiere que

No le importa que

3.2 Renzo sabe que a Juanita le gusta el cantante Carlos Gardel. ¿Cómo crees que conseguirá enamorar a la protagonista?

3.3 De los tres escenarios siguientes, ¿cuál crees que es el más ideal para enamorarse: una playa, un salón de baile o un supermercado? ¿Por qué?

3.4 En el fragmento que vamos a ver, Juanita abandona a su novio por Renzo. ¿Cómo crees que reaccionará el novio ante esa situación? Y tú, ¿cómo crees que reaccionarías ante una situación similar? Habla con tus compañeros.

TIEMPO
00:00:09
00:03:37

Renzo canta su canción *Amores de estudiante*.

3.5 **Decide si estas afirmaciones son verdaderas (V) o falsas (F).**

		V	F
a	Renzo interpreta la canción mirando solo a Juanita.	☐	☐
b	Las amigas de Juanita se dan cuenta de que ella presta más atención al cantante que a su novio.	☐	☐
c	El novio de Juanita, Gustavo, disfruta de la canción.	☐	☐
d	La letra de la canción dice: "Amores de estudiante, flores de una noche son".	☐	☐
e	A los músicos les sorprende recibir aplausos del público tras la canción.	☐	☐

TIEMPO
00:03:38
00:05:54

Juanita y Renzo bailan un tango.

3.6 **Aquí tienes el extracto de la conversación que mantienen. Complétalo con las palabras que faltan.**

Juanita: No me dirá que lo hizo por mí.
Renzo: Por supuesto, usted fue la [1] .... que me dijo lo de Gardel.
Juanita: Claro, porque Gardel es grande.
Renzo: Yo, también.
Juanita: Es puro [2] ....
Renzo: Yo, igual.
Juanita: Y va a llegar a lo más alto porque es un [3] ....
Renzo: Yo, también.
Juanita: Me está pareciendo un poco vanidoso.
Renzo: No, vanidoso no, [4] .... Yo soy pura ambición.
Juanita: Yo, también.

3.7 **Pon en orden estas frases según su aparición en la secuencia.**

a	☐	Las amigas de Juanita comentan la situación.
b	☐	Los músicos discuten con el propietario del bar.
c	☐	A Gustavo le molesta que Renzo esté hablando con su novia.
d	☐	Renzo y Juanita charlan mientras bailan un tango.
e	☐	El propietario quiere cerrar y les pide que terminen.
f	☐	Renzo canta un tango mientras mira fijamente a Juanita.
g	☐	Gustavo abandona el bar enojado.

3.8 Responde a las siguientes preguntas.

a ¿Por qué Renzo no acompaña a sus amigos al terminar la canción?

....

b ¿Qué problema tienen el propietario del café y los músicos?

....

c ¿Qué le dice Renzo a Juanita para justificar el enfado de Gustavo?

....

d ¿En qué tres cosas dice Renzo que coincide con Carlos Gardel?

....

e Cuando Juanita y Renzo bailan, ¿en qué cualidad dicen los dos coincidir?

....

f ¿Qué piensa la amiga de Juanita de su forma de bailar?

....

3.9 Observa a estos dos personajes. ¿A quién de los dos corresponde la siguiente información?

a ◯ Habla con acento español.
b ◯ Habla con acento argentino.
c ◯ Toca la guitarra.
d ◯ Toca el bandoneón.
e ◯ Lleva sombrero.
f ◯ Se va del bar enfadado.
g ◯ Siente que su amigo lo traicionó.
h ◯ Compone una canción mientras espera a Renzo.

3.10 En la secuencia se dicen las siguientes frases, donde aparecen algunas expresiones típicamente argentinas. ¿Recuerdas quién las dice? ¿Sabes qué significan?

a "Jamás le podría hacer una cosa así a la gallega".

....

....

b "¿Cuántas veces te he dicho que esa mina no es para vos?".

....

....

3.11 La canción que interpreta Renzo, *Amores de estudiante*, es solo uno de los éxitos que popularizó Carlos Gardel, a quien se le considera en Argentina como un auténtico mito. Busca en Internet información sobre su figura y discute con tus compañeros los ingredientes de su éxito eterno. ¿Con qué figura actual se puede comparar?

GRAMÁTICA

A LOS RELATIVOS *QUE* Y *DONDE* CON INDICATIVO Y SUBJUNTIVO

Relative clauses are phrases that clarify or describe the person or object you are talking about. That person or object is substituted by the relative pronoun **que** (for people and things) or **donde** (for places). Note that in Spanish **que** is used to replace the relative pronouns *that*, *which*, and *who* in English.

Las oraciones de relativo

- Nombre + *que / donde* + indicativo
  - *Ana es <u>una muchacha</u> que **estudia** conmigo en la universidad.*
  - *Este es <u>el restaurante</u> donde **comemos** todos los domingos.*

- Nombre + *que / donde* + subjuntivo
  - *Busco <u>una muchacha</u> que **hable** ruso para poder practicar.*
  - *Quiero ir a <u>un restaurante</u> donde **pueda** comer una buena paella.*

» Las oraciones de relativo sirven para identificar o describir algo o a alguien. Ese algo o alguien se llama **antecedente**.
  - Si el antecedente es conocido por el hablante, el verbo va en **indicativo**.
  - Si el antecedente es desconocido por el hablante, el verbo va en **subjuntivo**.

3.1 Completa estas frases con *que* o *donde*. ¿Sabes a qué lugares se refieren?

a Es un país .... está en Sudamérica, ... la gente come asado de carne y bebe mate, y .... está entre Brasil y Argentina.

b Es una ciudad .... está en España, ... la gente habla también otra lengua, y .... es conocida por la paella. También hay una fiesta muy famosa .... se llama Fallas.

3.2 Alberto es de Guadalajara y dirige una agencia de modelos. Carlos es coordinador de los desfiles de Expo-Moda y está preocupado porque necesita urgentemente una serie de modelos en su desfile. Lee los textos y elige el verbo correcto.

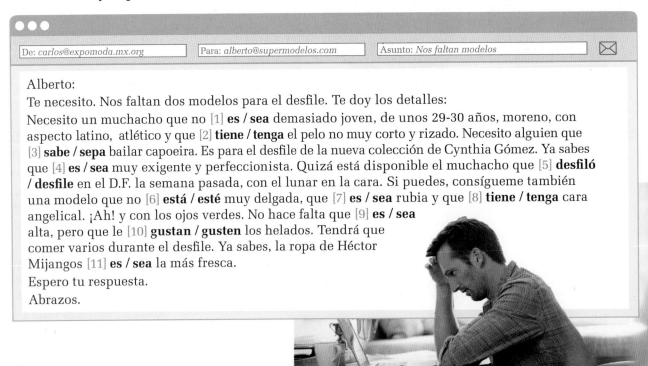

De: *carlos@expomoda.mx.org*　　Para: *alberto@supermodelos.com*　　Asunto: *Nos faltan modelos*

Alberto:

Te necesito. Nos faltan dos modelos para el desfile. Te doy los detalles:

Necesito un muchacho que no [1] **es / sea** demasiado joven, de unos 29-30 años, moreno, con aspecto latino, atlético y que [2] **tiene / tenga** el pelo no muy corto y rizado. Necesito alguien que [3] **sabe / sepa** bailar capoeira. Es para el desfile de la nueva colección de Cynthia Gómez. Ya sabes que [4] **es / sea** muy exigente y perfeccionista. Quizá está disponible el muchacho que [5] **desfiló / desfile** en el D.F. la semana pasada, con el lunar en la cara. Si puedes, consígueme también una modelo que no [6] **está / esté** muy delgada, que [7] **es / sea** rubia y que [8] **tiene / tenga** cara angelical. ¡Ah! y con los ojos verdes. No hace falta que [9] **es / sea** alta, pero que le [10] **gustan / gusten** los helados. Tendrá que comer varios durante el desfile. Ya sabes, la ropa de Héctor Mijangos [11] **es / sea** la más fresca.

Espero tu respuesta.

Abrazos.

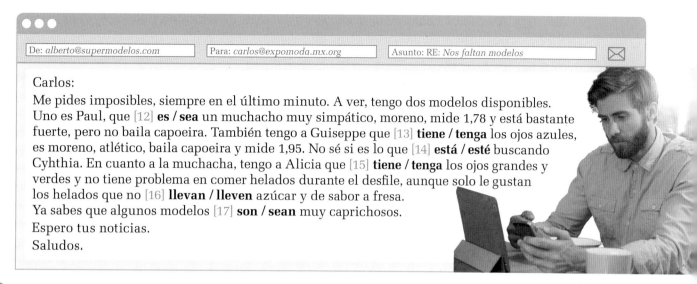

De: *alberto@supermodelos.com* Para: *carlos@expomoda.mx.org* Asunto: *RE: Nos faltan modelos*

Carlos:

Me pides imposibles, siempre en el último minuto. A ver, tengo dos modelos disponibles. Uno es Paul, que [12] **es / sea** un muchacho muy simpático, moreno, mide 1,78 y está bastante fuerte, pero no baila capoeira. También tengo a Guiseppe que [13] **tiene / tenga** los ojos azules, es moreno, atlético, baila capoeira y mide 1,95. No sé si es lo que [14] **está / esté** buscando Cyhthia. En cuanto a la muchacha, tengo a Alicia que [15] **tiene / tenga** los ojos grandes y verdes y no tiene problema en comer helados durante el desfile, aunque solo le gustan los helados que no [16] **llevan / lleven** azúcar y de sabor a fresa.

Ya sabes que algunos modelos [17] **son / sean** muy caprichosos.

Espero tus noticias.

Saludos.

3.3 Trabajen ahora en parejas. Cada uno de ustedes asumirá un papel determinado. Lean sus personajes y sigan las instrucciones.

ALUMNO Ⓐ

Eres Pepe, director de la Semana de la Moda de México. Eres muy perfeccionista, te gusta que todo salga excelente. Sabes que Margarita, directora de la Agencia Miss Latinoamérica, es un poco desorganizada, así que le escribes un correo electrónico muy serio, formal y con toda la información bien detallada sobre lo que quieres.

BUSCAS:

- Una modelo para un desfile estilo dominicano (define sus características físicas).

- Una firma de zapatos especializada en desfiles de moda con gran variedad de modelos.

- Un presentador-director del desfile con mucha experiencia y voz muy masculina.

De: Para: Asunto:

ALUMNO Ⓑ

Eres Margarita, directora de la agencia Miss Latinoamérica. Eres extrovertida, odias los formalismos y te encanta exagerarlo todo. Recibes el correo electrónico de Pepe, director de la Semana de la Moda de México y haces lo que puedes para que esté contento; aunque no encuentras exactamente lo que él quiere, le ofreces otras alternativas.

OFRECES:

- Una modelo rubia, de piel muy clara, pero muy versátil (define su aspecto físico).

- Una firma de zapatos especializada en botas de todo tipo: de montar a caballo, de pescar, de esquiar...

- Un presentador-director amigo tuyo con una voz un poco especial (decide cómo es la voz).

De: Para: Asunto:

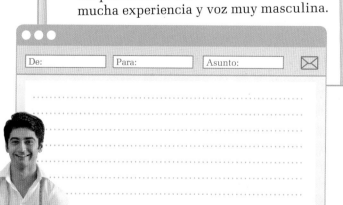

GRAMÁTICA

3.4 Ahora que cada uno leyó el correo del otro, llámense por teléfono, definan sus posturas y lleguen a un acuerdo.

3.5 ¿Cuál de estas cosas, lugares y personas te gustaría cambiar? Describe cómo es con todo detalle lo que tienes y lo que te gustaría tener.

> Quiero cambiar de casa, de carro, de estudios o trabajo, de ciudad, de…

> ¿Cómo quiero que sean mi nueva casa, mi nuevo carro y mis nuevos estudios o mi nuevo trabajo?

Modelo:
- 💬 *Tengo un apartamento pequeño que no tiene aire acondicionado y vivo en una ciudad donde hace mucho calor, demasiado. Además, mi apartamento está lejos del centro y a mí me encanta salir y caminar por la ciudad, y si es por el centro, mejor.*
- 💬 *¿Qué tipo de casa buscas?*
- 💬 *Busco una casa que sea grande, que tenga aire acondicionado, que sea céntrica, que esté pintada toda de rosa, que esté cerca del metro y, por supuesto, que sea baratísima, ¡claro!*

B PRONOMBRES Y ADJETIVOS INDEFINIDOS

Indefinite words refer to people and things that are unknown or undefined. In Spanish, indefinite words can function as pronouns or adjectives and have corresponding affirmative and negative forms. Remember, use the subjunctive after **que** when asking whether something or someone exists, or when saying that something or someone doesn't exist.

■ Adjetivos
» Concuerdan con el sustantivo al que acompañan.

	Expresan existencia	Expresan inexistencia
Singular	**algún / alguna**	**ningún / ninguna**
Plural	**algunos / algunas**	**ningunos / ningunas**

- *Tengo **algunos** libros que te gustan.*
- *No hay **ningún** muchacho de Francia.*

■ Pronombres
» Algunos indefinidos tienen la función de pronombres y son invariables.

	Expresan existencia	Expresan inexistencia
Personas	**alguien**	**nadie**
	alguno	**ninguno / ninguna**
Cosas	**algo**	**nada**

- 💬 *¿**Alguien** ha visto mi libro?*
  💬 *No, **nadie**.*
- 💬 *¿Quieres **algo** de comer?*
  💬 *No quiero **nada**, gracias.*

3.6 En parejas, expliquen por turnos las diferencias en estas frases.

a No hay nadie en la habitación. / No hay nada en la habitación.
b Algo se mueve en la ventana. / Alguien se mueve en la ventana.
c Algún restaurante de la ciudad sirve comida colombiana. / Ningún restaurante de la ciudad sirve comida colombiana.
d Alguna tienda vende ropa de marca japonesa. / Ninguna tienda vende ropa de marca japonesa.

3.7 Lee la conversación de Olga y Sara y complétala con el indefinido apropiado en cada caso. ¿Sabes de qué país hablan?

Sara: En septiembre tomo un mes de vacaciones y, la verdad, es que tengo ganas de ir a Centroamérica o a Sudamérica. ¿Conoces [1] .... zona en la que no haya que recorrer muchos kilómetros y en la que haya mucha variedad de paisajes? No sé, [2] .... que no sea muy caro.

Olga: El año pasado fui, a través de una agencia de viajes, a recorrer una de las zonas más alucinantes de Centroamérica. ¡No hay [3] .... en el mundo que se le parezca! No solo es única por la diversidad de paisajes, sino por la fuerza de sus culturas indígenas que mantienen sus lenguas y costumbres de siglos y siglos. Te podría hablar horas de [4] .... de los momentos que viví allí.

Sara: Suena bien. Oye, ¿y sabes si hay [5] .... dirección en Internet que te ofrezca información de esa zona en general?

Olga: Sí, hay muchas, pero esta está bastante bien, copia: www.turismocr.com

3.8 Ahora piensa en tus vacaciones ideales. Te damos las pautas (guidelines). Usa tu imaginación siguiendo este modelo.

Modelo: *Busco un lugar donde/que...*

3.9 Muestra a tu compañero/a la descripción de lo que buscas. ¿Conoce algún lugar así?

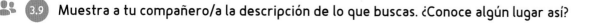

GRAMÁTICA

C VERBOS DE SENTIMIENTOS CON INFINITIVO Y SUBJUNTIVO

In contrast to other uses of the subjunctive, the situations described in the subordinate clause after verbs of emotion refer to something that is real or experienced. This reality, however, causes an emotional reaction in the speaker. The speaker uses the subjunctive to convey its emotional impact on him or her.

■ Cuando el sujeto de la oración principal y el de la subordinada es el mismo, se usa el infinitivo:

Me irrita/molesta/fastidia/alegra/hace feliz/sorprende...
Me da vergüenza/miedo/envidia/pena...
No soporto / Odio   **+** infinitivo
Es una pena/intolerable   nombre (noun)
Estoy triste/cansado(a)/aburrido(a)/contento(a) + de...

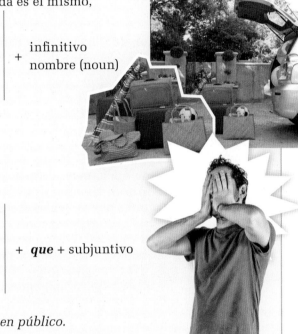

– *Me molesta tener que viajar con mucho equipaje.*
– *Me da vergüenza hablar en público.*
– *Estoy cansado de estudiar tanto.*

■ Cuando el sujeto es diferente, el verbo va en subjuntivo:

Me irrita/molesta/fastidia/alegra/hace feliz/sorprende...
Me da vergüenza/miedo/envidia/pena...
No soporto / Odio   **+** *que* **+** subjuntivo
Es una pena/intolerable
Estoy triste/cansado(a)/aburrido(a)/contento(a) + de...

– *Me molesta que haya que viajar con tanto equipaje.*
– *Me da vergüenza que la gente me mire cuando hablo en público.*
– *Estoy cansado de que tengamos que estudiar tanto.*

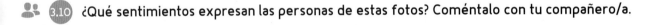

👥 **3.10** ¿Qué sentimientos expresan las personas de estas fotos? Coméntalo con tu compañero/a.

3.11 Completa las frases siguiendo el modelo.

Modelo: *No soporto que el hotel me asigne una habitación interior.*

a Me hace feliz que… ....

b Me irrita que… ....

c Me da envidia que… ....

d Me da pena que… ....

e Me da vergüenza que… ....

3.12 En el programa de radio *¿Cómo se siente?*, un reportero salió a la calle para hablar con la gente. Escucha los diálogos y completa cómo se siente cada uno de las personas entrevistadas.

[19]

DIÁLOGO 1 .... ◯   **a** Le da vergüenza ser impuntual.

DIÁLOGO 2 .... ◯   **b** Le fastidia que su hermano no le deje el coche.

DIÁLOGO 3 .... ◯   **c** No le gusta ir al dentista.

DIÁLOGO 4 .... ◯   **d** Le hace feliz tener buena salud.

DIÁLOGO 5 .... ◯   **e** Le da pena que la gente cercana no tenga trabajo.

3.13 Mira la siguiente lista y marca qué es lo que más odias, te molesta, te fastidia o te irrita. Después de completarlo, comenten con su compañero/a y pongan en común sus respuestas. ¿Tienen coincidencias?

a .... que toquen mis cosas.

b .... que la gente esté mirando el celular mientras hablo.

c .... que la gente diga mentiras.

d .... que la gente coma palomitas en el cine.

e .... que la gente no respete las colas.

f .... que haga mal tiempo el día que tengo planeado salir fuera.

g .... que me interrumpan cuando hablo.

h .... que la gente llegue tarde.

i .... que no funcione Internet cuando más lo necesito.

j .... que haya demasiados comerciales en la tele.

3.14 Hagan ahora una lista similar con las cosas o las acciones que les despiertan sentimientos positivos.

Modelo: *Me encanta que haga buen tiempo el fin de semana.*

INTERCULTURA

VIVIR FUERA DE TU PAÍS

PREPARAR

3.1 La Revista Internacional de Sociología (RIS) ha identificado algunas cuestiones importantes que hay que considerar cuando se toma la decisión de vivir fuera de tu país. Prepara una lista de los aspectos que para ti serían positivos y negativos al tomar esta decisión. Coméntalos con tu compañero/a. ¿Tienen algunos en común?

ESCUCHAR

[20]

3.2 Vas a escuchar el texto. En parejas, seleccionen en una columna los aspectos positivos de vivir fuera y en otra los aspectos negativos. ¿Están de acuerdo con la opinión del sociólogo?

Positivos 👍	Negativos 👎

LEER

3.3 Lee ahora el artículo y ordena el texto correctamente.

☐ los casos en que el idioma es el mismo, nos encontramos con barreras culturales que para algunas personas son muy difíciles de comprender y adaptarse a ellas. Estar lejos de nuestros familiares y amigos, aunque sea por un corto periodo de tiempo, puede ser complicado al principio. Hay que recordar que todos los cambios son difíciles,

☐ otro tipo de sociedad, otro tipo de cultura, a veces muy distinta a la tuya, para poder sobrevivir en tu día a día. Las personas que viven en el extranjero se vuelven más tolerantes, pero también más observadoras, para aprender lo antes posible, y más sociables: es necesario hacer nuevos amigos. En definitiva, es una experiencia que nos hace abrir nuestra mente y nos invita a aprender y reflexionar sobre lo relativo de nuestra vida, nuestros valores y nuestra cultura.

☐ frente a un televisor, en lugar de tener una charla agradable con alguien de tu familia o amigos. La soledad ayuda a valorar más las cosas que tenías antes de salir de casa. También es normal perder ciertos "privilegios" que solías tener en tu país (por lo menos al principio) como tu coche, tu cama, tu cuarto de baño, tu tipo de comida. A la pérdida de nuestras comodidades se une la necesidad de practicar la tolerancia. Si vives fuera, necesitas aceptar

[1] Vivir fuera de tu país puede ser una experiencia muy interesante e inolvidable pero, al mismo tiempo, puede suponer un cambio traumático en tu vida. Un argumento a favor para quedarse en el país de origen es que los problemas de adaptación a una nueva forma de vida no siempre se pueden superar. La realidad es que, incluso en

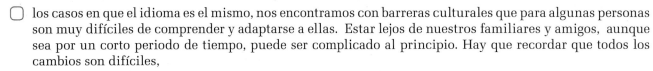

pero que a través de ellos se construye el carácter de una persona, por lo que siempre serán beneficiosos. El efecto positivo más importante de la vida lejos de casa es la independencia. Quienes viven por su cuenta lejos de su familia y amigos saben a lo que me refiero. Ser independiente se convierte en sinónimo de responsabilidad, porque no tienes a nadie que te ayude a tomar decisiones. Luego están los pequeños detalles, como sentarse solo

 ESCRIBIR

3.4 Lee las opiniones que se han escrito en Twitter sobre algunos temas planteados en esta unidad. Elige dos o más de los comentarios presentados y añade tu opinión. Es necesario que utilices alguno de los conectores que aparecen destacados.

 Conectores del discurso

- Para añadir: **además, también, igualmente**...
- Para intensificar: **encima, es más**...
- Grado máximo: **más aún, incluso, hasta**...

 Catalina Jiménez @cataji   4h
Es mejor trabajar de lo tuyo en otro país que estar aquí en un trabajo mal pagado que, encima, es precario e inestable.
Responder ← Retuitear ⇄ Favorito ★

 Damián Ramos @damira   3h
Yo opino también lo mismo, aunque irse fuera es muy duro, sin amigos, sin familia...
Responder ← Retuitear ⇄ Favorito ★

 Luis Torres @luistorres   4h
Yo prefiero alojarme en un hotel que hacer intercambio de casa. Es más caro, pero igualmente tienes otras ventajas, como todo tipo de servicios y seguridad.
Responder ← Retuitear ⇄ Favorito ★

 Mariano de la Marina @marianomar   3h
Yo no pienso lo mismo. Es más, creo que el intercambio sí es una opción segura, con servicios y más barata.
Responder ← Retuitear ⇄ Favorito ★

 Sofia Sabas @ssabas   4h
Yo tengo mucho miedo a las cucarachas. Además, no soporto las ratas ni las ranas. Me dan mucho asco.
Responder ← Retuitear ⇄ Favorito ★

 Luisa Ruiz @luisarri   3h
Pues a mí me encantan las ranas. Son unos animales preciosos. Incluso, tuvimos una rana en casa durante un tiempo... pero las ratas, estoy de acuerdo, ¡qué horror!
Responder ← Retuitear ⇄ Favorito ★

 Ruben Carpintero @carpin93   4h
A mí me encanta la ropa retro. Tengo ropa que compro en mercados y hasta reciclé un sombrero de mi abuelo. Es lo más.
Responder ← Retuitear ⇄ Favorito ★

 Carlos Téllez @tellocar   3h
Pues yo prefiero la ropa nueva, nada de reciclar. Más aún, me encantan las marcas actuales y nunca llevaría ropa de segunda mano.
Responder ← Retuitear ⇄ Favorito ★

 HABLAR

3.5 Esteban es un muchacho colombiano que quiere estudiar en tu país. ¿Qué aspectos positivos y negativos de tu cultura crees que debe tener en cuenta? Presenta tus ideas a la clase.

MÓNICA MOLINA
MÚSICA Y MODA

¿QUIÉN ES MÓNICA MOLINA?

3.1 Observa la imagen y elije la respuesta correcta.

a Es una cantante y actriz española nacida en una familia de grandes artistas.

b Es una modelo de alta costura nacida en una familia de actores españoles.

SU TRABAJO

[21]

3.2 Escucha la biografía de Mónica Molina y marca la respuesta adecuada. ¿Verdadero o falso?

		V	F
a	Mónica habla en sus canciones del océano Atlántico.	☐	☐
b	Su familia está formada por grandes artistas españoles.	☐	☐
c	Fue modelo antes que cantante.	☐	☐
d	En su disco *Vuela* recuerda las canciones de su padre.	☐	☐

LE GUSTA LA MODA

3.3 En esta personal entrevista, Mónica habla sobre sus gustos en la moda. Lee las preguntas y relaciónalas con las respuestas. Trabaja con tu compañero/a.

1 ¿Influye su trabajo en su forma de vestir?

2 ¿Cómo definiría su estilo?

3 ¿Le interesa la moda?

4 ¿Y qué considera que le sienta bien?

5 ¿Se le da demasiada importancia a la moda?

6 ¿Qué destacaría de su manera de vestir?

7 ¿Qué prenda no puede faltar en su armario?

8 ¿Cuáles son sus diseñadores favoritos?

9 ¿Posee alguna prenda a la que tenga un cariño especial?

10 ¿Y alguna prenda o accesorio que le dé suerte?

11 ¿Le cuesta mantener ordenado el armario?

12 ¿Qué opina del gusto de los españoles al vestir?

a No, no creo en eso. Me hace mucha gracia que alguien se aferre a un objeto para sentirse seguro. Me alegro de no ser supersticiosa.

b *(1)* Sí, creo que tiene que haber cierta armonía entre lo que haces y la forma de vestir. Con la música que interpreto no tendría sentido ir con un top enseñando el ombligo. Lo que me gusta es que la ropa no destaque demasiado, que no sea más importante que mis canciones.

c Tenía unos pantalones cortos de cuando era pequeñaja, unos de esos que se ponían en verano, de explorador. Pero estaban tan rotos que este verano en Ibiza mi madre me dijo: "O los tiras o no entras en casa". Y, claro, los tiré.

d Me encanta Roberto Torreta. Es el diseñador del que más prendas tengo porque creo que representa mi estilo a la perfección y trabaja muy bien el cuero. De los diseñadores internacionales, me gustan Armani y Prada, pero se pasan demasiado con los precios.

e Pantalones vaqueros y un par de botas.

f Los vestidos me favorecen mucho. De pequeña los odiaba a muerte y ahora no me los quito de encima.

g Que donde haya una prenda negra ahí estoy yo, aunque intento vestir con colores más atrevidos porque, de repente, me veo con más luz. De pequeña sí que tenía muchas manías. Me vestía solo de grises y azules marinos, y tenía una falda escocesa que me ponía casi todos los días. ¡Mi madre no sabía qué hacer conmigo!

h La gente más pudiente es parecidísima vistiendo, con personalidad cero. Las pijas son todas iguales. Creo que la gente joven, la de clase media, es la más estilosa y divertida, la que es más capaz de innovar. El estilo es algo que se tiene o no se tiene, no se puede comprar.

i Romántico y clásico, pero sin esa cosa rancia que se asocia con esa palabra. Soy muy discreta y sencilla.

j Pienso que tiene importancia, pero también creo que la gente se ciega y, al final, van todos iguales.

k Me gusta, pero no estoy a la última. No vivo para eso, aunque sé perfectamente lo que me sienta bien.

l Sí, pero no porque sea desordenada, sino al contrario, soy bastante ordenada y en cuanto dejo un par de jerséis mal, ya me parece un desastre. Pero intento dejar bien las cosas.

GUÍA DE OCIO

🛍 COMPRAS

La calle Fuencarral

Situada en pleno corazón de Madrid, se ha convertido en uno de los puntos de referencia para amantes de la moda joven y moderna. Es una de las zonas más visitadas de la ciudad tanto por turistas como por locales. Hay grandes firmas, marcas clásicas, pero también pequeños comercios y nuevos diseñadores que luchan por su espacio frente a las multinacionales. Fuencarral no es solo moda, en sus alrededores hay también restaurantes de diseño, tiendas de cómics, galerías de arte, tiendas de tatuajes y de decoración. Con tan variada oferta, los amantes de las compras tienen en ella su plan ideal, que bien puede terminar en sus también numerosos y variados cafés y bares.

(Adaptado de http://www.esmadrid.com/compras-madrid)

Busca en Internet fotos, videos o más información sobre la calle Fuencarral.

Busca y escucha en Internet la letra de "Bailando". ¿Te atreves a cambiar la letra por una canción que se titule "Comprando"? Utiliza el léxico que has aprendido en esta lección.

BAILANDO, ENTRE LAS 10 CANCIONES MÁS VISTAS EN YOUTUBE.

😊 MÚSICA

Enrique Iglesias

La música le viene de familia. Su padre, Julio Iglesias, cosechó numerosos éxitos primero en España y, después, en Latinoamérica y en el resto del mundo. De él comentan que lo tuvo muy fácil, pues ya contaba con el apellido. Pero lo cierto es que Enrique Iglesias consiguió mantenerse en el mercado musical a lo largo de los años y sus discos siempre son sinónimo de éxito. "Bailando" es solo la última muestra. Un trabajo que no ha dejado de sonar desde que se publicó y que transmite la frescura y alegría de la música pop latina.

¿Reconoces los lugares de las imágenes?

¿Sabes de qué país se trata?

LITERATURA PARA LA VIDA

 (3.1) **[22]** ¿Conoces a Antonio Machado? ¿Qué sabes de él? Escucha la conversación entre dos estudiantes de español y completa esta información.

ANTONIO MACHADO

Antonio Machado es uno de los [1] .... de la literatura española.

Escribió versos que los españoles se [2] .... de memoria y se [3] ....

A través de sus poemas luchó por la [4] .... y la [5] ....

Fue un hombre que amó mucho su [6] ....

INVESTIGA

Busca en Internet otros poetas y escritores españoles de la misma época que Machado. ¿Cómo se llamó su generación?

3.2 Aquí tienes más datos sobre la biografía de Machado. Ordénalos cronológicamente. ¿Qué parte de su biografía te llama más la atención?

a ◯ El año de la muerte de su mujer publicó *Campos de Castilla*. En esta obra reflexiona sobre la decadencia de España y la esperanza de un futuro mejor.

b ◯ Tras unos días de enfermedad, murió en Colliure, un pueblo francés cercano a la frontera, en 1939. En el bolsillo de su chaqueta se encontraron sus últimos versos. Su tumba es un símbolo de la causa republicana y un lugar de peregrinación para muchos españoles de izquierdas.

c ◯ Durante la guerra civil española, apoyó al gobierno de la II República, frente a Franco (1936-1939) en varios artículos de prensa. Tuvo que cruzar la frontera de Francia en medio del éxodo de medio millón de exiliados.

d ◯ Consiguió el puesto de profesor de francés en el instituto de Soria en 1907. En esta ciudad conoció a Leonor, con quien se casaría dos años después. Él tenía 34 años y ella solo 15.

e ◯ Viajó con 24 años a París, donde vivía su hermano Manuel, también poeta. Allí conoció a Oscar Wilde, a Pío Baroja y a Rubén Darío, del que fue gran amigo toda su vida.

f *1* Nació en Sevilla, en 1875, en el seno de una familia liberal, pero se trasladó con ocho años a Madrid, donde completó su formación en la célebre Institución Libre de Enseñanza.

g ◯ La muerte de su esposa Leonor a los dos años de casarse, en 1912, hundió al poeta en una gran depresión. Pidió el traslado a Baeza, en Andalucía, y se dedicó a la enseñanza y a los estudios.

h ◯ A su vuelta de Madrid entabló amistad con Juan Ramón Jiménez y, en 1903, publicó *Soledades*, su primer libro de poemas. Son poemas de tono simbolista sobre el paso del tiempo, la pérdida de la juventud, la muerte y los sueños.

3.3 Las siguientes palabras aparecen en un poema de Machado. Relaciónalas con su significado.

1 Huellas.............. ○
2 Senda................ ○
3 Pisar. .... ○
4 Estelas.............. ○

a Camino muy estrecho.
b Rastro que deja en el mar un barco.
c Poner el pie en algo.
d Rastro que queda en la tierra al caminar.

🔊))
[23]

3.4 Lee y coloca las palabras de la actividad anterior. Después, escucha y comprueba.

Campos de Castilla

Caminante, son tus [1] ....
el camino y nada más;
caminante, no hay camino,
se hace camino al andar.

5 Al andar se hace camino
y al volver la vista atrás
se ve la [2] .... que nunca
se ha de volver a [3] ....

Caminante no hay camino
10 sino [4] .... en la mar.

(*Campos de Castilla*, Antonio Machado)

3.5 Relaciona estas ideas con cada uno de los párrafos anteriores.

a Machado intenta decir aquí que nuestra vida es algo
○ que nosotros debemos construir y resolver, pero una vez que ya hicimos algo, no lo podemos cambiar y nos tenemos que atener a las consecuencias, nos guste o no.

b En estos versos el autor intenta decir que uno puede
○ intentar seguir el camino de otro, pero nunca va poder copiarlo. Las huellas que deja un barco representan el camino que nunca se ha de poder seguir.

c Se refiere a que la vida no está escrita, que la vida es
○ un sendero sin recorrer, el cual nosotros debemos caminar, descubrir y crear. Serán nuestras decisiones las que determinen el rumbo que este camino tomará.

3.6 Ahora que ya conoces el significado de cada párrafo, ¿cuál de estas reflexiones sobre el poema te parece más lógica?

☐ El camino es nuestra vida y nosotros somos los caminantes que debemos construirla con nuestros pasos.

☐ El caminante está cansado y no quiere mirar atrás porque no le gusta lo que ha visto.

3.7 ¿Cómo crees que será tu viaje/camino en la vida? ¿Qué cosas verás? Crea ahora un poema.

El camino...

¿QUÉ HE APRENDIDO?

■ **Busca la palabra que no pertenece a este grupo.**

> diseñador desfile
> marca paraje
> clásico

■ **Explica a tu compañero/a el significado de la palabra intrusa.**

....

....

■ **Completa las frases.**

1 No conozco a nadie que… ....

....

2 ¿Sabes si hay algún/a…? ....

....

3 Busco un viaje que… ....

....

4 En mi armario no hay ningún… ....

....

■ **Escribe junto a estas palabras el sentimiento positivo o negativo que te produce y el grado de intensidad.**

1 Los exámenes. ....

2 Los parques de atracciones. ....

3 La moda. ....

4 Las vacaciones. ....

5 Visitar museos. ....

6 Los días sin sol. ....

■ **Imagina que vas de vacaciones a México. Escribe brevemente qué tipo de alojamiento buscas, dónde quieres ir y qué cosas quieres hacer.**

....

....

....

....

■ **Describe esta imagen y opina sobre su estilo.**

AHORA SOY CAPAZ DE...

		SÍ	NO
1	…expresar e intensificar gustos y aversiones.	☐	☐
2	…expresar sentimientos en indicativo y en subjuntivo.	☐	☐
3	…hablar de la existencia de algo conocido y no conocido.	☐	☐
4	…usar vocabulario relacionado con la moda y las vacaciones.	☐	☐

MI VOCABULARIO

De vacaciones
el alojamiento lodging, accomodation
la comodidad convenience
el desplazamiento trip, journey
el destino destination
la escalada climb
el gasto expense
el huésped guest, lodger
la jornada day trip
el montañismo mountain climbing
el parque de atracciones amusement park
la prisa rush, hurry
el senderismo hiking
la sierra mountain range

La moda
el adelanto advance
el aparador store window
la calidad quality
el corbatín bow tie
el desfile fashion show, parade
el/la diseñador/a designer
el escote neckline
la etiqueta label, tag
la firma business
la gorra cap
las joyas jewelry
la marca brand
la prenda article of clothing
la temporada season

Verbos
ahorrar to save
dar envidia to envy
dar miedo to fear
dar pena to feel shame, sadness
dar vergüenza to be embarrassed
desconectar to disconnect
exagerar to exaggerate
fastidiar to irritate, annoy
fijarse en to pay attention to

hacer feliz to make happy
irritar to irritate
molestar to bother, annoy
odiar to hate
perderse to lose oneself
soportar to put up with
sorprender to surprise

Conectores del discurso
además besides, in addition
encima not only that
es más furthermore
hasta even
igualmente equally, by the same token
incluso even, including
más aún even more

Descripciones
acogedor/a cozy
amplio/a spacious
amueblado/a furnished
clásico/a classic
combinado/a matched (as in goes together)
deslavado/a faded, washed out
estampado/a print
estresado/a stressed
luminoso/a bright (with light)
pintoresco/a colorful, picturesque
pleno/a in the middle of

Palabras y expresiones
el agobio stress
algo something, anything
alguien someone, anyone
algún (+ nombre masc. sing.) some, any
alguno/a/os/as some, any
nada nothing, not anything
nadie no one, not anyone
ningún (+ nombre masc. sing.) sing. none, not one
ninguno/a/os/as none, not one

■ ¿Quién crees que es la persona de la foto?

■ ¿Por qué crees que está contento?

■ ¿Crees que se ha tenido que esforzar mucho?

■ ¿Cómo te sentirías tú en esa situación?

»Cartagena, Colombia.

POR UN FUTURO

4

4.1 Miren atentamente la imagen. ¿Dónde están las personas que aparecen en ella? Justifiquen su respuesta.

4.2 Escucha y lee las siguientes entrevistas a Miguel y a Ana, dos jóvenes asistentes a la conferencia anterior.

[24]

Entrevista 1

Reportera: Buenas tardes, nos encontramos en la salida de una interesante conferencia a la que han asistido numerosas personas. Hay aquí estudiantes que vinieron **para** conocer cuáles serán las perspectivas cuando se gradúen y profesionales que vinieron **a** analizar el panorama laboral. Aquí tenemos a un joven asistente. Soy Marta Lagos, de Canal 13. ¿Podrías hablarnos un poco de ti y de por qué has asistido a esta conferencia?

Miguel: Sí, por supuesto. Me llamo Miguel Carrasco y tengo 25 años. Hace ya tres años que terminé la carrera de Ciencias Químicas. He venido **a** ver si hay algún curso con el que mejorar mi perfil profesional **para** conseguir un trabajo cuando salga alguna oferta.

Reportera: ¿Y lo hay?

Miguel: Sí, la verdad es que sí. Yo estudié Químicas **por** vocación, porque a mí siempre me habían atraído las ciencias. Mi sueño es ser un gran científico y cuando trabaje en un laboratorio poder hacer algún descubrimiento importante. La información de esta conferencia ha sido muy útil, porque me ha convencido de la necesidad de complementar mi formación con cursos especializados y aprender idiomas. He venido a buscar información y la he conseguido.

Reportera: Vaya, pues sí que te vemos contento **por** haber venido. Muchas gracias y buena suerte.

Miguel: Gracias a ustedes.

Entrevista 2

Reportera: Aquí tenemos a otra joven asistente. Por favor, ¿unas palabras **para** el Canal 13? ¿Podrías hablarnos un poco de ti y de por qué has asistido a esta conferencia?

Ana: Bueno, me llamo Ana Jiménez y tengo 23 años. Este año he terminado mis estudios de Bellas Artes y **por** tener más información, quería conocer nuevos cursos **para** complementar mi formación y tener así mejores perspectivas de trabajo.

Reportera: ¿Y qué te ha parecido la conferencia?

Ana: Pues me ha parecido muy interesante. La verdad es que yo he salido muy contenta, porque nos han explicado, con datos muy claros, qué es lo que pide realmente el mercado laboral en cuanto a formación y qué hacer **para** estar al día. Cuando organicen otra también vendré, porque aportan muchas ideas nuevas.

Reportera: Muchas gracias, Ana, **por** darnos tu opinión. Y a ustedes también muchas gracias.

4.3 Completa la información del cuadro.

	Estudios realizados	Motivo por el que asiste	Resultados de su experiencia
Miguel			
Ana			

4.4 Contesta a las preguntas sobre la conferencia y fíjate en los usos de *por*, *para* y *a*. Comprueba tus respuestas con tu compañero/a.

a ¿Para qué medio de comunicación trabaja la reportera?

b ¿Para qué vinieron muchos estudiantes a la conferencia?

c ¿A qué vinieron muchos profesionales?

d ¿Por qué estudió Miguel Ciencias Químicas?

e ¿Por qué le da las gracias la reportera a Ana?

¡PRACTICA!

4.5 Con tu compañero/a, escriban un diálogo similar siguiendo las instrucciones. Después, representen la conversación.

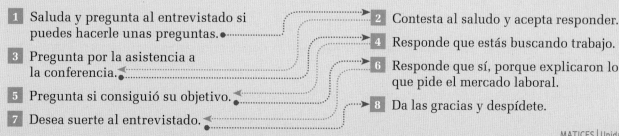

1 Saluda y pregunta al entrevistado si puedes hacerle unas preguntas.

2 Contesta al saludo y acepta responder.

3 Pregunta por la asistencia a la conferencia.

4 Responde que estás buscando trabajo.

5 Pregunta si consiguió su objetivo.

6 Responde que sí, porque explicaron lo que pide el mercado laboral.

7 Desea suerte al entrevistado.

8 Da las gracias y despídete.

PERFILES ACADÉMICOS Y PROFESIONALES

VOCABULARIO

4.1 Clasifica las siguientes palabras en la columna que corresponda. Trabaja con tu compañero/a.

- geografía
- guitarrista
- cartelera
- contaminación
- experimento
- química
- poesía
- músico
- rodaje
- medioambiente
- físico
- literatura
- filósofo
- matemáticas
- flora
- historiador
- actor
- laboratorio
- canción
- novela
- película
- concierto
- director de cine
- naturaleza

Letras	Música	Cine	Ciencias ambientales	Ciencias en general

4.2 Ahora, clasifiquen las palabras anteriores según se refieran a disciplinas o a personas.

Disciplinas	Personas

4.3 ¿Qué características deben tener las personas que se dediquen a estas profesiones? Pueden buscar información y consultar el diccionario.

Modelo: *Un músico debe conocer todas las técnicas de su instrumento, saber improvisar y tener un buen oído.*

4.4 Todas las palabras que aparecen a continuación tienen relación con el mundo profesional. Relaciónalas con su definición correspondiente.

1. Comité de empresa. ..... ⃝
2. Nómina. .... ⃝
3. Departamento financiero. .... ⃝
4. Contrato. .... ⃝
5. Departamento de Recursos Humanos. ..... ⃝
6. Coordinador. .... ⃝
7. Plantilla. .... ⃝

a Sector de la empresa que se ocupa de la administración general de los recursos de la empresa.

b Sector de la empresa que se ocupa de la gestión y organización del personal.

c Persona dentro de una empresa que se ocupa de planificar y organizar determinadas tareas.

d Conjunto de trabajadores de una empresa.

e Acuerdo legal que se establece entre empleador y empleado.

f Cantidad de dinero que recibe regularmente una persona por el trabajo realizado en una empresa.

g Grupo de representantes sindicales (union) de los trabajadores dentro de una empresa.

4.5 Ahora, agrupa las palabras en la categoría más adecuada.

Sectores de la empresa	Empleados	Documentos legales	Representantes sindicales

4.6 Sustituye las palabras destacadas en las siguientes frases por sus sinónimos.

> graduación ▪ comité de empresa ▪ sueldos ▪ compañía ▪ plantilla ▪ horas extras

a Me han llamado para trabajar en una **empresa** de telefonía celular. ....

b Si trabajo más tiempo del que está en mi contrato, me pagan **horas adicionales**. ....

c El grupo de **representantes sindicales** está intentando una subida de salario. ....

d Para trabajar en ese puesto te exigen una **carrera universitaria** en Comunicación Social. ....

e En nuestra empresa pagan muy buenos **salarios**. ....

f La empresa quiere recortar **personal** en algunos departamentos para reducir gastos. ....

COMUNICA

4.7 Una persona del comité de empresa habla con una trabajadora para obtener información. Completa las respuestas. Luego, escucha la entrevista y comprueba.

[25]

1 ¿En qué departamento trabajas?

- En el de…
  - (a) Currículums.
  - (b) Recursos Humanos.
  - (c) Nóminas.

4 ¿Tienes un buen salario?

- No voy a hacer comentarios sobre mi…
  - (a) currículum.
  - (b) plantilla.
  - (c) sueldo.

2 ¿Y qué carrera tienes?

- Soy graduada en…
  - (a) Administración de Empresas.
  - (b) Rodaje.
  - (c) Leyes.

5 ¿Cuántas horas trabajas a la semana?

- 40 horas y los sábados hago…
  - (a) salario.
  - (b) horas extras.
  - (c) contrato.

3 ¿Quién es el responsable de tu departamento?

- Es el…
  - (a) vigilante de seguridad.
  - (b) director de horas extras.
  - (c) director de Recursos Humanos.

6 ¿Cuántos trabajadores son en plantilla?

- Quince trabajadores. Bueno, dieciséis si sumamos al…, que cuida la empresa por la noche.
  - (a) vigilante de seguridad.
  - (b) director.
  - (c) secretario.

4.8 Realiza el siguiente cuestionario a tu compañero/a.

- ¿Qué es lo que ha estudiado o está estudiando? ¿Por qué eligió esos estudios y para qué?
- ¿A qué se dedica actualmente?
- ¿Qué posibilidades de empleo tienen los estudios que ha elegido?
- ¿Qué cualidades hay que tener para realizar su profesión con éxito?

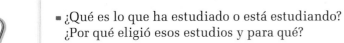

COMUNICACIÓN

▪ **Expresar la finalidad o el propósito de una acción**

» *Para* + infinitivo, cuando el sujeto de las dos oraciones es el mismo:
– *(Yo) Hago este curso para (yo) mejorar mi currículum.*

» *Para que* + subjuntivo, cuando los sujetos son diferentes:
– *(Yo) Vengo a la reunión para que el director de Recursos Humanos (él) me oriente sobre el trabajo.*

» *A fin de (que)*, *con el fin de (que)* tienen los mismo usos que la preposición *para*, pero se utiliza en contextos formales:
– *La compañía ha solicitado una reunión a fin de/con el fin de hacer reestructuraciones.*

» *A* + infinitivo, *a que* + subjuntivo, cuando está precedido de un verbo de movimiento (*ir, venir, entrar, salir, subir…*):
– *Ha subido a ver al director del Departamento Financiero.*
– *He venido a que me paguen la nómina de este mes.*

» *Por* + infinitivo, *porque* + subjuntivo, puede expresar finalidad:
– *Juan lo hizo por quedar bien con el jefe.*
– *El jefe lo hizo porque Juan quedara bien delante del resto de trabajadores.*

4.9 Lee la siguiente información y construye oraciones que expresen finalidad.

Modelo: Mi madre ha empezado a ir a la universidad. Quiere encontrar un trabajo mejor.
Mi madre ha empezado a ir a la universidad para encontrar un trabajo mejor.

a Viví en Bogotá. Quería aprender español. ....

b Están ahorrando. Desean comprarse una casa. ....

c Voy a diferentes conferencias. Tengo muchas ganas de aprender cosas nuevas. ....
....

d La reunión se organizó ayer. El objetivo era decidir la reestructuración del Departamento de Recursos Humanos. ....

▪ Para **expresar la causa o el motivo de una acción**, usamos la preposición *por*:
– *Me acosté tarde por ir al concierto.*
– *Por culpa del proveedor, los materiales no llegaron a tiempo.*

4.10 Observa las siguientes imágenes. ¿Qué sentimientos te sugieren? Construye frases usando el conector causal *por*. ¿Qué imagen es la que representa mejor cómo te sientes cuando piensas en la carrera que quieres seguir? Coméntalo con tu compañero/a.

VOCABULARIO

4.11 Lean atentamente esta carta y digan de qué tipo es, según su contenido.

Marcelo Riolocci
Paseo Luis Cortés, 12
37008 Salamanca
Correo electrónico:
susan@lmail.es

Dr. D. Salustiano Maruenda
Instituto Mexicano de Investigaciones
Cinematográficas y Humanísticas
Aldama, 180
Col. Centro
Morelia, Michoacán, México

Salamanca, 21 de mayo

Estimado Sr. Don Salustiano Maruenda:

1 Me dirijo a usted con el objeto de **solicitar** una plaza en el Máster Profesional de Dirección Cinematográfica que usted dirige, tras la **finalización** de mis estudios de Cinematografía y Artes Audiovisuales en la Universidad de Pontificia de Salamanca, pues deseo **ampliar** mi formación.

2 Respecto a mis estudios, he obtenido una **calificación** media de notable a lo largo de los cuatro cursos de la carrera. He de **destacar**, entre mis logros, el premio al Mejor Corto Documental que conseguí el pasado año en el concurso de cortos de mi facultad.

3 Mi objetivo con respecto a este máster es **profundizar** en los aspectos artísticos y técnicos de la dirección cinematográfica y **formarme** en la dirección de obras audiovisuales, así como conocer el método y técnica de los procesos de preparación, rodaje y posproducción que llevan a cabo tanto los propios directores como el resto de miembros del equipo de dirección.

4 Usted es todo un referente en este campo y, por eso, he decidido solicitar la plaza en este máster que usted dirige. A pesar de que todavía mi experiencia en dirección es muy corta, sé que este máster me puede **aportar** los conocimientos y la técnica necesarios para **iniciar** mi carrera profesional.

5 Por último, deseo comunicarle que estoy a su entera disposición para una entrevista personal, si usted lo considera oportuno.

6 Agradeciendo de antemano su atención, y en espera de su respuesta, atentamente,
Marcelo Riolocci

◯ Es una carta de reclamación.
◯ Es una carta de motivación.
◯ Es un currículum vítae.

◯ Es una carta de presentación.
◯ Es una carta de agradecimiento.
◯ Es una carta de disculpa.

4.12 Busca en el texto anterior la palabra destacada en color para estos sinónimos.

a Acrecentar: ....

d Educarme: ....

g Proporcionar: ....

b Ahondar: ....

e Nota: ....

h Recalcar: ....

c Comenzar: ....

f Pedir: ....

i Terminación: ....

4.13 Ahora, lean la información y comprueben la respuesta de la actividad 4.11.

Los tipos de cartas que pueden acompañar al currículum vítae son:

- **La carta de presentación** acompaña al currículum vítae para solicitar un puesto de trabajo específico. Se centra en mostrar la cualificación de quien la escribe y su potencial de contribución a la empresa. Su objetivo es atraer la atención de la persona que la lee para que, con esta primera impresión, piense que el currículum que acompaña la carta es el más adecuado para cubrir el puesto de trabajo que se ofrece.

- **La carta de motivación** suele enviarse con el currículum vítae como consulta sobre posibilidades de empleo, prácticas profesionales, plazas de máster o becas de estudio. Se centra en resaltar el interés que tiene la persona que la escribe por realizar esa práctica profesional o ese curso, y en los beneficios que tal experiencia le producirá en cuanto a formación o ideas para futuros proyectos. Su objetivo es despertar el interés del receptor (recipient) por nuestras aspiraciones.

4.14 Lean las siguientes situaciones y decidan qué tipo de carta requeriría cada una de ellas.

- **a** Has leído una oferta de empleo en el periódico *El País* para profesores de lenguas extranjeras y decides contestar, puesto que esta es tu profesión.
- **b** En un tablón de la facultad has visto información sobre un curso de especialización en fotografía digital, con plazas limitadas, y te gustaría hacerlo.
- **c** Has terminado tus estudios y necesitas experiencia. Escribes a una empresa conocida del sector para obtenerla.
- **d** Deseas cambiar de trabajo porque quieres mejorar tus condiciones y ganar prestigio, así que te diriges a una empresa de mayor proyección internacional para conseguirlo.

4.15 Subraya las palabras clave de cada párrafo de la carta de la actividad 4.11 y resúmelo en una frase con tus propias palabras. Fíjate en el ejemplo.

Párrafo	Resumen
1 ▶	Modelo: *Marcelo escribe a don Salustiano Maruenda para solicitar una plaza en su Máster sobre Dirección Cinematográfica para ampliar sus estudios.*
2 ▶	
3 ▶	
4 ▶	
5 ▶	
6 ▶	

COMUNICA MÁS

4.16 Vuelve de nuevo a la carta de la actividad 4.11. Busca las siguientes frases e intenta deducir su significado por el contexto. ¿Qué palabras se podrían poner en lugar de las que aparecen en negrita? Trabaja con tu compañero/a.

a Entre mis **logros**: ....

b Deseo ampliar mi **formación**: ....

c Usted es todo un **referente** en este campo: ....

d **Aportarme**: ....

e **Iniciar** mi carrera profesional: ....

f Que **llevar a cabo**: ....

g Agradeciendo **de antemano**: ....

h Estoy a su **entera** disposición: ....

4.17 Están entrevistando a estas tres personas. Selecciona el perfil más adecuado a las necesidades de la directora de la empresa.

Vamos a tener una fusión de empresas y habrá muchas transformaciones. Necesito a una persona dinámica, intuitiva, discreta, honesta, curiosa y eficaz en el trabajo. Tiene que ser muy puntual y no tener absentismo laboral.

Quiero a alguien productivo, que quiera evolucionar y, sobre todas las cosas, que esté motivado.

Soy una persona muy dinámica y activa, pero no me gustan mucho los cambios. En algunas ocasiones llego tarde, pero siempre cumplo con mi trabajo.

1. Antonio Pereyra

2. Verónica Molina

En la otra empresa en la que estuve no falté nunca a trabajar. Me encantan los retos (challenges). Soy muy productiva y me encanta esta empresa, porque creo que puedo evolucionar. Es la razón por la que estoy muy motivada para trabajar aquí.

3. Mar Vázquez

Estoy encantada de tener esta entrevista. Creo que puedo estar muy bien en un departamento en el que pueda estar en mi escritorio con mis papeles y si necesita en algún momento alguna información confidencial sobre mis compañeros, no dudaré en contársela.

4.18 Aquí tienes algunos cursos de posgrado que ofrecen en diferentes universidades. Elige uno de ellos, piensa en los requisitos que debes cumplir para acceder y escribe una carta de motivación solicitando el curso.

Cursos de posgrado

▶ TÉCNICAS DE EDICIÓN DIGITAL

El curso capacita para conocer y poner en funcionamiento todo el proceso de creación y producción de libros, tanto en papel como en formato EPUB, pensados de acuerdo con los estándares de la edición digital, que respondan a las necesidades de todo tipo de lectores. Desarrolla la capacidad de asociar conocimientos de las diferentes parcelas de la cadena del libro, y a hacerlo en contextos colaborativos y flexibles.

▶ DIRECCIÓN Y GESTIÓN DE CALIDAD

Este programa capacita para realizar auditorías y aplicar técnicas de calidad, tanto básicas como avanzadas. A partir de un enfoque basado en la mejora continua, se provee a los alumnos de todos los elementos necesarios para la implantación de sistemas integrados de gestión, calidad, medioambiente y prevención de riesgos laborales, y se forma para realizar una evaluación individual de la empresa u organización.

▶ MÁSTER UNIVERSITARIO DE NUTRICIÓN Y SALUD

Este máster proporciona una formación integral en diferentes aspectos del ámbito de la alimentación y de la nutrición, y abarca cuestiones bioquímicas, fisiológicas, dietéticas y tecnológicas, orientado hacia una especialización profesional en el ámbito sanitario o de la salud pública mediante el uso de la nutrición como herramienta terapéutica para el tratamiento de la enfermedad, o como herramienta preventiva para el mantenimiento de la salud.

▶ COMMUNITY MANAGER

El curso ofrece la posibilidad de profundizar, desde una dimensión teórico-práctica, en las redes sociales. Por un lado, permite conocer las bases de entornos *online* colaborativos y sociales para entender las dinámicas participativas que en ellos se desarrollan. Por otro, permite adquirir habilidades para el diseño y planificación eficaz de acciones comunicativas en *social media* y, de manera específica, para la gestión y mejora de las comunidades virtuales.

(Adaptado de estudios.uoc.edu/es/masters-posgrados-especializaciones/)

COMUNICA MÁS

- **Justificar una opinión**

  » Cuando queremos negar algo **para dar una opinión nueva o explicar algo** con más detalle, se usa:
  - – ¿*No crees que Sonia es demasiado exigente en su trabajo?*
  - – *No. Sonia **no es que** sea exigente, **sino que** es perfeccionista.*

  » Cuando queremos negar algo **para dar una justificación nueva**, se usa:
  - – ¿*Qué te parece si tomamos un café dentro de unos minutos?*
  - – *No, gracias. **No porque** no quiera, **sino porque** tengo que trabajar.*

 4.19 Escucha la conversación y decide si estas frases son verdaderas (V) o falsas (F).

[26]

		V	F
a	El muchacho cree que su trabajo es difícil.	○	○
b	La muchacha quiere ayudarle pero no puede.	○	○
c	Ellos piensan que el jefe es muy estricto.	○	○
d	En la empresa hay mucho trabajo.	○	○
e	Él no tiene relación directa con el jefe.	○	○
f	Ella le da un consejo de amiga.	○	○

4.20 Tu compañero/a te va a hacer algunas proposiciones. Recházalas justificándote.

Modelo: 💬 ¿*Por qué no vienes con nosotros a Buenos Aires?*
          🗨 *No, gracias. No porque no pueda, sino porque ya estuve el verano pasado.*

ALUMNO A

1. ¿Por qué no te inscribes en una escuela privada?
2. Anda, ayúdame a resolver este problema de matemáticas.
3. ¿Y si vas a la biblioteca a estudiar?
4. Yo que tú enviaría el currículum vítae a esa multinacional.
5. ¿Por qué no pones un negocio de plomería? Seguro que ganas una fortuna.

ALUMNO B

1. ¿Por qué no haces un curso de computación?
2. Yo que tú pediría un aumento de sueldo.
3. ¿Qué tal si hablamos con la directora de Recursos Humanos?
4. ¿Me ayudas a traducir este párrafo?
5. ¿Vamos a hacer puente este año en diciembre?

PRONUNCIACIÓN y ORTOGRAFÍA

Las grafías *g/j*

4.1 Escucha con atención las palabras que va a decir tu profesor/ra y completa la tabla con ejemplos de las normas ortográficas correspondientes a las grafías *g/j*.

LA LETRA *j*

- Se escribe con *j*:
  » el pretérito de *decir, traer* (y sus derivados).
     – *Ejemplos:* ....
  » el pretérito de los verbos terminados en –*ducir* (y sus derivados).
     – *Ejemplos:* ....
  » Las palabras que terminan en –*aje*, –*eje*, –*jería*, –*jero*, –*jear*.
     – *Ejemplos:* ....

LA LETRA *g*

- Se escribe con *g*:
  » las palabras que terminan en –*gen*, –*gente*, –*gencia*.
     – *Ejemplos:* ....
  » las palabras con empiezan por *geo*–.
     – *Ejemplos:* ....
  » el grupo *güe, güi*.
     – *Ejemplos:* ....

4.2 Lee el siguiente texto y complétalo con *g* o *j*.

El carro fantasma

El [1] ori .....en de esta historia es una noche oscura en la que Isaac, que era [2] .....eólogo, estaba solo en un camino pidiendo que alguien lo llevara. De pronto apareció un vehículo que se detuvo. Isaac [3] di.....o: "Buenas noches" y se [4] introdu.....o en el coche pero nadie contestó. Sintió un poco de [5] ver.....enza, pero [6] dedu.....o que el conductor sería tímido y no quiso mirarlo para no molestar. Unos minutos después, miró al asiento del conductor. Se dio cuenta entonces, ¡que no había nadie!

El pobre hombre, con mucho miedo, abrió su puerta, saltó al camino y corrió hasta el próximo pueblo. Entró en un bar a calmar sus nervios y empezó a contar lo que le había ocurrido.

Unos minutos después, entraron dos hombres en el bar muy cansados y escucharon la historia, y uno le comentó al otro:

– Mira, ahí está el [7] persona.....e que se subió al coche mientras nosotros empujábamos.

[27]

4.3 Escucha el dictado y cópialo en tu cuaderno.

HABANA BLUES

→ UNA PELÍCULA
de Benito ZAMBRANO.

vivir es Elegir.

WARNER BROS. PICTURES Presenta
Una producción de MAESTRANZA FILMS (Sevilla)
en coproducción con ICAIC (Cuba) y PYRAMIDE PRODUCTIONS (Francia) en asociación con Warner Bros. Pictures
ALBERTO YOEL GARCIA·ROBERTO SANMARTIN·YAILENE SIERRA·ZENIA MARABAL·MARTA CALVO·ROGER PERA Vestuario VLADIMIR CUENCA Maquillaje y Peluquería NEREYDA SANCHEZ y MARIA JULIA CABEZAS
Dirección Artística JUAN GARCIA y ALAIN ORTIZ Sonido JORGE MARIN Postproducción Sonido y Mezclas CARLOS FARULDO y ALFONSO RAPOSO
Música JUAN A. LEYVA, EQUIS ALFONSO, DESCEMER BUENO, KIKI FERRER, DAYAN ABAD, KELVIS OCHOA Y JOSE LUIS GARRIDO Montaje FERNANDO PARDO Fotografía JEAN CLAUDE LARRIEU
Guión BENITO ZAMBRANO y ERNESTO CHAO Dirección de Producción ERNESTO CHAO y EDUARDO SANTANA Coproductores CAMILO VIVES y FABIENNE VONIER Productor Asociado IGNACIO SANTAMARIA

Producida por ANTONIO P. PÉREZ Dirigida por BENITO ZAMBRANO

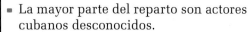
www.habanablues-es.com

ICAIC PYRAMIDE DRO ... CANAL+ESPAÑA DOLBY DIGITAL ... EURIMAGES MEDIA ...

SINOPSIS

Ruy y Tito, amigos de infancia, son dos jóvenes músicos cubanos que luchan diariamente para sobrevivir. Para poder comer se tienen que buscar la vida en lo que sale y como artistas, graban maquetas (demos) para darse a conocer, y trabajan en la organización de un primer concierto. A pesar de los innumerables obstáculos, la ilusión y el humor mantienen viva la esperanza de convertirse en estrellas de la música. Tito vive con su abuela, una gran dama de la música, tan elegante como única. Ruy está casado con Caridad y aunque tienen dos hijos y todavía se aman, la vida inestable de Ruy, tanto económica como personalmente, los tiene al filo (edge) de una ruptura anunciada. Un buen día, una pareja de productores españoles, que ha descubierto el talento de Ruy y Tito, les proponen una oferta internacional. De pronto, los dos músicos se verán inmersos en un serio dilema. ¿Estarán dispuestos a dejar sus profundas relaciones atrás para abrazar su sueño?

¿SABÍAS QUE...?

- La mayor parte del reparto son actores cubanos desconocidos.
- La mayoría de los temas son las canciones de los mismos grupos que participan en el film.
- Es una película muy humana, que habla del amor, la amistad, la lucha para lograr cualquier cosa, por conquistar tus sueños.
- La película no olvida uno de los temas más terribles que sufre la sociedad cubana: la huida de cubanos a tierras "más prósperas".
- Recibió dos Premios Goya (2005) al mejor montaje y mejor banda sonora.

SECUENCIA DE LA PELÍCULA

01:16:37 ▶ 01:20:50

DATOS TÉCNICOS

TÍTULO	HABANA BLUES.		
AÑO	2005.	GÉNERO	Drama.
PAÍS	Cuba y España.	DIRECTOR	Benito Zambrano.

INTÉRPRETES

Alberto Yoel, Roberto San Martín, Tomás Cao, Marta Calvo, Roger Pera, Yailene Sierra.

ANTES

DE VER LA SECUENCIA

4.1 La película *Habana Blues* se desarrolla en Cuba. ¿Qué sabes de este país? ¿Cómo es su gente? ¿Cómo es la economía en este país? Habla con tus compañeros.

4.2 Una productora española ha viajado a Cuba en busca de nuevos talentos y ha ofrecido a los músicos un trabajo que parece no ser muy bueno. Define con tus palabras lo que es un *contrato basura*.

4.3 A continuación tienes el testimonio de diferentes personas que tienen este tipo de contrato. Lee los testimonios y luego decide qué persona podría decir las frases.

Foro opinión

FORO OPINIÓN | Usuario | Contraseña |

 Ignacio, 36 años, licenciado en Biología
Para cubrir gastos hay que trabajar en lo que salga. Me da igual el lugar en el que trabajar: no tengo problema en moverme y en hacer lo que sea. He trabajado de mesero, de guardia de seguridad, en una granja, de modelo… Todo *en negro* y con *contratos basura*.

 Marina, 48 años, licenciada en Bellas Artes y especializada en maquillaje de efectos especiales
Intercalo empleos de mesera, cuidadora de niños y dependienta con trabajos ocasionales en mi campo, muchas veces sin cobrar.

 Raúl, 37 años, licenciado en Historia del Arte
He trabajado con contratos temporales de teleoperador, recepcionista de hotel o dependiente de tienda.

 Lucía, 38 años y formación profesional en artes gráficas
He recurrido al autoempleo: vendo panes y postres caseros y ecológicos a pequeñas colectividades.

(Adaptado de http://www.rtve.es/noticias/20141023/he-trabajado-camarero-granja-modelo-todo-negro-contratos-basura/1033902.shtml)

	Ignacio	Marina	Raúl	Lucía
a Yo alguna vez he trabajado en mi profesión sin cobrar.	☐	☐	☐	☐
b Como no tengo ningún trabajo, hago diferentes cosas en casa y luego las vendo.	☐	☐	☐	☐
c A veces he trabajado sin contrato y me han pagado de manera ilegal.	☐	☐	☐	☐
d Tengo que hacer cualquier cosa para pagar las cantidades de dinero que debo mensualmente.	☐	☐	☐	☐
e Yo he trabajado vendiendo cosas por teléfono.	☐	☐	☐	☐

TIEMPO
00:00:09
00:01:13

Una productora española ofrece un contrato a músicos cubanos.

4.4 Contesta verdadero (V) o falso (F) a las siguientes afirmaciones mientras ves la secuencia.

		V	F
a	El contrato durará más de tres años.	☐	☐
b	Si los músicos deciden dar un concierto en cualquier lugar, deben tener la aprobación de la productora.	☐	☐
c	La productora comprará una casa para cada uno de los miembros del grupo musical.	☐	☐
d	El primer año cobrarán un porcentaje de los beneficios de cada concierto.	☐	☐
e	El beneficio por cada concierto subirá durante los siguientes años.	☐	☐
f	Cobrarán por derechos de autor desde el primer año.	☐	☐

TIEMPO
00:01:14
00:03:56

Los músicos expresan sus opiniones sobre el contrato.

4.5 Durante la reunión con la productora se producen argumentos a favor y en contra de firmar el contrato. Clasifica las siguientes frases escribiendo si son a favor o en contra.

		A favor	En contra
Modelo:	Nadie se llena los bolsillos con mi trabajo.	☐	☒
a	El que no quiera que lo exploten que no firme.	☐	☐
b	Ni tan siquiera podemos negociar los derechos editoriales.	☐	☐
c	Lo importante es fijarse en las posibilidades que abre el contrato.	☐	☐
d	Se están aprovechando de nosotros.	☐	☐
e	Para mí, es una oportunidad que no puedo rechazar.	☐	☐
f	Aceptaría ese contrato aunque no me pagaran.	☐	☐
g	Es mejor que no tener nada.	☐	☐
h	¿Quieren que trabajemos para ustedes por una miseria?	☐	☐

4.6 Después de ver la conversación que tuvieron los productores españoles con el grupo musical, completa parte del posible contrato que tendrán que firmar.

> tres años ▪ disco ▪ dieta ▪ Habana Blues Band ▪ 25 ▪ exclusividad ▪
> rendimiento ▪ 60 ▪ grabación y marketing ▪ manutención

Primero.- El presente contrato tiene por objeto la realización de la actuación del grupo musical [1] .... durante el término de [2] ....

Segundo.- La productora musical tendrá la [3] .... de absolutamente todas las actuaciones y desarrollo profesional de los músicos y cantantes del grupo Habana Blues Band.

Tercero.- La productora musical se hará cargo de la [4] .... básica de los artistas durante los primeros seis meses del contrato que consiste en alojamiento y una [5] .... para gastos.

Cuarto.- El grupo musical Habana Blues Band cobrará un porcentaje de beneficio de los conciertos del [6] ....% el primer año, e irá subiendo cada año hasta llegar al [7] ....%.

Quinto.- El grupo musical no cobrará derechos de autor (royalties), y los beneficios íntegros de esta modalidad irán a la productora musical hasta tanto no estén cubiertos los gastos de [8] ....

Sexto.- La productora garantiza un [9] .... al año para el grupo y uno individual dependiendo del [10] .... de cada uno en la compañía.

4.7 Con tu compañero/a, contesten a las siguientes preguntas.

- **a** ¿Cuáles son las razones que crees que llevan a los protagonistas a salir de Cuba?
- **b** ¿Cómo entiendes y consideras las distintas opciones de cada uno de ellos?
- **c** ¿Crees que aceptarías un contrato basura?
- **d** ¿Es necesario aceptar cualquier tipo de trabajo para lograr conseguir tus objetivos?
- **e** ¿Alguna vez has tenido que aceptar trabajos que consideras que te pagaban o te trataban de manera injusta?

4.8 Imaginen que toda la clase son los músicos y se reúnen para discutir las condiciones del contrato. Dividan la clase en dos grupos y argumenten posiciones a favor y en contra, tratando de convencer al otro grupo.

GRAMÁTICA

A CONTRASTE *POR* / *PARA*

You have already learned that **por** and **para** can both mean *for*. Remember that **para** is used to express purpose or the objective of an action while **por** expresses cause or motive.

– *Contrataron al candidato **por** tener un buen expediente.* (cause, motive)

– *Contrataron al candidato **para** tener un equipo más joven y dinámico.* (purpose, objective)

The following formula may help you determine when to use **por** instead of **para**:

If you can replace *for* with *out of* or *because of* ▶ use **por**

– *Hago ese tipo de trabajo **por** el dinero.* I do that type of work for (because of) the money.

– *Trabajo los fines de semana **por** necesidad.* I work on the weekends out of necessity.

POR
» Precio:
– *Los productos de nuestra empresa son muy accesibles. **Por** poco dinero puedes comprarlos en las tiendas.*
[1] ....
» Cambio:
– *En el aeropuerto puedes cambiar dólares **por** euros.*
[2] ....
» Medio:
– *Puedes ir a Sevilla **por** tren o **por** avión.*
[3] ....
» Tiempo aproximado:
– *¡Estoy cansado de la gran ciudad! **Por** unos meses me iré a vivir al campo.*
[4] ....
» Localización espacial indeterminada:
– *Esta tarde daré un paseo **por** el centro. Voy a mirar aparadores y compraré alguna camiseta.*
[5] ....

PARA
» Destino:
– *Voy **para** la estación.*
[6] ....
» Plazo de tiempo:
– *Quiero el trabajo hecho **para** mañana.*
[7] ....
» Opinión:
– ***Para** mí, los estudios y el trabajo son lo más importante en la vida.*
[8] ....
» Capacidad:
– *Esta sala de conferencias tiene una capacidad **para** 100 personas.*
[9] ....

4.1 **Relaciona las dos columnas usando *por* o *para*. Después, completa el cuadro anterior con estos ejemplos.**

Modelo: *Han hecho una nueva carretera que pasará por delante de mi casa.*

1	Han hecho una nueva carretera que pasará .....○		a	Skype porque es gratis.
2	El tren que sale ....○		b	10 000 euros. ¡Un chollo!
3	El profesor quiere el trabajo terminado..........○		c	delante de mi casa.
4	Prefiero hablar ....○		d	verano, pero todavía no sé la fecha exacta.
5	Compré el coche...○		e	el inglés es la lengua del futuro.
6	Volveré a visitarte.......................................○		f	Barcelona va con retraso.
7	La falda que me regalaste la cambié ....○		g	ocho personas.
8	Esta pizza es ....○		h	una talla más grande.
9	...mí,...○		i	el próximo lunes.

4.2 Lee los comentarios que escribieron Ana y Miguel en un foro después de asistir a la conferencia sobre el futuro laboral. Complétalos con las preposiciones *por* y *para*.

Foro

| Usuario | Contraseña |

Toñi Fernández: Hola, foreros. Quería preguntar si alguien ha ido a la conferencia sobre perspectivas profesionales que se ha celebrado en el auditorio de la Universidad Literaria de Valencia, [1] .... que nos diga qué tal ha estado...
Me gusta • Comentar • 1 de noviembre, 23:25

Ana Jiménez: ¡Hola, Toñi! Nunca había ido a una conferencia de este tipo, pero la verdad es que me ha dado mucho que pensar. Al principio no me hacía mucha gracia ir porque pensaba que me dirían lo de siempre, pero no, la información que nos han dado es muy útil.
Me gusta • Comentar • 2 de noviembre, 09:12

Miguel Carrasco: Hola a todos. Yo también asistí y [2] .... mí, todo estaba muy bien organizado. El auditorio tenía una capacidad [3] .... 200 personas. Estaba lleno. Además, había otra sala contigua donde ofrecieron un aperitivo de clausura [4] .... todos los asistentes.
Me gusta • Comentar • 2 de noviembre, 09:14

Toñi Fernández: ¿Y costaba algo?
Me gusta • Comentar • 2 de noviembre, 09:36

Ana Jiménez: Nada. Bueno, tenías que solicitar plaza [5] .... Internet, pero era gratis. También se podía comprar una papeleta [6] .... 10 euros. Con ella participabas en una rifa de un premio de 100 euros que podías cambiar [7] .... libros escritos por los panelistas de la conferencia. La recaudación iba íntegramente destinada a financiar proyectos de investigación.
Me gusta • Comentar • 2 de noviembre, 10:11

Miguel Carrasco: También el lugar de la conferencia era muy agradable. En una pausa pudimos dar un paseo [8] .... el campus.
Me gusta • Comentar • 2 de noviembre, 11:02

Toñi Fernández: Entonces, ¿me recomiendan que asista a la próxima que se organice?
Me gusta • Comentar • 2 de noviembre, 11:02

Ana Jiménez: Mucho, yo te recomiendo que no te la pierdas. A mí me ayudó muchísimo a tomar decisiones sobre mi futuro profesional. Si no puedes venir ahora, oí comentar que [9] .... el verano les gustaría organizar la conferencia en Granada o Salamanca.
Me gusta • Comentar • 2 de noviembre, 11:02

Toñi Fernández: Hombre, Salamanca y Granada son otra opción interesante; a mí, por ejemplo, me viene mucho mejor ir a Salamanca que a Valencia. Bueno, muchas gracias [10] .... la información.
Me gusta • Comentar • 2 de noviembre, 11:02

 4.3 A continuación tienen el principio de una historia. En parejas, continúenla utilizando las preposiciones *por* y *para* con el máximo número posible de usos que han visto. Luego, lean sus historias al resto de la clase. ¿Quién ha utilizado mejor las preposiciones *por* y *para*?

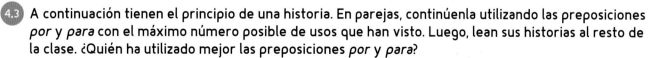

Modelo: *Juan y Ana se conocieron una tarde de invierno paseando **por** la universidad. Ana estaba de Erasmus con unas amigas y Juan trabajaba en la cantina. Él se paró **para** preguntarle...*

GRAMÁTICA

The conjunction **cuando** can be followed by the subjunctive or the indicative depending on whether the action has taken place.

■ Para expresar una acción en el presente o acciones habituales, se usa:
  » *Cuando* + **presente**
      – *Cuando envío mi currículum a una empresa, siempre incluyo una carta de motivación.*
■ Para expresar una acción en el pasado, se usa:
  » *Cuando* + **imperfecto / pretérito**
      – *Cuando asistía al curso de edición digital, tomaba muchos apuntes.*
      – *Cuando fui a la conferencia en la universidad, di un paseo por el campus.*
■ Para expresar una acción en el futuro, se usa:
  » *Cuando* + **presente de subjuntivo + futuro / imperativo**
      – *Cuando seas jefe de la empresa, tendrás muchas responsabilidades.*
      – *Cuando vuelvas de la conferencia, llámame.*

4.4 Completa las frases con la forma correcta de los verbos.

  a Mañana, cuando .... (llegar, tú) a México, llámame, por favor.
  b Cuando .... (tener) hambre, abro la nevera y como cualquier cosa.
  c Cuando .... (estudiar) en la universidad, conocí a mi novio.
  d Cuando .... (ir) en el carro, escucho música.
  e Cuando .... (ser) un anciano, viviré en el campo.
  f Cuando .... (terminar, ellos) la universidad, empezaron a solicitar puestos.
  g Cuando .... (conseguir) el puesto de mis sueños, seré feliz.

4.5 Clasifica las oraciones de la actividad anterior según su significado. Después, añade frases originales para cada caso y compártelas con tu compañero/a.

Acciones habituales	Acciones referidas al pasado	Acciones que todavía no se han producido

4.6 Observa las siguientes imágenes y construye frases con *cuando*.

C OTRAS ORACIONES TEMPORALES CON INDICATIVO Y SUBJUNTIVO

The following expressions refer to when an action takes place and most can followed by a verb in the subjunctive or indicative.

- *Al cabo de*
- *Antes de*
- *Cada vez*
- *Desde*
- *Después de*
- *En cuanto*
- *Hasta que*
- *Mientras*
- *Nada más*
- *Tan pronto como*

♻ **Recuerda**

La mayoría de estas expresiones se construyen con **subjuntivo** si expresan futuro y el sujeto de las dos oraciones es diferente.

⚠ **Atención**

Antes de y *después de* se construyen con infinitivo si el sujeto de las dos oraciones es el mismo, y con *que* + subjuntivo si el sujeto de las dos oraciones es diferente.

4.7 Observa las expresiones temporales y lee los ejemplos del recuadro. Después, complétalo con el tipo de acción temporal que describe.

Las oraciones temporales

- [1] ....
  - » **Mientras** + acontecimiento + acontecimiento
    - – *Mientras esperaba tomé un café.*
  - » Acontecimiento + **mientras tanto** + acontecimiento
    - – *Fernando prepara la cena, mientras tanto, yo pongo la mesa.*
- [2] ....
  - » **Siempre / Cada vez / Todas las veces que**
    - – *Cada vez que me visita, me invita a comer.*
- [3] ....
  - » **Nada más** + infinitivo
    - – *Nada más llegar a la oficina, empezó a trabajar.*
  - » **En cuanto / Tan pronto como**
    - – *En cuanto recibí la noticia, la llamé por teléfono.*
- [4] ....
  - » **Desde que**
    - – *Desde que llegó, está muy triste.*

- [5] ....
  - » **Hasta que**
    - – *Te esperaré aquí hasta que termines.*
- [6] ....
  - » **Antes de (que)**
    - – *Antes de abrir la puerta, mira quién llama.*
- [7] ....
  - » **Después de (que)**
    - – *Después de que termines el examen, nos iremos a la playa.*
- [8] ....
  - » **Al / A los / Al cabo de** + cantidad de tiempo
    - – *Al año, dejó de estudiar y se puso a trabajar.*
  - » Cantidad de tiempo + **después / más tarde**
    - – *Se conocieron en abril y tres meses después se casaron.*

- Acción simultánea.
- Acción inmediatamente posterior a otra.
- Límite de una acción.
- Acción que sucede siempre que se realiza otra acción.

- Comienzo de una acción.
- Período de tiempo que separa dos sucesos.
- Acción posterior a otra.
- Acción anterior a otra.

4.8 Completa las frases con la forma verbal adecuada según el conector temporal que aparece y el tiempo (presente, pasado o futuro) que indican las oraciones.

a Tan pronto como .... (llegar, ustedes) del cole, la abuela les preparaba la merienda.

b Por favor, llámanos siempre que .... (tener, tú) cualquier problema. No te preocupes.

c Antes de .... (salir), tienes que haber terminado las tareas.

d Te esperaré aquí hasta que .... (terminar, tú).

e Haz la comida mientras yo .... (poner) la mesa.

f Nuria llegó a Barcelona en 1995. Al cabo de tres años, ... (volver) a su pueblo.

g Nada más .... (terminar) las vacaciones, tendrán que preparar los exámenes.

h Estuve preocupada desde que Luis .... (irse) hasta que .... (volver) de su viaje al Himalaya. Es que a mí estas expediciones me parecen peligrosas.

4.9 Reelabora las frases, como en el ejemplo.

> Modelo: **Mientras.** Estudiaba en la universidad. Al mismo tiempo trabajaba en una gestoría.
> *Mientras estudiaba en la universidad trabajaba en una gestoría.*

a **Mientras tanto.** Yo hablaba por teléfono. Alberto trabajaba en la computadora.

b **Cada vez.** Tengo frío. Me pongo un abrigo de lana.

c **Nada más.** Volvió Enrique. Encontró a los ladrones en la casa.

d **Hasta que.** No saldrás al parque. Harás la tarea.

e **En cuanto.** Los ladrones lo vieron. Salieron corriendo.

f **Desde que.** Aclararon el problema. Son muy amigos.

g **Al cabo de.** Se volvieron a encontrar. Esto ocurrió 10 años después.

4.10 Ustedes son dos amigos muy diferentes y con objetivos completamente distintos, pero como se aprecian mucho, tienen que ponerse de acuerdo para realizar diferentes actividades. Hablen e intenten llegar a un acuerdo, si es posible.

ALUMNO A

- **Tú quieres:**
  - Ir al cine.
  - Salir con unos amigos.
  - Descansar en el sofá.
  - Acostarte en el sillón y ver la tele.
  - Ir un fin de semana a la playa.
  - Ver qué pasa en las redes sociales.
  - Irte a dormir.

Tú quieres:

- Preparar un proyecto para una empresa.
- Levantarte pronto para hacer deporte.
- Enviar currículums para encontrar trabajo.
- Elaborar una carta de motivación.
- Ir a conferencias.
- Aprender otro idioma.
- Ir al teatro.

4.11 Tu amigo necesita que le expliques detalladamente los pasos que debe seguir para encontrar un trabajo. Escríbele una carta diciéndole lo que tiene que hacer en cada momento, usando los conectores que acabas de aprender.

Modelo: *En cuanto envíes el currículum, confirma por teléfono que lo han recibido...*

- Enviar el currículum.
- Confirmar el envío.
- Solicitar una entrevista.
- Tener la entrevista:
  - amabilidad
  - seriedad
  - disponibilidad
  - interés
  - agradecimiento
- Esperar la respuesta.

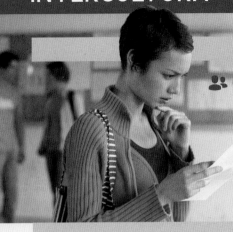

INTERCULTURA

PERSPECTIVAS PROFESIONALES

 PREPARAR

4.1 Piensa en las siguientes cuestiones y coméntalas con tu compañero/a. ¿Coinciden?

- ¿Qué es mejor para ti: elegir una carrera por sus mayores posibilidades de empleo o porque te gusta de verdad?

- En tu opinión, ¿cuáles son las carreras más valoradas en tu país?

LEER

4.2 Lee con atención la siguiente noticia que Universia, Red de Universidades de Iberoamérica, publica en su página web. ¿Es un texto informativo o de opinión?

Las carreras con mayor futuro

Entre las titulaciones actuales destacan tres estudios que cada año aparecen como los más valorados. Se trata de las carreras de Administración y Dirección de Empresas, Económicas y Empresariales.

Otros profesionales muy buscados son los informáticos, ya que el sector de las tecnologías y la comunicación está en constante crecimiento. Las empresas buscan, sobre todo, analistas y programadores.

Los ingenieros industriales son muy demandados porque pueden encontrar empleo en el sector de la electrónica, la construcción, la telefonía y la aeronáutica. Los profesionales especializados en las telecomunicaciones también están muy cotizados y la crisis no les ha afectado.

Por último, existen cuatro titulaciones muy diferentes que tienen muy poco desempleo: Medicina, Química, Derecho e Ingeniería Civil.

(Adaptado de http://pre.universia.es/que-estudiar/proyeccionlaboral-carreras/)

4.3 Vuelve a leer el texto y completa los siguientes apartados.

a Busca en el texto las siguientes partes: el titular, el subtítulo y el cuerpo de la noticia. Una de ellas no está. ¿Cuál es? ¿Por qué crees que no aparece? ....

....

b Escribe el tema del artículo con una frase diferente a la que aparece en el titular. ....

....

c Resume el texto con tus propias palabras. ....

HABLAR

4.4 Comenta las siguientes cuestiones con tus compañeros.

- ¿Son estas también las titulaciones más valoradas en tu país?
- En los países hispanos son muy populares entre los estudiantes las carreras de Ciencias de la Educación, ¿por qué creen que es así?
- ¿Piensan que cuando los nuevos estudiantes terminen sus carreras seguirán siendo las profesiones más demandadas por las empresas?
- ¿Qué consecuencias pueden haber si la mayoría de los alumnos de las universidades estudian solo las carreras que se mencionan en el texto?

ESCUCHAR

4.5 ¿Conoces a estas figuras del mundo del arte, literatura y filosofía? Leonardo Da Vinci, Howard Hendricks, Emily Dickinson, Mark Twain y José Ortega y Gasset. Escucha varias frases célebres de estas personas sobre la educación y el aprendizaje, y contesta verdadero (V) o falso (F). Después, opinen sobre estas frases.

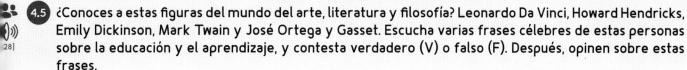

		V	F
a	Las personas deben esforzarse para superar a quien les enseñó.	☐	☐
b	Hay que enseñar con cariño y emoción.	☐	☐
c	Es muy importante leer mucho para poder viajar por diferentes partes del mundo.	☐	☐
d	La escuela es el mejor lugar para recibir una buena educación.	☐	☐
e	El buen maestro enseña a los alumnos a dudar.	☐	☐
f	Se aprende solo de los maestros.	☐	☐

ESCRIBIR

4.6 Busca una noticia corta relacionada con la educación y realiza un comentario de texto. No olvides incluir los siguientes pasos y algunos de estos conectores del discurso.

- Decir qué tipo de texto es.
- Señalar las partes del texto.
- Establecer el tema del texto.
- Resumir el texto.
- Expresar la opinión personal.

Conectores del discurso

- Para comenzar el discurso o texto escrito: **según**, **para empezar**…
- Para argumentar nuestras ideas o añadir una consecuencia: **por esa razón**, **así que**, **de esta manera**…
- Para aclarar información: **es decir**, **o sea**…

MUJERES TRABAJADORAS Y LATINAS

¿Qué te sugiere la foto? ¿Cuál crees que es la situación de la mujer en los países de habla hispana? ¿Conoces a mujeres de tu alrededor que tienen una vida interesante? ¿Qué mujeres latinas conoces? ¿Por qué?

LA MUJER LATINA ACTUAL

4.1 Lee el siguiente texto sobre el papel de la mujer en Latinoamérica e intenta resumirlo con tus palabras.

La situación de las mujeres en Latinoamérica cambió en los últimos años. Muchas más mujeres viven actualmente en grandes metrópolis, como São Paolo, Buenos Aires y México D.F., que en las zonas rurales. En los últimos veinte años, el número de mujeres empleadas en la economía formal subió en un 85% en todas las regiones latinoamericanas. Este aumento también se produjo en la educación de las jóvenes. La participación de las mujeres en la administración política de sus países creció considerablemente, y el número de senadoras, jueces, alcaldesas y presidentas de Estado es sorprendente.

Esta variación, no solo económica sino también sociocultural, hace que no podamos hablar de un solo tipo de mujer latinoamericana. Una venezolana tendrá problemas para comunicarse con una brasileña, puesto que hablan distintos idiomas, pertenecen a grupos raciales y étnicos diferentes, y tienen referencias culturales muy dispares. Una ejecutiva de Buenos Aires tendrá muy poco en común con una campesina de Perú. Por lo tanto, la historia de las latinoamericanas debe hacerse a partir de la plena conciencia de esta herencia y diversidad múltiple.

4.2 Busca en el texto un sinónimo de estas palabras. En algunos casos puede haber más de una respuesta correcta:

a colaboración: ....

c diferentes: ....

e incremento: ....

b evolucionó: ....

d trabajadoras: ....

f ciudades: ....

MUJERES LATINAS CON HISTORIA

4.3 ¿Cuál crees que fue la vida de estas mujeres luchadoras? Escucha sus vidas y señala qué características pertenecen a cada una.

[29]

1 Activista de los derechos humanos en Argentina. .... ◯

2 Lucha por encontrar a su nieta, sea como sea. .... ◯

3 Fue detenida y encarcelada. .... ◯

4 Es un verdadero ejemplo de lucha para su comunidad. .... ◯

5 Fundó escuelas bilingües. .... ◯

6 Trabajó en el servicio doméstico y como maquiladora. .... ◯

7 Luchó por la defensa de los derechos indígenas. .... ◯

8 Al final consiguió la residencia y vive felizmente. .... ◯

9 Asesinaron a su hijo y a su nuera. .... ◯

10 Líder indígena de Ecuador. .... ◯

11 Sus primeros años en el nuevo país se caracterizaron por la soledad y la desesperación. .... ◯

12 Inmigrante mexicana en los EE. UU. .... ◯

a
»Yuriana Montufar.

b
»María González.

c
»Marcia Fabiani.

¿Qué tres temas de la historia de Latinoamérica se relacionan con las vidas de estas tres mujeres? Puedes buscar información en libros o en Internet.

NOS CONOCEMOS

MUJERES LATINAS Y FAMOSAS EN EE. UU.

🪙 EMPRESARIA

Marie D. Quintero-Johnson
Vicepresidenta y directora de Fusiones y Adquisiciones de la compañía Coca-Cola Company desde 2003. Aunque ha nacido en Miami es hija de inmigrantes cubanos.

⚖ POLÍTICA

Sonia Sotomayor
Juez Asociada en la Corte Suprema de los Estados Unidos, hija de padres puertorriqueños.

🎥 CINE

Jessica Alba
Actriz de cine y televisión de padre mexicano. Es cofundadora de The Honest Company, una firma de productos sostenibles y naturales.

🎵 MÚSICA

Demi Lovato
Actriz, cantante y compositora estadounidense de origen mexicano y español. Su carrera profesional comenzó desde muy joven en Disney Channel. Desde el 2009 ha ganado 81 premios de música de 157 nominaciones.

⚖ POLÍTICA

Lucille Roybal-Allard
Miembro de la Cámara de Representantes de Estados Unidos desde 1993 por California. Es miembro del Partido Demócrata y de origen mexicano.

🪙 EMPRESARIA

Thalía Sodi
Cantante, actriz y empresaria mexicana. Posee una línea de cosméticos, de ropa y publicación propia.

Elige a uno de los personajes anteriores y escribe cómo creen que es su vida. Después preséntala a la clase. Busquen en Internet la biografía del personaje que eligieron. Léanla y compárenla con la que hicieron.

»Mario Vargas Llosa.

¿Conoces a este escritor?

¿En qué tipo de evento crees que está? ¿Por qué?

LITERATURA PARA LA VIDA

👥 (4.1) **Lee la biografía de Mario Vargas Llosa. ¿Qué cosas no conocías de él? ¿Estás de acuerdo con sus palabras? ¿Cómo las interpretas? En parejas, busquen argumentos a favor y en contra de esta afirmación.**

> *"La literatura crea una fraternidad dentro de la diversidad humana y eclipsa las fronteras que erigen entre hombres y mujeres la ignorancia, las ideologías, las religiones, los idiomas y la estupidez".*

MARIO VARGAS LLOSA

Mario Vargas Llosa nació en Arequipa, Perú, en 1936. Al año siguiente, su familia se trasladó a Cochabamba, Bolivia, donde vivió buena parte de su niñez. Regresó a Perú a los nueve años y continuó sus estudios hasta graduarse en Letras. Posteriormente obtuvo el doctorado en Filosofía y Letras en la Universidad de Madrid.

Se inició en la escritura desde muy temprano. A los dieciséis años escribió *La huida del Inca*, una obra de teatro. A partir de 1951 comenzó su actividad periodística en la prensa y revistas peruanas. En 1959 se trasladó a Europa donde se estableció por varios años en Madrid, Londres, París y Barcelona.

Además de la novela, Vargas Llosa ha cultivado el ensayo y el teatro.

En 1988 fundó el Movimiento Libertad y se postuló a la presidencia del Perú en 1990, pero fue derrotado. En 1990 recibió la nacionalidad española. Desde 1994 es miembro de la Real Academia Española de la Lengua.

La trayectoria intelectual de Vargas Llosa lo ha hecho merecedor de numerosas distinciones otorgadas por prestigiosas instituciones de varios continentes, como el Premio Nobel de Literatura, el Premio Miguel de Cervantes y el Premio Planeta. Entre sus numerosas obras destaca *La fiesta del Chivo*, *La tía Julia y el escribidor* y *La ciudad y los perros*.

(4.2) **Vas a leer un fragmento de su obra *Lituma en los Andes*. Antes de leer, relaciona las siguientes palabras del texto con su sinónimo.**

1 A la intemperie.	⭕	**a**	Borde del camino.
2 Pernoctar.	⭕	**b**	Piel.
3 Cuneta.	⭕	**c**	Dirigir, controlar.
4 Lona.	⭕	**d**	Ruedas.
5 Pellejo.	⭕	**e**	Perfectamente.
6 Llantas.	⭕	**f**	Tela gruesa.
7 Como la palma de su mano.	⭕	**g**	Al aire libre.
8 Prendedor.	⭕	**h**	Persona que aprende un nuevo oficio.
9 Aprendiz.	⭕	**i**	Pasar la noche.
10 Manejar.	⭕	**j**	Adorno para recoger el pelo.

[30]

4.3 Lee y escucha este fragmento literario del autor.

 ## Lituma en los Andes

Lo que al muchacho le gustaba más que nada era la vida a la intemperie que llevaban, sin horarios ni rumbos predeterminados, a merced del mal o buen tiempo, de las ferias y fiestas del santo patrono, de los encargos que recibían y de las averías del camioncito, factores que decidían su
5 diario destino, sus itinerarios, las noches que pernoctaban en cada lugar. Don Pericles tenía una casa quinta, estable, sin ruedas, en Pampas, que compartía con una sobrina casada y con hijos. Cuando estaban allí, Casimiro se alojaba en la casa como si fuera de la familia. Pero la mayor parte del tiempo vivía en las cunetas de los caminos por los que pasaban
10 o en el camión, en el que, entre carga y protegido por una gruesa lona, se había construido un refugio con pellejos de vaca. Si había lluvia, se tumbaba a dormir debajo del camión.

El negocio no era gran cosa, por lo menos no para Pericles y Casimiro, pues todas las ganancias se las tragaba el camión al que siempre había que estarle comprando repuestos y haciéndole reencauchar las llantas, pero era suficiente para ir viviendo. En los años que pasó junto a don
15 Pericles, Casimiro llegó a conocer como la palma de su mano todo el centro de los Andes, sus villorrios, sus comunidades, sus ferias, sus abismos y valles y, asimismo, todos los secretos del negocio: dónde comprar el mejor maíz y dónde llevar los hilos y agujas, dónde esperaban las lámparas, y qué cintas, prendedores, collares y pulseras atraían de manera irresistible a las muchachas.

20 Don Pericles lo trató al principio como a un aprendiz, luego como a un hijo, por fin como a un socio. A medida que envejecía y el muchacho se hacía hombre, el peso del trabajo se fue desplazando a él hasta que, con el paso de los años, Casimiro era ya el único que manejaba y el que decidía las compras y las ventas; Don Pericles pasó a ser el director técnico de la sociedad.

(Texto adaptado de la novela *Lituma en los Andes*, Mario Vargas Llosa)

4.4 ¿Cuál de estos cuatro títulos elegirías para el fragmento del texto literario que acabas de leer?

EL COMERCIANTE DE LA EMPRESA	EL VENDEDOR AMBULANTE
EL ARTESANO DEL MERCADO	EL CONDUCTOR DEL CAMIÓN

4.5 Contesta a las preguntas.

a ¿Qué tipo de texto es el que has leído?...
b ¿Cuál es el tema que se trata?..
c ¿Qué opinas? ¿Te gustó?..
d Haz un resumen del texto..
....

e Describe a los personajes que aparecen: ¿Cómo eran? ¿Qué cosas les gustaban hacer? ¿En qué trabajaban? ¿Qué relación tenían los dos?...
....

MATICES | Unidad 4   **145**

¿QUÉ HE APRENDIDO?

- Escribe frases con *por* y *para* que expresen precio, cambio, medio, tiempo aproximado, localización espacial indeterminada, destino, plazo de tiempo u opinión.

....

....

....

....

....

- Construye frases con estas palabras.

> compañía ▪ comité de empresa
> graduación ▪ sueldos

....

....

....

....

- Explica estas palabras a tu compañero/a.

> nómina ▪ horas extras ▪ coordinador
> departamento de Recursos Humanos ▪
> Departamento Financiero ▪ contrato

- Construye frases temporales con *cuando*, *mientras*, *desde que, hasta*, etc., donde aparezcan las siguientes palabras.

> geografía ▪ contaminación ▪ experimento
> concierto ▪ cartelera ▪ músico ▪ Matemáticas

Modelo: *Te esperaré hasta que termines los deberes de Matemáticas.*

- Escribe una pequeña carta de presentación para una empresa.

- De acuerdo a lo que has aprendido, ¿cuáles son las carreras con más futuro?

....

....

....

....

AHORA SOY CAPAZ DE...

		SÍ	NO
1	...expresar la causa y la finalidad.	☐	☐
2	...escribir una carta de motivación.	☐	☐
3	...escribir una carta de presentación.	☐	☐
4	...hablar sobre una conferencia.	☐	☐

MI VOCABULARIO

Desarrollo profesional
el aprovechamiento use (beneficial)
la carrera degree, major
la carta de motivación letter of intent
la carta de presentación cover letter
el currículum resume
la formación profesional professional training
el logro achievement
el mercado laboral job market
el referente mentor
el reto challenge
la vocación vocation

El trabajo de empresa
el comité de empresa committee of workers that discusses company relations
el contrato contract
el coordinador manager, organizer
el Departamento Financiero Finance Department
el Departamento de Recursos Humanos Human Resources Department
las horas extras overtime
la nómina pay slip
la plantilla staff, workforce
el sueldo salary

Verbos
ampliar to expand, increase
aportar to provide
capacitar to train, teach skills
conseguir to obtain
cumplir to accomplish, fulfill
destacar to stand out
formarse to train, educate (oneself)
iniciar to start, begin
orientar to guide, direct
profundizar to go in depth
solicitar to apply for, request

Disciplinas y profesiones
la Administración y Dirección de Empresas business administration
las Ciencias Ambientales environmental science
las Ciencias de la Educación education (major)
el Derecho law
el/la filósofo/a philosopher
el/la físico/a physicist
el/la historiador/a historian
la Ingeniería Civil civil engineering
el/la ingeniero/a industrial industrial engineer
las letras language arts

Palabras y expresiones
el asistente attendee
calificación grade
respecto a regarding
ser un referente para alguien to be a mentor

Expresiones de tiempo
a fin de (que) in order to
al cabo de after + a period of time
antes de before
cada vez each time
con el fin de (que) as long as
desde since
después de after
en cuanto as soon as
hasta que until
mientras while
nada más as soon as
tan pronto como as soon as

Conectores del discurso
así que consequently, so much so
de esta manera in this way
es decir that is to say, meaning
o sea that is, in other words
para empezar for starters, to start with
por esa razón for that reason, that's why
según according to

- ¿Qué crees que están haciendo los jóvenes de la imagen?
- ¿Sabes lo que significa el título de la unidad?
- ¿Colaboras en alguna organización benéfica que se dedica a ayudar a los demás?

¿NOS ECHAS UNA MANO?

Learning outcomes

By the end of this unit you will be able to:

- Talk about the benefits of travel and volunteering.
- Describe what precautions to take when traveling.
- Comment on social and health issues worldwide.
- Confirm or refute information.
- Express agreement and disagreement with other opinions.

Para empezar

- Viajes de conocimiento

Comunica

- Iniciativas solidarias: contrastar opiniones
- Más vale prevenir: confirmar una realidad o desmentirla

Pronunciación y ortografía

- Las consonantes oclusivas: sonidos /k/ y /g/

Cartelera de cine

- *El viaje de Carol*

Gramática

- Oraciones impersonales con indicativo y subjuntivo
- El presente perfecto de subjuntivo: expresar extrañeza
- Usos de *se*

Intercultura

- ¿Sanidad privada o pública?

Nos conocemos

- La medicina tradicional indígena

Literatura para la vida

- *El árbol de la ciencia*, de Pío Baroja

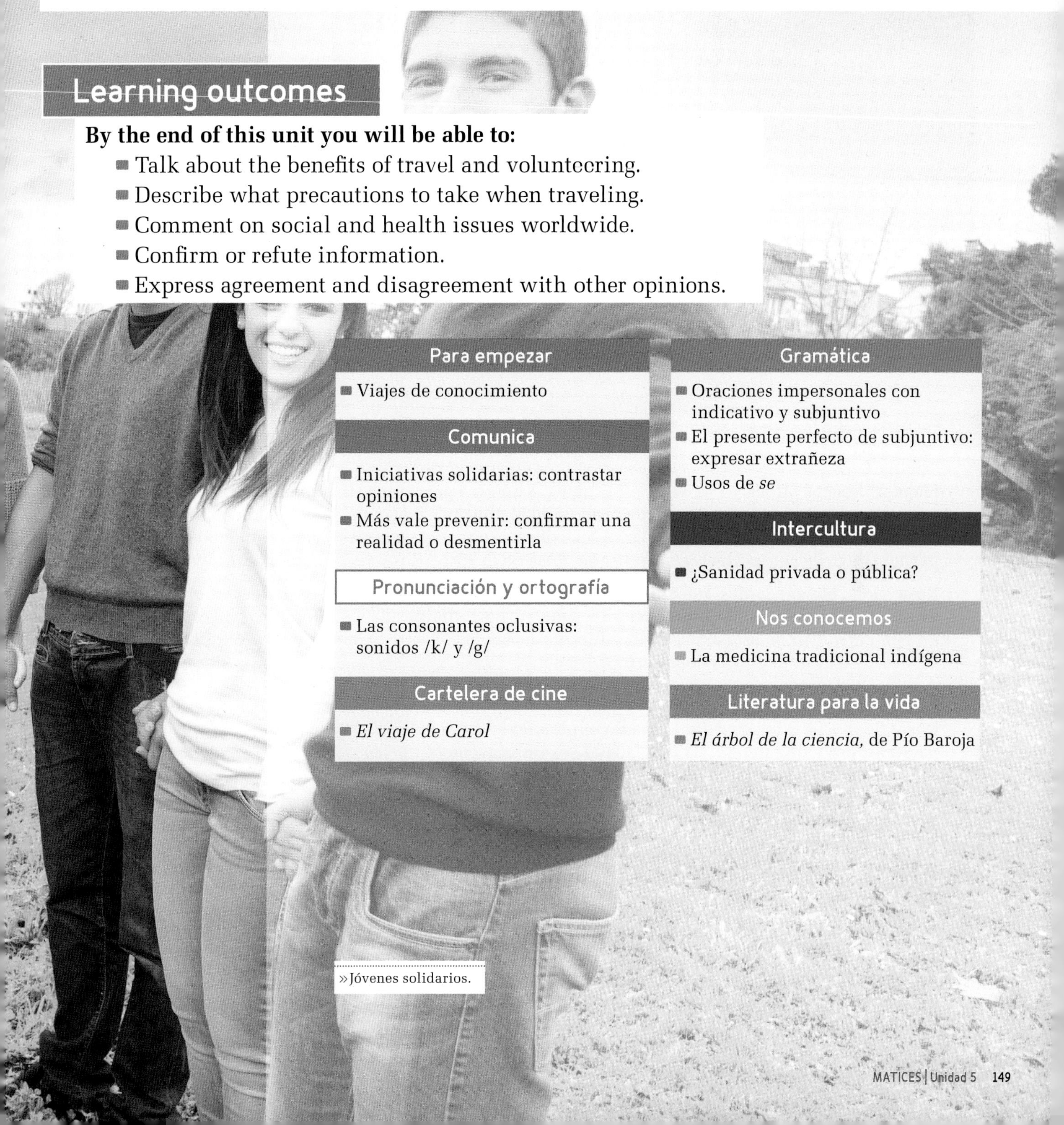

»Jóvenes solidarios.

5.1 ¿Qué es la ruta Quetzal? ¿Qué sabes de ella? Si no la conoces, fíjate en estas imágenes y en lo que te sugieren. Ten en cuenta las palabras clave *ruta* y *quetzal*. Habla con un compañero/a.

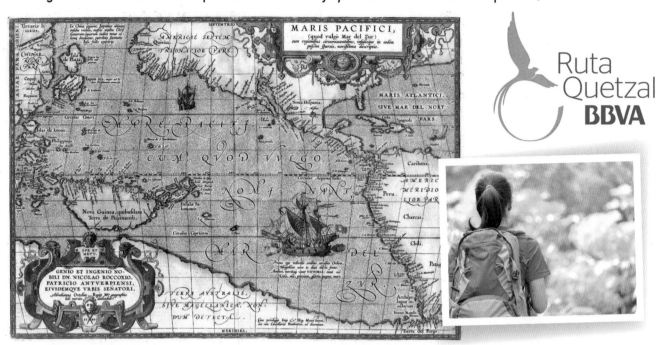

5.2 Escucha y lee la conversación. Después, comprueba tus hipótesis anteriores.

[31]

Locutor: Buenas tardes, y bienvenidos de nuevo a nuestro programa. Un día más estamos con ustedes para contarles todos los detalles sobre la actualidad cultural. Y el tema de hoy es un tema apasionante. Les hablaremos de la ruta Quetzal, de su historia y de sus protagonistas. Tengo a mi lado a una de las participantes de la ruta Quetzal de este año, Rosa de la Torre. Rosa, ¿por qué vas participar en este viaje?

Rosa: Hola, buenas tardes. Bueno, como saben, el Banco Bilbao Vizcaya Argentaria es el patrocinador de la ruta Quetzal y ofrece unas becas a los mejores estudiantes de los diferentes países hispanos que deseen participar en esta expedición. Mi profesor me habló de esto, me propuso solicitar la beca y así lo hice. Trabajé mucho y la conseguí.

Locutor: ¿Qué es exactamente la ruta Quetzal?

Rosa: Bueno, es un poco difícil para mí explicarlo en pocas palabras, pero lo intentaré. La ruta Quetzal es un proyecto que se inició con el objetivo de hacer más fuertes los lazos de unión entre Latinoamérica, España y otros países. Pretende dar a conocer a la juventud la historia, la cultura y las peculiaridades de los diferentes pueblos que forman Latinoamérica.

Locutor: ¿Y cómo se desarrolla el proyecto?

Rosa: Pues se realiza viajando por esos lugares. Intentamos cumplir con la visión del gran viajero y explorador, Miguel de la Quadra-Salcedo, que dice que solo viajando y estando en contacto con otras culturas se pueden comprender y conocer mejor.

Locutor: Rosa, tú tienes tan solo 17 años. ¿Piensas que estás preparada para la experiencia?

Rosa: ¡Espero que sí! Es verdad que soy muy joven. Pero esta es, en general, la edad de los participantes. De hecho, es un viaje con fines educativos. Un viaje de conocimiento, pero también, como dicen los participantes de otras ediciones más antiguas, para motivarte a elegir una carrera con la que puedas ayudar a la sociedad en el futuro.

Locutor: Es verdad que puede ayudarte mucho. Curiosamente, muchos de los jóvenes que han participado en esta ruta luego han dedicado su vida profesional a realizar trabajos en pro de la sociedad. Precisamente, nos acompaña hoy una de estas personas, Javier Hernández, presidente de una empresa dedicada a la promoción del desarrollo en áreas pobres. Vamos un momento a publicidad y enseguida volvemos.

5.3 **Escribe una definición para las siguientes palabras que han aparecido en el texto.**

a Ruta: ....

b Patrocinador: ....

c Beca: ....

d Explorador: ....

e Desarrollo: ....

f Expedición: ....

[32]

5.4 **Lee las preguntas y contesta las que ya sabes por la conversación anterior. Después, escucha la continuación del programa y contesta el resto de preguntas.**

a ¿Es verdad que este proyecto está patrocinado por un banco?

b ¿Qué visión tenía el explorador Miguel de la Quadra-Salcedo?

c ¿Cuáles son los objetivos de este viaje?

d ¿Quién puede formar parte de él?

e ¿Cuál fue el tema del viaje en el año 92?

f ¿Se dice a dónde viajaron los expedicionarios?

g ¿Cuál es el tema de la ruta Quetzal de este año?

h ¿A dónde viajarán los expedicionarios?

¡PRACTICA!

5.5 **Con tu compañero/a, escriban un diálogo similar siguiendo las instrucciones. Después, representen la conversación.**

1 Llama a un amigo/a que va a colaborar con una organización benéfica en otro país. Salúdalo.

2 Responde y dile que te alegras de saber de él/ella.

3 Pregúntale qué va a hacer allí.

4 Dile con qué organización te vas, a qué lugar y de qué manera vas a ayudar allí.

5 Pregunta cómo conoció esa organización para saber cómo puedes ayudar tú también.

6 Infórmale y anímale. Despídete.

VOCABULARIO

5.1 Lee un artículo publicado por la Cruz Roja peruana. Haz una lista con las palabras que no conozcas y búscalas en el diccionario. Después, con tus propias palabras, escribe su definición.

Cruz Roja

Una voluntaria o voluntario de la Cruz Roja peruana es una persona natural que acepta los principios fundamentales y expresa su voluntad de **prestar servicio** voluntario de forma regular u ocasional.

Ser voluntaria o voluntario de la Cruz Roja es un distintivo de identidad; así, el identificarse como voluntaria o voluntario de la Cruz Roja peruana significa representar un **conjunto** de cualidades y principios singulares que nos caracterizan y marcan a nivel mundial. Esto se desarrolla a través de las siguientes acciones:

ACCIONES SOCIALES

Con estas acciones los voluntarios y las voluntarias contribuyen a **mejorar** las condiciones de vida de personas adultas mayores, jóvenes, niños y niñas, así también de quienes cuentan con **habilidades** especiales o quienes se encuentran **albergadas** u hospitalizadas, preocupándonos así en su **asistencia** personal y **necesidades** emocionales.

ACCIONES PARA LA PROMOCIÓN DE LA SALUD

Contribuir a mejorar la **calidad de vida** de personas en condiciones de vulnerabilidad, a través de la difusión de hábitos **saludables** y prácticas de **primeros auxilios**. Para esto nuestros voluntarios y voluntarias realizan las siguientes acciones:

- Difusión y promoción de la **salud materna**, del **recién nacido** y del niño.
- Promoción de la **higiene**.
- Prevención del VIH/sida, su estigma y discriminación.
- Promoción de la **donación** voluntaria **de sangre**.
- **Seguridad vial**.
- **Salud pública**, en general, con enfoque en promoción de la salud.
- Desarrollo de infraestructura y equipamiento de servicios básicos de salud (**botiquines comunales**).

Si deseas ser parte del voluntariado, escríbenos ya: http://www.cruzroja.org.pe/#!voluntariado/cg2x

Término	Definición
Prestar servicio.	*Ayudar como voluntario en algún tipo de trabajo benéfico.*

5.2 Relaciona las actividades con el proyecto correspondiente.

	SALUD PÚBLICA	SEGURIDAD VIAL	SALUD MATERNA	BOTIQUÍN COMUNAL
a Entregar un paquete de medicamentos a una comunidad para que empiecen a implementar su propia farmacia.	☐	☐	☐	☐
b Colaborar con la asistencia y cuidado de las mujeres rurales que están embarazadas.	☐	☐	☐	☐
c Viajar con un equipo de profesionales de medicina a diferentes pueblos rurales y ayudar en la visita de los pacientes.	☐	☐	☐	☐
d Recolectar firmas de personas que se comprometen a ser más prudentes en el tránsito.	☐	☐	☐	☐

5.3 ¿Qué otras actividades puedes añadir para prestar servicio en cada uno de estos proyectos? Trabaja con tu compañero/a y preparen una lista para compartir con la clase.

COLABORAR DONAR CUIDAR CONTRIBUIR DAR REALIZAR

5.4 Lee este artículo sobre otros servicios que realiza la Cruz Roja y completa con el siguiente vocabulario.

desintoxicación ▪ movilidad ▪ domicilio ▪ formación ▪ mayores

Personas [1] .... Este sector de la población es uno de los que más preocupa a Cruz Roja. Por ello, hay proyectos en marcha de ayuda a [2] ...., viviendas tuteladas, etc.

Drogadictos. Atención en cárceles, centros de [3] .... y apartamentos de reinserción.

Refugiados e inmigrantes. A estos grupos se les proporciona asistencia sanitaria y social (alojamientos y manutención, clases de español y [4] .... profesional).

Niños y jóvenes con dificultades sociales. Actividades para niños hospitalizados, hogares tutelados para menores, talleres para jóvenes…

Personas con [5] .... **reducida.** Colaboran en facilitarles el transporte adaptado, ayuda a domicilio y participación en actividades de ocio.

COMUNICA

🔊 **(5.5)** Escucha las declaraciones de diversos voluntarios y anota en el siguiente cuadro dónde trabajan y por qué han decidido dedicar su tiempo libre a estas actividades.
[33]

	Nombre	Lugar de trabajo	Motivo
a			
b			
c			
d			

👥 **(5.6)** Lee las palabras y marca qué cualidades son necesarias para ser voluntario/a en un proyecto solidario. Explica las razones.

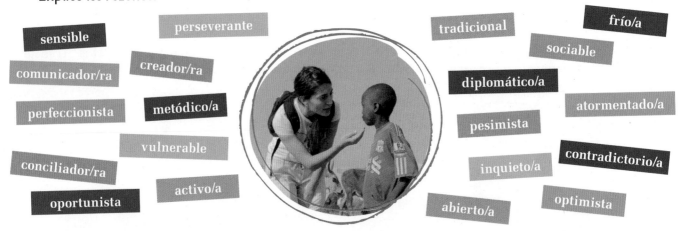

sensible · perseverante · tradicional · frío/a · comunicador/ra · creador/ra · sociable · perfeccionista · metódico/a · diplomático/a · atormentado/a · vulnerable · pesimista · conciliador/ra · activo/a · inquieto/a · contradictorio/a · oportunista · abierto/a · optimista

👥 **(5.7)** Y tú, ¿qué cualidades crees que te pueden servir para prestar servicio voluntario? Coméntalas con tu compañero/a e incluye algunos ejemplos.

(5.8) ¿A qué tipo de actividades solidarias prefieres dedicarte? Haz una lista y explica tus razones.

COMUNICACIÓN

■ **Contrastar opiniones**

» Para mostrar acuerdo o desacuerdo con las opiniones de otros, se usa:

– **Yo (no) estoy de acuerdo con** +
| esa idea |
| Luis |
| lo de + nombre o infinitivo |
| **que** + subjuntivo |
porque…

– *Yo no estoy de acuerdo con lo de privatizar la sanidad pública.*

– **Yo creo que lo de** + nombre o infinitivo + indicativo

– *Yo creo que lo de donar sangre a menudo es fundamental para ayudar a los enfermos.*

– **Yo no creo que lo de** + nombre o infinitivo + subjuntivo

– *Yo no creo que lo de privatizar la sanidad pública mejore los servicios.*

» Para mostrar que estamos parcialmente de acuerdo, se usa:

– Sí,
| estoy de acuerdo, |
| claro, |
| por supuesto, |
| desde luego, |
| tienes razón, |
| **pero** |
| **sin embargo** |
+ opinión

– *Las ONG ayudan muchísimo a los países más necesitados.*
– *Sí, estoy de acuerdo, pero tendríamos que ayudar todos mucho más.*

» Cuando queremos mostrar que estamos totalmente en desacuerdo, casi enfadados, se usa:

– *Pues yo no pienso **así, ¿eh?***
– *Pues yo no estoy **para nada** de acuerdo.*
– ***Ni hablar**, eso no es así.*
– ***¡Pero tú qué dices!***
– ***No tienes ni idea de lo que estás diciendo.***

 Recuerda

■ Para dar una opinión, se usa:
Creo que + indicativo
No creo que + subjuntivo
(A mí) me parece que + indicativo
(A mí) no me parece que + subjuntivo
Para mí + opinión

»Ni hablar, eso no es así. Cada vez más la gente hace donaciones por Internet.

 5.9 Vas a escuchar a diferentes personas que hablan sobre la inmigración. Escucha las reacciones a las opiniones y pon un √ en la columna que tú creas. Pon especial atención en la entonación y la forma de decirlo.

[34]

	ACUERDO TOTAL	ACUERDO PARCIAL	DESACUERDO
1	◯	◯	◯
2	◯	◯	◯
3	◯	◯	◯
4	◯	◯	◯
5	◯	◯	◯

COMUNICA

5.10 Haz una valoración sobre los siguientes temas y actividades. Después, intercambia las valoraciones que has hecho con tu compañero/a. Si no estás de acuerdo con sus opiniones, niégaselas y da tu opinión.

> Modelo: 💬 *Para mí, ayudar a la gente que lo necesita es una obligación social.*
> 🗨 *Yo estoy de acuerdo, pero creo que el gobierno está obligado a ayudar también.*

1 Ayudar a la gente que lo necesita. *Es una obligación social.* ....

2 Los vegetarianos. ....

3 Organizar actividades para niños hospitalizados. ....

4 La donación de sangre. ....

5 Hacer camping. ....

6 Colaborar con una ONG. ....

7 Conocer las prácticas de primeros auxilios. ....

8 Tener mascotas en casa. ....

9 Las organizaciones mundiales como la Cruz Roja. ....

....

10 Internet. ....

5.11 ¿Has trabajado alguna vez de voluntario/a? ¿Se fomenta en tu país este tema? ¿En qué organizaciones sí participarías y en cuáles no? ¿Por qué? Vamos a hacer un debate a partir de la siguiente afirmación:

> "EL VOLUNTARIADO ES UN FENÓMENO QUE ESTÁ DE MODA; LOS JÓVENES LO PRACTICAN PORQUE QUEDA BIEN Y ESTÁ BIEN VISTO POR LOS DEMÁS"

5.12 Lleguen a un acuerdo entre todos y escriban en un póster sus conclusiones. Cuelguen el resultado en la pared de la clase.

> Modelo: *En primer lugar, todos hemos estado de acuerdo con lo de que nuestra comunidad no ofrece suficientes programas de voluntariado, sin embargo...*

VOCABULARIO

5.13 ¿Has estado alguna vez en Colombia? Si no es así, ¿qué dificultades crees que pueden tener los turistas que viajan a este país? ¿Qué precauciones se deben tomar?

5.14 Lee ahora esta ficha de información sobre Colombia para los visitantes de otros países y confirma si las suposiciones que has hecho son correctas.

COLOMBIA

DOCUMENTOS: Los visitantes procedentes de Australia, de Nueva Zelanda, de la mayoría de los países europeos y de Estados Unidos no necesitan visado si permanecen menos de 90 días en el país en calidad de turistas. Los viajeros de otras nacionalidades deben consultar con el consulado colombiano la situación de los visados antes de partir.

VACUNAS: No se exige ninguna vacuna para entrar en Colombia.

DIVISAS: Los visitantes extranjeros pueden sacar divisas sin restricción.

TRANSPORTE: Hay 74 aeropuertos, de los cuales cinco son internacionales: Bogotá, Medellín, Cali, Barranquilla y Cartagena. El sistema montañoso dificulta el transporte por carretera. Las principales ciudades están conectadas por buenas vías; en regiones más apartadas de las principales rutas puede haber tramos en estado deficiente, sobre todo en épocas de lluvia. Para recorridos terrestres se puede optar por tours organizados por las agencias de viajes, servicio público de autobuses intermunicipales o renta de automóviles.

»Ciudad Perdida, en la Sierra Nevada de Colombia.

SALUD: Problemas más comunes: mal de altura, trastornos estomacales, malaria en algunas zonas de selva, dengue... Se sugiere abstenerse de consumir agua de los grifos; lo óptimo es tomarla embotellada. Urgencias médicas y servicios de salud: la red de atención en salud preventiva y curativa en Colombia es bien completa, pues los servicios médicos de urgencias son de calidad y cuentan con especialistas en los diferentes campos de la medicina durante las 24 horas del día. Es importante tener un seguro de asistencia internacional; cuando tenga una urgencia procure recurrir a la Cruz Roja o a clínicas privadas. Los centros de salud y hospitales públicos pueden ser utilizados en casos de extrema necesidad.

Map labels: LA GUAJIRA, MAGDALENA, ATLÁNTICO, BOLÍVAR, CESAR, SUCRE, CÓRDOBA, NORTE DE SANTANDER, ANTIOQUÍA, SANTANDER, ARAUCA, BOYACÁ, CASANARE, CHOCÓ, CALDAS, CUNDINAMARCA, VICHADA, VALLE DEL CAUCA, TOLIMA, META, GUAINÍA, CAUCA, HUILA, GUAVIARÉ, NARIÑO, VAUPÉS, CAQUETÁ, PUTUMAYO, AMAZONAS

COMUNICA MÁS

5.15 Vuelve a leer el texto anterior y escribe la misma información con tus palabras.

Documentos	Vacunas

Divisas	Transporte	Salud

5.16 Sofía, una muchacha de Colombia, viene a pasar unas vacaciones a tu ciudad. Tiene preguntas sobre el hotel y escribe un correo a la agencia de viajes, pidiéndole información. Según los datos que tienes del artículo anterior, ¿qué preguntas crees que va a hacer Sofía? Escribe algunas para cada requisito según la perspectiva de Sofía.

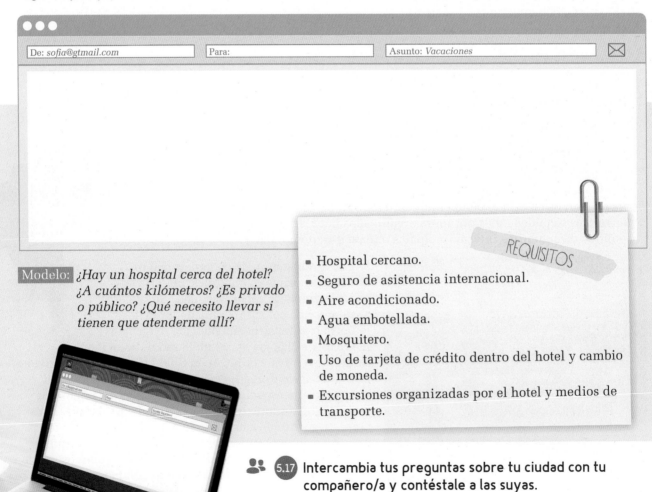

De: *sofia@gtmail.com*   Para: Asunto: *Vacaciones*

Modelo: *¿Hay un hospital cerca del hotel? ¿A cuántos kilómetros? ¿Es privado o público? ¿Qué necesito llevar si tienen que atenderme allí?*

REQUISITOS

- Hospital cercano.
- Seguro de asistencia internacional.
- Aire acondicionado.
- Agua embotellada.
- Mosquitero.
- Uso de tarjeta de crédito dentro del hotel y cambio de moneda.
- Excursiones organizadas por el hotel y medios de transporte.

5.17 Intercambia tus preguntas sobre tu ciudad con tu compañero/a y contéstale a las suyas.

COMUNICACIÓN

■ **Confirmar una realidad o desmentirla**

» Para decir que algo es cierto y está demostrado, es decir, para confirmar una realidad, se usa:

– ***Es evidente/obvio/cierto/verdad…*** + ***que*** + indicativo

– *Es evidente que se había informado antes de viajar.*

– ***Está claro/demostrado…*** + ***que*** + indicativo

– *Está claro que no llevó todo lo que necesitaba.*

» Para desmentir la información dada, se usan las expresiones anteriores, en su forma negativa, seguidas de subjuntivo:

– ***No está claro que*** *se pueda viajar a Colombia sin visado.*

– ***No es verdad que*** *tengas que vacunarte para entrar en el país.*

5.18 A continuación tienen el comentario que publica Antonio Suárez en su blog a la vuelta de su viaje a Colombia. ¿Qué pueden decir de su experiencia? Usen expresiones como *Es evidente que…*, *Está demostrado…*

El blog de Antonio

El blog de Antonio

inicio | archivos | viajes | 🔍 buscar

Viajes 📍Colombia

Acabo de llegar de mi viaje a Colombia y me gustaría compartir con todos mi experiencia por si alguien está interesado en visitar ese maravilloso país.

Aterricé en Bogotá y lo primero que hice fue tomarme un café. Están muy orgullosos de su producto estrella y no es para menos, la verdad. Nunca he tomado un café tan bueno. Después, me dirigí a un punto de información turística y me atendieron muy bien, la gente es muy atenta. Me dijeron que tenía que probar su plato típico: el ajiaco. Es un plato muy sencillo: una sopa de pollo con tres clases distintas de papas y condimentado con guascas. Tenían razón, estaba riquísimo.

De la parte cultural, destaco la ruta que hice de santuarios religiosos. Colombia es un país católico y me encantó el recorrido. Visité el santuario del Divino Niño, el santuario de la Virgen de Guadalupe, el santuario del Señor de los Caídos y otros más.

Si lo que les interesa es la naturaleza, no puedes perderte la Amazonia. Es la zona más verde del país. Yo fui con un guía especializado. Visitar esta zona es impresionante, pero moverse por la selva no es tan fácil como pueda parecer.

El último día me quedé descansando en el hotel y, después, salí a pasear por los alrededores. Así pude pasar tiempo observando a la gente. Fue muy agradable conversar largo y tendido con los trabajadores del hotel y los tenderos de la calle.

5.19 Vuelve a leer el blog de Antonio y confirma o desmiente la siguiente información con tu compañero/a. ¿Están de acuerdo?

a Bogotá es la capital de Colombia.

b Los colombianos toman mucho café.

c Guascas son unas especias aromáticas.

d La comida colombiana es muy picante.

e Antonio no es católico.

f Hay muchas iglesias en Colombia.

g La Amazonía está cerca de Bogotá.

h A Antonio le gustan las aventuras.

5.20 Después de leer el siguiente texto, marca si las afirmaciones son verdaderas (V) o falsas (F).

Precauciones para el viajero

La finalidad de un botiquín de viaje no es ni más ni menos que proporcionar "primeros auxilios" y evitar que las heridas y los síntomas leves pasen a ser mayores, por lo menos hasta que podamos ser asistidos correctamente por los servicios médicos.

En el botiquín estándar para el viajero no debería faltar agua oxigenada, alcohol, algodón, gasas esterilizadas, tijeras, termómetro, curitas, y aspirinas o antiinflamatorios.

Estos elementos deberían ser suficientes para asistirte en caso de que te sientas mal durante un viaje corto. Sin embargo, si realizas un viaje largo, te recomendamos visitar a tu médico para consultarle las vacunas necesarias u otro tipo de medicamentos.

Los síntomas y malestares más comunes que suelen presentarse durante un viaje son la fiebre, náuseas, diarrea o dolores de cabeza.

Por supuesto, en caso de que los síntomas persistan lo mejor es visitar a un médico lo más rápido posible. Hay otros elementos que debes llevar por precaución, como repelente de insectos o protector solar.

Recuerda que nada de esto reemplaza la atención médica profesional.

Por último, hay que tener en cuenta algunos consejos para evitar problemas de salud comunes durante un viaje: por ejemplo, tratar de alimentarse de forma sana, mantenerse hidratado consumiendo agua potable y descansar lo necesario.

(Texto adaptado de http://www.viajeros.com/articulos/1028-que-llevar-en-el-botiquin-basico)

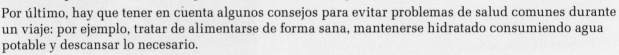

		V	F
a	Es cierto que las curitas (band-aids) no deberían faltar en ningún botiquín.	☐	☐
b	No está claro que sea necesario visitar a un médico antes de todos los viajes.	☐	☐
c	Si persiste la fiebre durante varios días, es verdad que debes visitar a un médico.	☐	☐
d	Es obvio que beber mucha agua es más importante que comer.	☐	☐

5.21 Escribe ahora tu opinión sobre el tema anterior. ¿Estás de acuerdo? ¿Hay algo más que debamos llevar en nuestra maleta antes de salir de viaje? Usa las expresiones que has aprendido en esta parte.

PRONUNCIACIÓN y ORTOGRAFÍA

Las consonantes oclusivas: sonidos /k/ y /g/

[35]

5.1 Escucha y repite estas dos series de palabras: la primera con el sonido /k/ y la segunda con el sonido /g/.

PALABRAS CON /k/		PALABRAS CON /g/	
cuco	caro	gato	guerra
frac	koala	desagüe	globo
cloro	crema	guisante	airbag
queso	oca	regla	tango

LAS CONSONANTE OCLUSIVAS

- El sonido /k/ se corresponde con las grafías: *ca, co, cu, que, qui* y *k.*
- El sonido /g/ se corresponde con las grafías: *ga, go, gu, gue, gui, güe* y *güi.*

[36]

5.2 Marca la palabra del par que escuches.

a gallo / callo   **c** gama / cama   **e** goma / coma   **g** guiso / quiso

b guita / quita   **d** gasa / casa   **f** gana / cana   **h** bloc / blog

[37]

5.3 Observa las palabras y complétalas con las grafías *c*, *q* o *k*. Después, escucha y comprueba.

a ◯étchup   **d** ◯asa   **g** ◯ilo   **j** ◯oala

b ◯oche   **e** ◯ueso   **h** ◯una   **k** ◯uiero

c ◯ung-fu   **f** ◯árate   **i** ◯uemar   **l** tan◯ue

5.4 Lee el siguiente texto y subraya las palabras con los sonidos /k/ y /g/. Utiliza dos colores diferentes.

Desde la madriguera, el conejo saluda a las aves que, como cada primavera, regresan al parque después de su largo viaje invernal. ¡Menudo guirigay! Cigüeñas, garzas, flamencos, golondrinas… Todas llegan como locas a buscar un lugar donde construir sus nidos para criar a sus polluelos.

EL VIAJE DE CAROL

SOGECINE · TAKE 2000 · tve · CANAL+ · plus.es · SOGEPAQ · WARNER SOGEFILMS

SINOPSIS

Carol, una niña de 12 años, de madre española y padre norteamericano, viaja por primera vez a España en la primavera de 1938 en compañía de su madre (Aurora). Separada de su padre, piloto en las Brigadas Internacionales al que ella adora, su llegada al pueblo de su madre transforma un entorno familiar lleno de secretos. Con un carácter rebelde, se opone a los convencionalismos de un mundo que le resulta desconocido. La complicidad con Maruja, las lecciones de vida de su abuelo Amalio y su especial afecto por Tomiche le abrirán las puertas a un universo de sentimientos adultos que harán de su viaje un trayecto interior desgarrado (heartbreaking), tierno, vital e inolvidable.

¿SABÍAS QUE...?

- La niña de la película (Clara Lago) fue nominada al Goya a la mejor actriz revelación y desde entonces se convirtió en una de las actrices más populares de España.
- El director, Imanol Uribe, es también guionista de la película junto a Ángel García Roldán.
- Está basada en la novela *A boca de noche*, de Ángel García Roldán.
- Obtuvo tres nominaciones a los Premios Goya.

SECUENCIA DE LA PELÍCULA

00:07:18 ▶ 00:12:03

DATOS TÉCNICOS

TÍTULO	EL VIAJE DE CAROL.		
AÑO	2002.	GÉNERO	Drama.
PAÍS	España y Portugal.	DIRECTOR	Imanol Uribe.

INTÉRPRETES

Clara Lago, Juan José Ballesta, Álvaro de Luna, María Barranco, Carmelo Gómez, Rosa María Sardà, Alberto Jiménez, Lucina Gil, Daniel Retuerta, Andrés de la Cruz.

ANTES

DE VER LA SECUENCIA

5.1 Con tu compañero/a, contesten a estas preguntas.

a ¿Alguna vez te has mudado de ciudad?

b ¿Prefieres ciudades grandes o pequeñas para vivir?

c Si pudieras viajar al pasado, ¿a qué época te trasladarías? ¿Por qué?

5.2 Carol acaba de llegar desde Nueva York a un pequeño pueblo de España. ¿Qué cosas crees que puede echar de menos alguien que deja de vivir en una gran ciudad?

5.3 En la siguiente imagen, Carol se encuentra con unos niños del pueblo. ¿Por qué crees que los mira de ese modo?

5.4 En esta imagen aparecen la madre y el abuelo de Carol. ¿Cómo crees que son? ¿Qué tipo de vida tienen?

5.5 La película transcurre en España durante 1938. ¿Qué cosas son típicas de la época? En parejas, piensa en otras cosas que todavía no existían en ese año.

Cosas de la época	Cosas que todavía no existían

MIENTRAS

VES LA SECUENCIA

TIEMPO
00:01:05
00:02:42

Carol llega a casa de sus abuelos.

5.6 Carol recorre el jardín de la casa y descubre algo. Responde a las preguntas.

a ¿Qué tipo de personas ve?

b ¿Cuántas son?

c ¿Cómo son?

d ¿Dónde están?

e ¿Qué crees que están haciendo?

TIEMPO
00:03:34
00:04:26

Aurora, la madre de Carol, se encuentra con Maruja, una vieja amiga.

5.7 Completa el diálogo de este encuentro.

Maruja: ¡Aurorita!

Aurora: ¡Maruja!

Maruja: ¡Aurora!

Aurora: ¡Maruja!

Maruja: [1] .... que te vea, ¡qué guapa! Estás [2] ....

Aurora: No, tú sí que no has [3] .... nada. Ven, te voy a [4] .... a mi hija.

Maruja: Buenas tardes, don Amalio.

Amalio: Buenas tardes, Maruja.

Aurora: Esta es Carol.

Maruja: [5] .... de conocerte Carol, soy Maruja. Pero bueno, es [6] .... que tú.

Aurora: No. Maruja primero fue mi [7] .... y, después, mi [8] .... amiga.

Amalio: Lo siento, pero nos esperan en Villablanca.

Maruja: Bueno, por mí no se [9] ...., ya tendremos tiempo de [10] ...., ¿no?

Aurora: Sí.

TIEMPO
00:04:27
00:05:01

Los tres van en un coche de caballos cantando.

5.8 En esta escena los tres protagonistas van cantando una canción infantil. Es una canción donde se dicen mentiras. Complétala con las palabras del recuadro.

mar ▪ despacio ▪ contar ▪ liebres ▪ sardinas ▪ monte

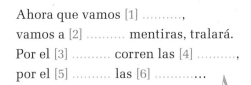

Ahora que vamos [1] ....,

vamos a [2] .... mentiras, tralará.

Por el [3] .... corren las [4] ....,

por el [5] .... las [6] ....

DESPUÉS

DE VER LA SECUENCIA

5.9 Carol llega a una nueva casa y no tiene amigos. Habla con tu compañero/a y comparen sus respuestas.

	Mi respuesta	La respuesta de mi compañero/a
a ¿Crees que es difícil hacer amigos en una nueva ciudad? ¿Por qué?		
b ¿Recuerdas cómo conociste a tu mejor amigo/a?		
c Si te encuentras ahora en una situación parecida, ¿qué haces para conocer a gente nueva?		

5.10 El abuelo de Carol le da a Aurora una carta. La carta es de su esposo, que es piloto en las Brigadas Internacionales. ¿Sabes qué era eso? Busca información en Internet y escribe un breve resumen.

....
....
....
....
....
....

5.11 Has escuchado al final de la escena a los protagonistas cantando una canción infantil española. ¿Recuerdas alguna canción para niños que cantabas cuando eras pequeño/a? Trata de traducirla al español y escríbela. Trabaja con tu compañero/a.

....
....

5.12 En la canción que cantan se cuentan mentiras. Busca ahora datos en Internet sobre una película muy conocida. Escribe tres frases, pero una de ellas será mentira. Tu compañero/a tiene que adivinar cuál es.

Modelo: 🗨 *La película Titanic es del año 1997, su director fue James Cameron y está protagonizada por Scarlett Johansson.*

🗨 *Pues yo creo que la protagonista era Kate Winslet.*

🗨 *Correcto.*

GRAMÁTICA

A ORACIONES IMPERSONALES CON INDICATIVO Y SUBJUNTIVO

Impersonal expressions are used to express an opinion, make a value judgement, and confirm what is true about something that happens or has happened. Impersonal expressions can be followed by the subjunctive or indicative.

- **Para hacer valoraciones se usa el subjuntivo:**

  Me parece / Es + adjetivo

  Me parece / Está + adverbio   + *que* + subjuntivo

  Es un/una + sustantivo

  – *Me parece increíble que la gente no se informe antes de viajar.*

  – *Está mal que los turistas no se relacionen con la gente del lugar.*

  – *Es una pena que tengas que viajar sola.*

- **Para confirmar lo evidente, una realidad, se usa el indicativo:**

  Es cierto/evidente/verdad/indudable... + *que* + indicativo

  Está claro + *que* + indicativo

  – *Está claro que tenemos que informarnos antes de hacer un viaje.*

  – *Es indudable que viajar nos abre los ojos a otras realidades.*

5.1 Clasifica la siguiente lista de expresiones según confirmen una realidad o emitan un juicio de valor.

▪ Es difícil	▪ Es fundamental	▪ Es horrible	▪ Es importante
▪ Es indiscutible	▪ Es innegable	▪ Es bueno	▪ Es malo
▪ Es mejor	▪ Es muy triste	▪ Es necesario	▪ Es normal
▪ Es obvio	▪ Es probable	▪ Es seguro	▪ Es una vergüenza
▪ Está comprobado	▪ Está demostrado	▪ Está visto	▪ No es justo

Confirmar una realidad	Emitir un juicio de valor

5.2 Observa las siguientes imágenes y expresa una opinión o juicio de valor.

»Escuela en Guayaquil, Ecuador.

»Refinería en Curacao.

»Atasco en México D.F.

5.3 Relaciona para formar frases con sentido. Después, compara tus frases con las de tu compañero/a. ¿Están de acuerdo?

1 Les parece fantástico… ……… ◯
2 Es horrible………………………… ◯
3 Es verdad… …………………… ◯
4 Me parece interesante… …… ◯
5 Creo que es urgente… ……… ◯
6 Está claro… ……………… ◯
7 Me parece increíble… ……… ◯
8 Nos parece fatal… …………… ◯

a que haya tanta necesidad en las grandes ciudades y que se haga tan poco para disminuirla.

b que hagan experimentos con animales.

c que haya castigos más duros contra las personas que manejan bajo los efectos del alcohol.

d que la inestabilidad política es el principal culpable de la pobreza mundial.

e que la seguridad vial empieza a ser un tema muy preocupante.

f que en la oficina solo se use papel reciclado.

g que los gobiernos se tomen en serio el tema de la protección de los niños y adolescentes migrantes.

h que todavía haya países con bombas nucleares.

5.4 Lee los siguientes titulares y los subtítulos de noticias tomadas de periódicos hispanos. Haz una valoración sobre los temas usando las expresiones aprendidas. Comparte tus opiniones con tus compañeros.

Hay seis hogares que albergan a 85 menores en condiciones de vulnerabilidad

Los hogares son un espacio institucional transitorio para las niñas, niños y adolescentes para los que se busca garantizar la protección integral de sus derechos. Negligencia familiar, maltrato y abusos son las causas más comunes.

(www.diariosanrafael.com.ar, Argentina)

Ana, una joven invidente*, se enfrenta a la exigente ruta Quetzal

Ana se ha enfrentado a la ruta Quetzal, una exigente travesía entre Colombia y España. Su objetivo: demostrar a la sociedad que los invidentes también pueden llevar un estilo de vida perfectamente normal.

*Ciego/a, que no ve.

(Adaptado de www.iberoamerica.net, España)

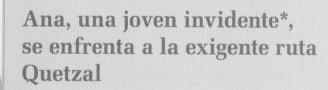

GRAMÁTICA

Proyecto de ley busca obligar a conductores ebrios* a prestar servicio social

El proyecto señala que todo conductor que sea sorprendido en estado de ebriedad será retenido hasta que se le pase el efecto del alcohol y, posteriormente, deberá prestar servicio social, además de las sanciones contempladas en el reglamento de tránsito.

*borrachos, bebidos.

(www.panamanewz.com, Panamá)

Cruz Roja Venezolana dictará un curso vacacional de primeros auxilios

Este curso va dirigido a jóvenes entre 12 y 15 años de edad e incluirá consideraciones generales sobre las emergencias básicas y la atención primaria, conducta ante una emergencia y signos vitales, entre otros temas.

(www.cruzrojavenezolana.org, Venezuela)

B EL PRESENTE PERFECTO DE SUBJUNTIVO: EXPRESAR EXTRAÑEZA

The present perfect subjunctive is used to express feelings and opinions about something that has already occurred.

- El **presente perfecto de subjuntivo** se forma con el presente de subjuntivo del verbo **haber** + participio:

Presente de subjuntivo del verbo *haber*		Participio pasado
haya		
hayas		
haya	+	trabaj**ado**
hayamos		com**ido**
hayáis		viv**ido**
hayan		

» Me parece fantástico que hayan ido de vacaciones a Colombia.

» Este tiempo tiene los mismos valores que el presente perfecto de indicativo; cuando el verbo principal pide subjuntivo, utilizamos el presente perfecto de subjuntivo.

> ¿**Has mandado** tu solicitud al director?
>
> Sí, lo **he hecho** esta mañana.
>
> Ah, pues me parece importante que lo **hayas mandado**.

» Para expresar extrañeza, se usan las siguientes estructuras:

¡Qué raro/extraño…!	
Me parece raro/extraño…	+ *que* + subjuntivo
Me extraña	

– *Me parece rarísimo que* no haya llamado.

– *¡Qué raro que* no haya ido a la fiesta!

168   MATICES | Unidad 5

5.5 Reacciona expresando extrañeza.

 Modelo: Eva ha llegado tarde hoy a clase.

*Me extraña que **haya llegado** tarde, siempre es muy puntual.*

a Mi madre no me ha llamado.

b Siempre dejo las llaves encima de la mesa y no están, ¿las has visto?

c Me acaba de llamar Pepe y me ha dicho que no viene a la fiesta.

d ¿Sabes? Tere y Gonzalo se han ido de vacaciones al desierto de Atacama.

e He ido a ver a tu hermana, ¿sabes que le han regalado un gato?

f Me he apuntado a un gimnasio y voy a ir todos los días.

5.6 Estás chateando con tus amigos. ¡Cuántas cosas les han pasado! Responde rápidamente a sus preocupaciones con una expresión de extrañeza u otra expresión impersonal.

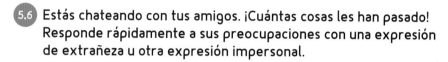

 # Luisa ¡Qué desesperación! Llevo toda la tarde buscando mi celular, ¿dónde estará? He buscado por todas partes, hasta en el cuarto de baño.

 # Tú *¡Qué extraño que lo hayas perdido! Es posible que lo hayas dejado en el carro.* ....

 # Jorge Pues yo estaba en casa esperando una llamada muy importante de mi trabajo. Como no llamaban me fui a duchar, y justo cuando salgo, veo que tengo una llamada perdida… Y lo malo es que no sé de quién era…

 # Tú ....

 # Alberto ¡Vaya día! Yo esta mañana me he quedado encerrado en el ascensor. Lleva varios días sin funcionar pero ayer noche había un cartel que decía: FUNCIONA.

 # Tú ....

 # Luisa ¿Sabes que Juan ya ha recibido noticias de la beca? Parece que han anunciado los ganadores, pero yo no he podido ir a clase y no sé si me la han concedido o no. Para un día que no voy a clase… ¡Qué rabia!

 # Tú ....

 # Jorge ¿Ya han llegado tus amigos del viaje? Como les retrasaron el vuelo…

 # Tú ....

 # Alberto Por cierto, fuimos a comprar el regalo de cumpleaños de Ángela. No sé si le va a gustar. Es tan rara…

 # Tú ....

 # Carmen Tengo que hablar con Manuel. Lo he estado buscando por toda el campus pero me han dicho que estaba en clase… Cuando he vuelto, ya se había ido a otra clase… Siempre que lo necesito nunca está.

 # Tú ....

GRAMÁTICA

The pronoun **se** in Spanish has several functions. How many do you recognize?

- **Reflexivo.** Se usa el pronombre *se* para conjugar los verbos reflexivos en las terceras personas del singular y del plural. Estos verbos comunican que la acción desempeñada sobre el sujeto recae sobre sí mismo (*lavarse, vestirse, parecerse...*):
  - – Desde que vive en Buenos Aires se levanta muy temprano.
- **Pasivo.** Se usa *se* + verbo en tercera persona del singular o del plural, y equivale a una oración pasiva cuando consideramos que referirse al sujeto activo no es importante: *se alquila, se vende, se explica, se sabe...* en lugar de *es alquilado, es vendido, es explicado, es sabido...*:
  - – En España se baila flamenco.
- **Recíproco.** Se usa el pronombre *se* para expresar una acción de intercambio mutuo (*escribirse, verse, comunicarse, hablarse...*):
  - – Como viven lejos, se comunican poco.
- **Objeto indirecto.** Usamos *se* en lugar de *le* o *les* para referirnos al objeto indirecto cuando en la oración hay también otro pronombre de objeto directo (*lo, la, los, las*):
  - – Este restaurante se lo recomendé a mi hermano cuando viajó a Lima.

5.7 La próxima edición de la ruta Quetzal ya está en marcha. Lee la información e indica las funciones de los pronombres *se* resaltados. Después, compara tus respuestas con tu compañero/a.

PUBLICADA LA LISTA DE TRABAJOS RECIBIDOS PARA OPTAR A SER UNO DE LOS 200 EXPEDICIONARIOS

Ya queda menos para saber quiénes serán los seleccionados que [1] se embarcarán en una nueva edición de esta expedición que ofrece la oportunidad de viajar, descubrir otras culturas y conocer a jóvenes de otros países latinoamericanos a lo largo de una ruta por América y España. Este año, la ruta [2] se desarrollará del 19 de junio al 23 de julio.

»Vista aérea del río Amazonas.

Como novedad, el programa Ruta BBVA, CERMI y la Fundación ONCE han creado este año la Embajada de la Discapacidad, a través de la cual [3] se abre la participación a dos jóvenes con discapacidad que hayan superado el proceso de preselección.

Tras haber concluido el periodo de inscripción y finalizado el envío de los proyectos y trabajos, queda ahora esperar a la primera quincena de marzo para conocer a los afortunados que, finalmente, [4] se convertirán en expedicionarios.

Estos van a ser seleccionados por una comisión elegida por la Universidad Complutense de Madrid, que tiene la responsabilidad de seleccionar los mejores trabajos presentados y, posteriormente, realizar las comprobaciones que crea necesarias, mediante llamada telefónica o videoconferencia, para probar la autoría de los documentos presentados antes de realizar la selección definitiva de candidatos.

»Cañón del Colca, Perú.

Una vez que [5] **se** sepa quiénes serán los participantes, [6] **se** les citará para que [7] **se** conozcan y tengan un primer contacto antes del viaje. [8] **Se** hará entonces una foto de grupo para la prensa y para las familias de los estudiantes. [9] **Se** la enviarán después de la expedición.

EN BUSCA DE LAS FUENTES DEL AMAZONAS

Ya [10] **se** conoce la temática de esta vigésimo novena edición, que viajará a Perú para descubrir las fuentes del río Amazonas, y la historia y las formas de vida del cañón del Colca. Además, los expedicionarios estudiarán las culturas prehispánicas de Paracas y Nazca.

(Adaptado de www.injuve.es/cooperación/noticia/ruta-quetzal-2014)

5.8 Señala a qué uso de *se* corresponde cada frase: reflexivo, recíproco, pasivo u objeto indirecto.

a En mi pueblo la salsa de tomate se hace con mucho ajo. .... *pasivo*

b Carlos y Francisco no se hablan desde hace mucho tiempo. ....

c 🔊 ¿Le has dicho a Marisa que mañana no hay clase? ....

   💬 No, lo siento, no se lo he dicho. ....

d Después de veinte años, Paula y Juan se han visto, pero no se han reconocido. ......

e Los niños se han resfriado a causa de tantos cambios de temperatura. ....

f Se cree que la crisis económica terminará pronto. ....

5.9 Busca un/a compañero/a de diferente nacionalidad o que viene de otra parte del país. Habla con él/ella sobre las costumbres de cultura o zona según el modelo, y completa el cuadro con la información.

Modelo: *En mi zona/familia, se fríen los alimentos con mantequilla, ¿y en la tuya?*

Costumbres	Mi zona / Mi familia	La zona/familia de mi compañero/a
a Freír los alimentos con mantequilla.		
b Celebrar los 15 años de edad.		
c Comer alimentos picantes.		
d Viajar mucho al extranjero.		
e Asistir a eventos culturales.		
f Otras…		

5.10 Comparte la información con el resto de la clase. ¿Qué te llama más la atención?

INTERCULTURA

¿SANIDAD PRIVADA O PÚBLICA?

PREPARAR

5.1 En España, el Sistema Nacional de Salud trata de garantizar que exista una sanidad pública para todos los que viven en este país. A su vez, también existen empresas privadas de sanidad que dan el servicio a través de seguros sanitarios. Clasifica las siguientes características según las consideres del sistema público o del privado.

		SANIDAD PÚBLICA	SANIDAD PRIVADA
a	Es gratuito.	☐	☐
b	No hay listas de espera.	☐	☐
c	Habitaciones individuales para enfermos.	☐	☐
d	Lo que importa es la calidad, no los beneficios.	☐	☐
e	Trato más personalizado.	☐	☐
f	Más disponibilidad de médicos.	☐	☐
g	Los pacientes son también clientes.	☐	☐
h	Médicos mejor preparados.	☐	☐
i	Más medios técnico-quirúrgicos.	☐	☐
j	Medicamentos más baratos.	☐	☐

 LEER

5.2 Lee las opiniones del Ministro de Sanidad y un usuario del sistema sanitario. Escribe las ideas principales que expone cada uno de ellos.

Es evidente que entre sus inconvenientes hay que destacar las largas listas de espera que tienen que sufrir los pacientes. Es un problema que se está solucionando poco a poco, pero está claro que aún queda mucho camino hasta dar una solución práctica a este problema.

Es innegable que tanto en casos de cáncer como de cirugía cuenta con equipos quirúrgicos mucho más modernos, efectivos y completos que los seguros privados. Es difícil que la Seguridad Social recupere al 100% la confianza de los españoles puesto que alguno de los medios de comunicación ha difundido una propaganda perjudicial, no siempre justa. En mi opinión, es bastante probable que la gente vaya confiando cada vez más en la efectividad de la Seguridad Social, aunque de momento está constatado que en algunos hospitales la masificación es un hecho, lo que explicaría los problemas de camas y de atención médica que tanto se critica.

Javier Aguirre, Ministro de Sanidad

No es justo que por el hecho de pagar un seguro privado el trato personal mejore. No hay que olvidar que se trata de los mismos profesionales. Es muy triste que se piense que el dinero también puede comprar la salud.

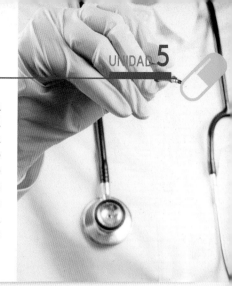

UNIDAD 5

Es vergonzoso que un representante del gobierno niegue la evidencia del mal funcionamiento de la Seguridad Social en este país. Es necesario que las autoridades sufran en su persona las largas esperas, las citas a largo plazo (cuando ya no hacen falta) y especialmente considero obligatorio que sean víctimas del trato que, a veces, se nos da a los que no podemos pagar un seguro privado. ¿No es extraño que sean los mismos médicos los que a veces, según tu categoría social, elijan una u otra forma de tratarte? Seguro privado, más educación; seguro público, menos respeto.

Felipe Rodríguez,
usuario de la
Seguridad Social

🔊 ESCUCHAR

[38]

5.3 Escucha estas afirmaciones de personas muy diferentes y decide quién está a favor o en contra de privatizar la sanidad.

	A FAVOR	EN CONTRA			A FAVOR	EN CONTRA
1	○	✗		4	○	○
2	○	○		5	○	○
3	○	○		6	○	○

💬 HABLAR

5.4 ¿Quién crees que puede estar mejor capacitado para gestionar la sanidad, el Estado o las empresas privadas? ¿Qué le aconsejarías al Ministro de Sanidad de tu país para conseguir un sistema sanitario eficiente? Expresa tu opinión y pon en práctica las expresiones que has aprendido en esta unidad.

✏️ ESCRIBIR

5.5 ¿Cómo es el sistema de sanidad en Estados Unidos? ¿Sanidad pública o privada? ¿Cuál es mejor? Señala las ventajas y las desventajas del sistema que usan tu familia y tú. Trata de incorporar alguno de los conectores en tu ensayo.

a Reflexiona sobre tu opinión personal.

b Escribe un borrador con algunas ideas y empieza a ordenarlas.

c Incluye tu punto de vista, tus razonamientos y una conclusión.

 Conectores del discurso

■ Equivalentes a **porque**:

– ***Debido a / A causa de*** + nombre / *que* + indicativo: se usan en un contexto más formal, muchas veces en lengua escrita.

– ***Como*** + indicativo: se usa al principio de la oración para indicar la causa a la oración principal.

– ***Puesto que / Dado que / Ya que*** + indicativo: indican que la causa es conocida por los interlocutores. Pueden ir delante o detrás de la oración principal.

LA MEDICINA TRADICIONAL INDÍGENA

¿QUÉ ES LA MEDICINA ALTERNATIVA?

5.1 Elige la respuesta correcta.

a Medicinas relacionadas con lo sagrado.

b Enfoque que considera al ser humano como un conjunto.

c Terapias basadas únicamente en plantas medicinales.

LA MEDICINA TRADICIONAL INDÍGENA

5.2 ¿Qué diferencias crees que existen entre la medicina tradicional y la moderna?

5.3 Lee el siguiente texto que habla de la medicina tradicional indígena y relaciona cada párrafo con la imagen que le corresponde.

a La medicina tradicional indígena es el conjunto de creencias, prácticas y recursos para prevenir, curar o mantener la salud individual y colectiva. Tiene su origen en las culturas prehispánicas, aunque con el tiempo ha ido tomando diferentes influencias (española, africana, moderna…).

----

b Esta medicina se basa en una visión del universo como una totalidad interconectada. El ser humano es cuerpo y mente en equilibrio consigo mismo y con el universo al que está conectado.
La enfermedad se produce por la ruptura de ese equilibrio y puede ser debida a factores sociales, individuales, espirituales, alimenticios, movimientos bruscos…

----

c Los curanderos hacen el diagnóstico del paciente a través de diversos métodos: un diálogo con el paciente y la observación detallada de él y de su entorno, la interpretación de los sueños, limpias, masajes, el pulso o diálogo con la sangre, etc. En ocasiones, un procedimiento puede ser para diagnosticar y curar al mismo tiempo (las limpias o los masajes, por ejemplo). También existen muchos procedimientos preventivos que se encargan de evitar, controlar y eliminar los mecanismos que rompen este equilibrio.

----

d Quienes tratan estas enfermedades son los curanderos, hierberos, parteras, hueseros, sobadores, rezanderos, viboreros, etc., que basan sus prácticas en esta cosmovisión del sistema indígena tradicional y son respetados por la comunidad.

----

e Los recursos terapéuticos que se aplican son variados: plantas medicinales, animales medicinales, amuletos, minerales, hidroterapia, lugares sagrados, mandas (penitencias o sacrificios para aliviar los problemas), rezos, promesas, ofrendas (a santos o entes sagrados)…

5.4 **Relaciona las palabras de cada columna según la información del texto.**

1	Diagnóstico…………… ◯	**a**	Huesero.
2	Salud. ……………… ◯	**b**	Plantas.
3	Médico………………… ◯	**c**	Equilibrio.
4	Origen………………… ◯	**d**	Varias.
5	Medicina……………… ◯	**e**	Cosmovisión.
6	Principio. …………… ◯	**f**	Desequilibrio.
7	Enfermedad. ………… ◯	**g**	Prehispánico.
8	Influencia. ………… ◯	**h**	Limpias.

5.5 **Antes de escuchar, marca como verdaderas (V) o falsas (F) las siguientes afirmaciones sobre la medicina tradicional indígena.**

	V	**F**

a Actualmente está reconocida en la Constitución Política de los Estados Unidos Mexicanos (artículo 2) como derecho cultural de los pueblos indígenas. ………………………… ◯……◯

b El espanto es una enfermedad provocada por un susto o sorpresa grande. ……………………………………………… ◯……◯

c El diagnóstico por adivinación con granos de maíz tiene su origen en una tradición mesoamericana que pensaba que el maíz es el material con el que el hombre fue creado……………… ◯……◯

d Entre los sueños iniciáticos, si una persona sueña con un árbol es que va a ser partera. ……………………………… ◯……◯

e Por la adivinación de los sueños también se puede conocer el paradero de las personas extraviadas. ……………………… ◯……◯

f Dependiendo de la enfermedad se utiliza un tipo de diagnóstico u otro………………………………………………… ◯……◯

[39] Escucha a Gerardo Santillana, un antropólogo experto en este tema y confirma si tus respuestas son correctas.

GUÍA DE OCIO

🎵 MÚSICA

Juan Luis Guerra es un cantante y compositor dominicano. Junto a su banda 440 ha vendido varios millones de discos y ha ganado numerosos premios. Es una de las estrellas de la música latinoamericana. Entre sus éxitos más importantes están las canciones *Ojalá que llueva café* y *La bilirrubina*.

¿Con cuál de estas opiniones estás más de acuerdo?

Escucha la canción en Internet.

JUAN LUIS GUERRA LA BILIRRUBINA

ESTA CANCIÓN ES UNA DECLARACIÓN DE AMOR. ÉL SE MUERE DE AMOR POR ELLA.

ÉL LA ESTÁ PRESIONANDO PARA QUE NO LO DEJE HACIÉNDOSE EL ENFERMO.

ESTÁ CLARO QUE ÉL ESTÁ ENAMORADO, PERO ELLA NO.

EL PROBLEMA QUE TIENE ES QUE ES UN HIPOCONDRÍACO Y UN CHILLÓN.

La bilirrubina

Oye, me dio una fiebre el otro día
por causa de tu amor, cristiana,
que fui a parar a la enfermería
sin yo tener seguro de cama.

Y me inyectaron suero de colores,
y me sacaron la radiografía,
y me diagnosticaron mal de amores,
al ver mi corazón como latía.

Oye, y me trastearon hasta el alma
con rayos X y cirugía
y es que la ciencia no funciona;
solo tus besos, vida mía.

¡Ay, negra! ¡Mira! Búscate un catéter
e inyéctame tu amor como insulina,
y dame vitamina de cariño
que me ha subido la bilirrubina.

Me sube la bilirrubina
¡ay!, me sube la bilirrubina,
cuando te miro y no me miras,
¡ay! cuando te miro y no me miras
y no lo quita la aspirina,
¡no!, ni un suero con penicilina.
Es un amor que contamina,
¡ay!, me sube la bilirrubina.

¡Ay, negra! ¡Mira! Búscate un catéter
e inyéctame tu amor como insulina.
Vestido tengo el rostro de amarillo
y me ha subido la bilirrubina.

💃 BAILE

La **bachata** es un baile originario de República Dominicana. Es una de las danzas populares latinoamericanas que ha recibido poca influencia de los ritmos africanos que predominan en la región. Su música es muy acompasada y bastante regular, y acompaña letras generalmente dedicadas al amor y al desamor.

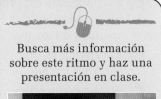

Busca más información sobre este ritmo y haz una presentación en clase.

¿De quién crees que vamos a hablar?

¿Qué crees que estudió esta persona?

¿Qué profesiones tuvo durante su vida?

¿Qué temas aparecían en sus obras?

LITERATURA PARA LA VIDA

5.1 ¿Conoces a Pío Baroja? ¿Qué sabes de él? Lee su biografía.

PÍO BAROJA

Pío Baroja nació en San Sebastián en 1872. Estudió Medicina en Madrid y publicó sus primeros libros en 1900. Pertenece a la Generación del 98. Durante la Guerra Civil se exilió a Francia. Murió en España en 1956. Su obra está inscrita dentro de la línea del pesimismo existencial. Entre sus novelas destacan: *Zalacaín el aventurero*, *Camino de perfección*, *Las inquietudes de Shanti Andía*, *Paradox, rey*, *La busca*, etc.

El texto que presentamos forma parte del libro *El árbol de la ciencia* que pertenece a la trilogía "La Raza", escrita entre 1908 y 1911. La novela es, en parte, una autobiografía de Baroja de cuando este era estudiante de Medicina. El ambiente que se vive en la narración es el mismo que le tocó vivir en ese tiempo: un ambiente marcado por la diferencia de clases, por la pobreza y la enfermedad.

Andrés Hurtado, el protagonista de esta novela, llega a la Universidad de Madrid con ganas de aprender, de que le enseñen la verdad. Como respuesta, sus profesores acuden a dar las clases desganadamente, sin esforzarse lo más mínimo y preocupándose más por quedar como unos sabios que por la educación de sus alumnos. Ante estas circunstancias, Andrés va a tomar una postura pesimista, no solo ante sus estudios, sino ante el mundo en general. Esta actitud la va a mantener durante toda su vida; incluso cuando concluye su carrera y se dedica temporalmente a la medicina, va a sentir antipatía por una buena parte de sus pacientes y compañeros de trabajo.

INVESTIGA

Después de leer el texto responde.

a ¿A qué edad murió Pío Baroja?
b ¿Qué otros autores pertenecieron a la Generación del 98?
c ¿Dónde está la ciudad donde nació Pío Baroja?

5.2 Antes de leer el fragmento, relaciona las palabras con su definición para facilitar la lectura.

1 Cucurucho.... ☐
2 Jovialidad..... ☐
3 Alarde......... ☐
4 Capa. .... ☐
5 Aprensivo..... ☐
6 Sesos.......... ☐
7 Fruición. ...... ☐
8 Desdén. .... ☐
9 Atávico........ ☐
10 Grotesco. ..... ☐

a Que tiende a imitar o mantener formas de vida o costumbres arcaicas.
b Ridículo, extravagante, de mal gusto.
c Especie de gorro de forma cónica hecho de papel.
d Alegría, buen humor, inclinación a la diversión.
e Masa de tejido nervioso contenido en el cráneo.
f Placer intenso.
g Prenda de abrigo larga y suelta, sin mangas, que se lleva encima del vestido.
h Indiferencia y falta de interés que denotan menosprecio.
i Que siente un miedo excesivo a contagiarse de alguna enfermedad o a sufrir algún daño.
j Ostentación o presentación llamativa que hace una persona de algo que tiene.

(5.3) Escucha y lee el siguiente fragmento.

[40]

El árbol de la ciencia

El curso siguiente, de menos asignaturas, era algo más fácil: no había tantas cosas que retener en la cabeza. A pesar de esto, solo la anatomía bastaba para poner a prueba la memoria mejor organizada.

Unos meses después del principio de curso, en el tiempo frío, se comenzaba la clase de disección.
5 Los cincuenta o sesenta alumnos se repartían en diez o doce mesas, y se agrupaban de cinco en cinco en cada una. (...)

La mayoría de los estudiantes ansiaban llegar a la sala de disección y hundir el escalpelo en los cadáveres como si les quedara un fondo atávico de crueldad primitiva. En todos ellos se producía un alarde de indiferencia y de jovialidad al encontrarse frente a la muerte, como si fuera una cosa
10 divertida y alegre. Dentro de la clase de disección, los estudiantes encontraban grotesca la muerte, a un cadáver le ponían un cucurucho o un sombrero de papel.

Se contaba de un estudiante de segundo año que le había gastado una broma a un amigo suyo que era un poco aprensivo. Cogió el brazo de un muerto, se tapó con la capa y se acercó a saludar a su amigo. "¡Hola! ¿Qué tal?", le dijo, sacando por debajo de la capa la mano del cadáver.

15 "Bien. ¿Y tú?", contestó el otro.

El amigo estrechó la mano, se estremeció al notar su frialdad, y quedó horrorizado al ver que por debajo de la capa salía el brazo de un cadáver.

De otro caso sucedido por entonces se habló mucho entre los alumnos. Uno de los médicos del hospital, especialista en enfermedades nerviosas, había dado orden de que a un enfermo suyo,
20 muerto en su sala, se le hiciera la autopsia, se le extrajera el cerebro y se lo llevaran a su casa para estudiarlo.

El interno extrajo el cerebro y lo envió al domicilio del médico. La criada de la casa, al ver el paquete, creyó que eran sesos de vaca, y los llevó a la cocina, los preparó, y los sirvió a la familia.

Se contaban muchas historias como esta, fueran verdad o no, con verdadera fruición. Existía entre
25 los estudiantes de Medicina una tendencia al espíritu de clase, consistente en un común desdén por la muerte; en cierto entusiasmo por la brutalidad quirúrgica, y en un gran desprecio por la sensibilidad.

(Adaptado de *El árbol de la ciencia*, Pío Baroja)

 (5.4) Habla con tus compañeros sobre el fragmento que has leído teniendo en cuenta los puntos que te damos a continuación.

a   Comenta el título *El árbol de la ciencia*.

b   Interpreta la actitud de los estudiantes de Medicina.

c   Explica cómo se siente el protagonista frente a las reacciones de sus compañeros de clase.

d   ¿Puedes deducir cuáles son o pueden ser los intereses de los profesores?

e   ¿Qué harías tú si estuvieras en su lugar?

¿QUÉ HE APRENDIDO?

- **Explica en un pequeño párrafo qué es la Cruz Roja y a qué se dedica, y valora su labor humanitaria.**

  ....
  ....
  ....
  ....

- **Contesta a esta opinión expresando acuerdo o desacuerdo: "Las ONG no deberían existir. Los estados tendrían que hacerse cargo de las necesidades de sus ciudadanos".**

  ....
  ....
  ....
  ....

- **Fíjate en las siguientes estructuras y marca la opción correcta: infinitivo, indicativo o subjuntivo.**

	Inf	Ind.	Sub.
1 Creo que…	◯	◯	◯
2 No creo que…	◯	◯	◯
3 Es importante que…	◯	◯	◯
4 Es necesario…	◯	◯	◯
5 Me parece increíble que…	◯	◯	◯
6 Está claro que…	◯	◯	◯

- **Completa las siguientes frases.**

  1 En esta ciudad no se…...........................
  ....

  2 Se lo dijeron…...

  3 Se busca a personas que….......................

  4 Se comunican…...

  5 Desde que se enfadaron….........................

  6 Se comenta que…......................................
  ....

- **Piensa en los diferentes viajes que se han presentado en la unidad (viajes turísticos a países hispanohablantes, viajes de descubrimiento, viajes relacionados con el voluntariado, etc.) y habla con tu compañero/a sobre los ventajas que tiene hacer viajes de este tipo, las precauciones que hay que tomar y los beneficios que pueden resultar después de tener estas experiencias.**

  ....
  ....
  ....

AHORA SOY CAPAZ DE...

		SÍ	NO
1	…expresar mi opinión sobre un tema.	◯	◯
2	…valorar un hecho.	◯	◯
3	…expresar acuerdo y desacuerdo.	◯	◯
4	…hablar de labores humanitarias utilizando el léxico adecuado.	◯	◯

MI VOCABULARIO

Solidaridad y salud
albergado/a housed, sheltered
la asistencia aid
la ayuda a domicilio home help service
el botiquín first-aid kit
la calidad de vida quality of life
el centro de desintoxicación rehab/detox clinic
la donación de sangre blood donation
el/la drogadicto/a drug addict
la higiene hygiene
la manutención living expenses, child support
la movilidad reducida reduced mobility
las necesidades needs
los primeros auxilios first aid
el/la recién nacido/a newborn
el/la refugiado/a refugee
la reinserción reintegration
la salud materna health of women during
pregnancy
la salud pública public health
la seguridad vial road/traffic safety
el transporte adaptado handicapped accessible
transportation
la vacuna vaccine
las viviendas tuteladas sheltered housing
el voluntariado voluntary work, service

Verbos
abstenerse (de) to abstain, refrain (from)
colaborar to cooperate

desmentir to refute
donar to donate
mejorar to improve
prestar servicio to provide a service

Valoraciones
comprobado/a confirmed, verified
indiscutible indisputable
innegable undeniable
saludable healthy

Palabras y expresiones
el conjunto de rasgos combination of
characteristics
desde luego of course
la divisa foreign currency
el/la patrocinador/a sponsor
por supuesto of course
sin embargo nevertheless, however
Tienes razón. You are right.

Palabras y expresiones
a causa de because of, due to
como since, because
dado que given that, since
debido a on account of, owing to
puesto que given that, since
ya que considering that, now that

■ ¿Qué está haciendo el muchacho que lleva la pancarta?

■ ¿Cómo crees que se siente?

■ ¿Cuál es el mensaje de su cartel?

■ ¿Has ido alguna vez a una manifestación?

■ ¿Crees que son útiles?

■ ¿Por qué motivos irías a una?

»Manifestación en Barcelona, España.

CON HISTORIA

Learning outcomes

By the end of this unit you will be able to:

- Discuss historical events in Spain and Latin America.
- Talk about repercussions and collective memory.
- Talk about what you thought things would be like.
- Make formal demands.
- Express possible and improbable situations.

Para empezar

- La nostalgia

Comunica

- Momentos históricos: expresar una acción futura en relación a un pasado
- Memoria histórica: pedir o exigir formalmente

Pronunciación y ortografía

- La grafía *h* y las palabras homófonas

Cartelera de cine

- *Las 13 rosas*

Gramática

- Imperfecto de subjuntivo
- Estructuras condicionales
- *Como si* + imperfecto de subjuntivo

Intercultura

- El exilio

Nos conocemos

- Dos pintores, dos mundos

Literatura para la vida

- *¡Diles que no me maten!*, de Juan Rulfo

6.1 Con un compañero/a, contesten a las siguientes preguntas.

a ¿Has asistido alguna vez a clases de baile?

b ¿Qué importancia tiene el baile en tu vida?

c ¿Cómo le pedirías bailar a alguien?

d ¿Cómo crees que lo pedirían tus abuelos?

e ¿Crees que lo pedirían igual en los años cincuenta los jóvenes de España y Latinoamérica?

6.2 Relaciona las imágenes con los estilos de baile y comenta las diferencias con tu compañero/a.

1 disco....................○   3 flamenco ....○   5 vals.....................○

2 tango...................○   4 rock and roll ....○   6 hip hop ....○

6.3 ¿Con cuál de los estilos anteriores te identificas? ¿Sabes lo que es un bolero? Si no lo sabes, busca la información en Internet.

6.4 [41] Escucha atentamente la siguiente entrevista que un locutor hace a Miguel sobre sus recuerdos de juventud. Después de escuchar, elige el título más adecuado.

a El tiempo perdido.   b La nostalgia de la juventud.   c El amor verdadero es para siempre.

6.5 Lee y escucha de nuevo la conversación, y completa la información que falta.

Locutor: Y tenemos hoy en nuestro espacio para la nostalgia a Miguel, español que lleva aquí en México toda una vida y que viene esta tarde a contarnos cómo conoció a su gran amor en tiempos que no eran nada fáciles. Buenas tardes, Miguel, ¿cómo está?

Miguel: Buenas tardes, bien, muy bien… Encantado de estar aquí…

Locutor: Perfecto, Miguel. Si me permite, ¿cuántos años tiene usted?

Miguel: Cumpliré 87 en agosto.

Locutor: Está usted muy bien… Díganos por qué ha venido a contarnos su historia.

Miguel: Muy fácil. Me encanta la música que ponen en este programa. Es una música que me recuerda a otros tiempos, a otras cosas.

Locutor: ¿Sí? Cuéntenos, Miguel, ¿a quién o qué le recuerda?

Miguel: Pues mire, recuerdo cuando era mozo y eran las fiestas del pueblo, allá en España, y salíamos a bailar con las muchachas.

Locutor: Pero, Miguel, ¿era un donjuán entonces?

Miguel: Bueno, no podía hacer mucho, pero lo intentaba. Eso sí, hasta que conocí a mi amor. Recuerdo que esa tarde, salí con unos amigos. La orquesta era muy mala y nadie quería bailar.

Entonces, la vi y [1] ………. conmigo. Le dije: "[2] ………. esta fiesta".

Locutor: Por favor, siga, siga, don Miguel. ¿Qué pasó?

Miguel: Pues que aceptó. Era la mujer más guapa del mundo. Cuando me miró, pensé que estaría en mi vida para siempre. Me enamoré de ella al instante y, mientras, la orquesta estaba tocando un bolero. Pero nuestro amor no pudo ser. Ese verano fue la última vez que la vi… hasta hace veinte años.

Locutor: ¡Qué pena! ¿De verdad? ¿Y por qué?

Miguel: Tuve que emigrar y ella se quedó allí… Todos [3] ………. de ella. Fue muy duro. [4] ………. las cosas de manera diferente. Nunca pensé que la volvería a ver, pero resulta que hace veinte años nos encontramos en los bailes de salón de la Casa de España.

Locutor: ¿Sí? ¡Qué emoción! ¿Y qué pasó?

Miguel: Pues, la música de esta emisora sonaba en el salón. Nos acercamos, empezamos a bailar [5] ………., sin palabras. Desde entonces ya no nos hemos separado nunca más.

6.6 Relaciona el número de las frases que completaste en la actividad anterior con lo que expresan.

a ☐ Dar consejo.
b ☐ Expresar condiciones posibles.
c ☐ Pedir.
d ☐ Describir el momento con una situación imaginaria.
e ☐ Expresar condicionales irreales en el pasado.

¡PRACTICA!

6.7 Con tu compañero/a, escriban un diálogo similar siguiendo las instrucciones. Después, representen la conversación.

1 Eres un locutor/ra y haces una entrevista a un/a inmigrante de tu ciudad. Salúdalo.

2 Responde al saludo y muéstrate contento/a.

3 Pregúntale por el recuerdo más importante de su juventud.

4 Descríbele cómo era tu vida en tu país y los consejos que te dio tu familia cuando decidiste emigrar.

5 Pregúntale qué cambiaría si fuera joven otra vez.

6 Contesta. Despídete.

VOCABULARIO

6.1 Fíjate en estos momentos de la historia de Latinoamérica y España, y relaciona las palabras en negrita con su definición.

1 La **Guerra** de las Malvinas (Argentina). .... ○

2 El **Tratado** de Paz, Amistad y Límites (Bolivia y Paraguay). .... ○

3 Guerra civil y **dictadura** de Franco (España). .... ○

4 **Inicio** de la Revolución mexicana (México). .... ○

5 **Revolución** cubana (Cuba). .... ○

6 **Golpe de Estado** y asesinato del presidente Allende (Chile). .... ○

a Acuerdo oficial entre países con la finalidad de establecer normas de relación.

b Rebelión de militares contra el gobierno legal de un país para hacerse con el control.

c Acción de protesta ante una situación política o social que quiere cambiarse.

d Lucha armada entre dos o más países, o entre grupos contrarios de un mismo país.

e Comienzo, principio de un hecho.

f Régimen político que concentra todo el poder en una persona.

6.2 ¿Qué saben sobre estos acontecimientos? ¿A qué dos hechos corresponden estos dos sellos? Habla con tu compañero/a.

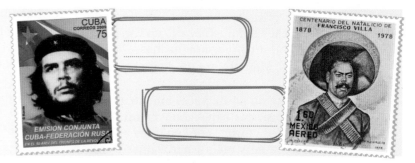

6.3 Lee los textos sobre estos acontecimientos y ordénalos cronológicamente.

a ○

La Guerra de las Malvinas se originó cuando Argentina, en 1982, ocupó militarmente estas islas en **poder** del gobierno británico. Inglaterra movilizó su fuerza militar con el **apoyo** de EE. UU. y las tropas argentinas **se rindieron** dos meses y medio después. En el año 1990 empezaron de nuevo las relaciones diplomáticas entre los dos países.

b ○

Fidel Castro **lideró** la revolución cubana que en el año 1959 acabó con la dictadura de Fulgencio Baptista. Ernesto "Che" Guevara, que murió ocho años después de la victoria de la revolución, fue la mano derecha de Fidel en la **lucha**.

c ○

El presidente Salvador Allende, elegido democráticamente por el pueblo de Chile, fue asesinado en 1973 en el Golpe de Estado liderado por el general Augusto Pinochet, quien gobernó los siguientes quince años.

La Guerra del Chaco **surgió** entre Bolivia y Paraguay por la posibilidad de encontrar petróleo en esa zona, que no tenía los límites territoriales marcados. El conflicto terminó tres años después, en 1935, cuando se firmó en Argentina el Tratado de Paz, Amistad y Límites en el que Paraguay resultó el mayor beneficiado al retener la zona y se estableció la frontera que **actualmente** separa estos dos países.

En el año 1910 comenzó la Revolución mexicana, que surgió por la lucha de los **campesinos** en defensa de las tierras y de una **reforma agraria**. Francisco "Pancho" Villa y Emiliano Zapata (asesinado en 1919) fueron sus dos **líderes** famosos.

En 1936 hubo un **alzamiento** militar liderado por el general Francisco Franco contra la II República española. En ese momento empezó la Guerra Civil, que **duró** tres años y, tras la cual, España permaneció bajo la dictadura de Franco hasta 1975.

6.4 Especifica la fecha y ordena cronológicamente los siguientes acontecimientos según la información que tienes.

- a Comienzo de la guerra del Chaco.
- b Muerte de Ernesto "Che" Guevara.
- c Reanudación de las relaciones entre Argentina e Inglaterra.
- d Finalización de la dictadura de Franco.
- e Año en el que empezó a gobernar Pinochet.
- f Muerte de Emiliano Zapata.

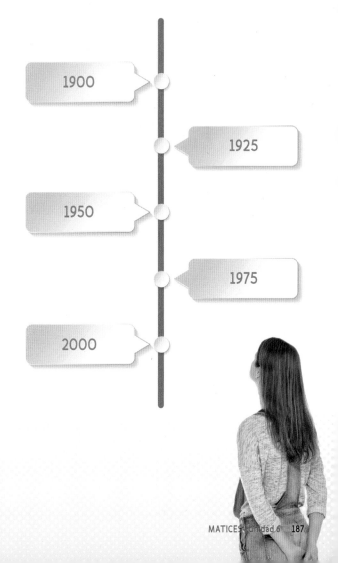

1900

1925

1950

1975

2000

6.5 Busca en el texto las palabras en negrita para estas definiciones. Después, crea definiciones para las seis palabras que no se usaron y compártelas con tu compañero/a. ¿Acertaron los dos?

- a Tuvo lugar durante un periodo de tiempo.
- b Una rebelión.
- c Comenzó.
- d Protección.
- e Hoy día, ahora.
- f Abandonaron la lucha.

COMUNICA

6.6 Vas a escuchar a un periodista hablando sobre otro hecho histórico importante. Subraya la opción correcta y comprueba las respuestas con tu compañero/a.

[42]

a El acontecimiento ocurrió en México en el año **1998 / 1968**.

b El periodista había empezado a trabajar **hacía poco tiempo / ese mismo año**.

c Las autoridades **censuraron / no censuraron** la información.

d Hoy **ya / todavía no** se sabe el número exacto de fallecidos.

e Todo empezó con una pelea entre estudiantes **del IPN y del CNH / del IPN y de la UNAM**.

f La manifestación en la Plaza de las Tres Culturas fue el día **2 / 12** de octubre.

g Durante los Juegos Olímpicos **siguieron / pararon** las manifestaciones y protestas.

6.7 Lee este texto sobre otro acontecimiento histórico ocurrido en Argentina en los años 80. ¿Qué te parece la iniciativa de las Madres de Plaza de Mayo?

En Argentina, un 24 de marzo de 1976, una junta militar tomó el poder y lanzó una sistemática persecución y captura de militantes políticos, activistas sociales y ciudadanos que ejercían sus derechos constitucionales y que fueron eliminados sin saber aún hoy su paradero: los desaparecidos. Para miles de familias argentinas, esta palabra se convirtió en símbolo de una prolongada y dolorosa pesadilla.

Con el retorno de la democracia, en 1983, los gobiernos argentinos no reconocieron la tragedia que habían vivido los familiares y amigos de las víctimas. Tan solo la voz de un grupo de mujeres, madres y abuelas se hizo escuchar reclamando saber el destino de sus hijos y nietos. Ellas se fueron levantando, dándose mutuos consejos, ideas y fuerza, y comprendieron rápidamente que la lucha individual no daba resultado y decidieron trabajar juntas. Es así como el 30 de abril de 1977 hacen su primera aparición en la Plaza de Mayo. La lucha iniciada siguió creciendo firme, coherentemente y sobrevivió a la misma dictadura.

6.8 Trabaja con tu compañero/a y busquen en el texto las palabras que se refieren a:

a el grupo de militares que gobierna.

b las personas a quienes detenía este grupo de militares.

c la palabra emblemática que define a estas víctimas.

d las personas que decidieron no olvidar a sus hijos y nietos.

e la actitud del gobierno argentino en 1983.

6.9 También existen lemas (slogans) para defender protestas, revoluciones, manifestaciones, etc. Relaciona estos famosos lemas con el suceso al que crees que corresponden.

1 Madres Plaza de Mayo........... ☐

2 Revolución cubana. .... ☐

3 Revolución mexicana............ ☐

4 México del 68...................... ☐

a Tierra y Libertad.

b Ni olvido, ni perdón.

c Patria o muerte.

d ¡Libertad, libertad! Nuestros hijos, ¿dónde están?

COMUNICACIÓN

- **Expresar una acción futura en relación a un pasado**
  » Para expresar una acción futura respecto a otra pasada, se usa el condicional.

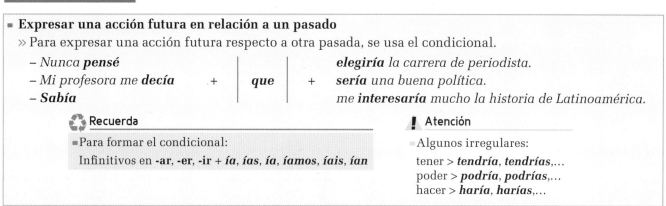

– Nunca **pensé**			**elegiría** la carrera de periodista.
– Mi profesora me **decía**	+	**que** +	**sería** una buena política.
– **Sabía**			me **interesaría** mucho la historia de Latinoamérica.

♻ Recuerda

- Para formar el condicional:
  Infinitivos en **-ar, -er, -ir** + *ía, ías, ía, íamos, íais, ían*

⚠ Atención

- Algunos irregulares:
  tener > **tendría, tendrías,...**
  poder > **podría, podrías,...**
  hacer > **haría, harías,...**

6.10 Estos son los comentarios que han subido a Twitter algunas personas sobre la etiqueta: *#Cosasquenuncapenséqueharía*. ¿Cómo creen que se sienten? ¿Están satisfechas con lo que han conseguido?

10:45 AM

🐦 Inicio   🔍 Buscar en Twitter

Elena @Elenarv   1h
Nunca **pensé que iría** a Cuba. A mi abuela le gustaba contarme historias de su niñez y del pueblo donde nació. Cuando murió el año pasado, decidí ir y conectar con esa parte de su vida.

María @Marith   1h
Nunca **pensé que podría** viajar sola. Fui el año pasado a ¡¡¡México!!! Allí conocí a la familia de mi tío abuelo que emigró después de la guerra.

Juan @Juangt   2h
Mi madre me **decía que** nunca **aprendería** a bailar. De pequeño no me gustaba. Ahora no solo me gusta, sino que disfruto compitiendo en los concursos de baile.

Lucía @Lucy   3h
De niña odiaba los idiomas, pero **sabía que viajaría** mucho. Ahora soy intérprete de cinco idiomas y viajo continuamente. ¡Estoy encantada!

Sandra @SandraTeruel   3h
Mi maestra me **decía que sería** una buena médica. Al final seguí la carrera de Historia. Es que me pongo nerviosa solo de pensar en la sangre.

David @Davidmk   5h
Pensaba que mi profesión **sería** la de periodista de grandes hechos históricos. No soy escritor, pero ahora tengo un blog donde escribo todo lo que me interesa y me gusta.

COMUNICA

6.11 Vuelvan a leer los comentarios de Twitter y completen como en el ejemplo.

Pensaba que	Sin embargo
1 Pensaba que nunca iría a Cuba.	1 Lo hizo. ....
2	2 ....
3	3 ....
4	4 ....
5	5 ....
6	6 ....

6.12 Las Madres de la Plaza de Mayo hablan de sus hijos desaparecidos y lo que ellos pensaban hacer. ¿Qué crees que dicen sobre sus hijos y el futuro que no les pudo ser? Compara la información y la foto de sus carnets cuando desparecieron con la foto de su niñez. Crea una historia para cada uno y compártela en grupos.

MÓNICA MARÍA CANDELARIA MIGNONE

Psicopedagoga* en el Hospital Piñeiro (Buenos Aires). Desaparecida el 14 de mayo de 1976, cuando a las cinco de la mañana un grupo de hombres entró en el departamento de la familia.

*educational psychologist

24 AÑOS

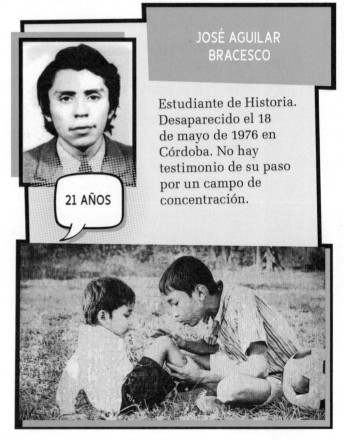

JOSÉ AGUILAR BRACESCO

Estudiante de Historia. Desaparecido el 18 de mayo de 1976 en Córdoba. No hay testimonio de su paso por un campo de concentración.

21 AÑOS

6.13 ¿Y tú? ¿Cómo imaginabas que sería tu vida cuando eras niño/a? Escríbelo y, luego, cuéntaselo al resto de tus compañeros de grupo. Comparen lo que pensaban llegar a ser y lo que son. Recuerda que los datos pueden ser inventados.

VOCABULARIO

6.14 Lee este texto que informa sobre los trabajos de la Asociación para la Recuperación de la Memoria Histórica y contesta verdadero (V) o falso (F) antes y después de leer el texto.

	ANTES DE LEER			DESPUÉS DE LEER	
	V	F		V	F
a	○	○	El objetivo de la Asociación para la Recuperación de la Memoria Histórica es castigar a los responsables de las represalias.	○	○
b	○	○	España está dispuesta a descubrir las fosas comunes de la dictadura.	○	○
c	○	○	En España hubo campos de concentración que intentaban lograr la depuración ideológica del país.	○	○
d	○	○	Los prisioneros ganaban menos de la mitad del salario normal por su trabajo.	○	○

Existe en España un grupo dedicado a **preservar** la memoria histórica de las violaciones a los derechos humanos cometidas durante la dictadura franquista. Lleva el nombre de Asociación para la Recuperación de la Memoria Histórica (ARMH).

Esperan que la ONU obligue a España a abrir las **fosas comunes** donde se supone que se encuentran los restos de personas desaparecidas durante la Guerra Civil. Pero la petición que realizan incluye la entrega de sus restos a los familiares para que les den digna **sepultura** como en otros países donde ha habido dictaduras, y que se retiren de España todos los símbolos franquistas que "ofenden la dignidad de las víctimas". La Asociación enfatiza que son 30 000 los desaparecidos españoles a lo largo de la Guerra Civil. Será difícil establecer con exactitud cuántos muertos causó la represión franquista. Según los archivos, sobre todo militares, entre 1936 y 1943 hubo aproximadamente 150 000 víctimas mortales en actos de **represalia**, campos de concentración, trabajos forzados y prisiones.

Según el historiador Javier Rodrigo, del Instituto Universitario Europeo de Florencia, en España funcionaron 104 **campos de concentración**. Entre 1936 y 1939 pasaron por ellos alrededor de 370 000 personas, muchas de las cuales murieron por las malas condiciones higiénicas y alimentarias. Los campos cumplían la doble función de "**depuración**" y de "clasificación de los **detenidos**". En su interior, los prisioneros podían permanecer por un tiempo indeterminado a la espera de que llegaran cargos

en su contra, o hasta ser integrados al ejército a modo de **conscriptos**, enviados a la prisión, a batallones de trabajo o, directamente, podían ser **fusilados**.

El sistema de campos funcionó hasta 1942, pero las colonias penitenciarias y los batallones de trabajadores continuaron existiendo hasta bien avanzada la década de 1950. Según otros estudios, fueron aproximadamente 400 000 personas las que se vieron obligadas a estos **trabajos forzados.** Tuvieron a su cargo el levantamiento de más de 30 embalses (dams) y canales, prisiones, viaductos y vías de tren. Construyeron fábricas, trabajaron en pozos mineros y fueron explotados por empresas privadas, recibiendo un 25% del salario que les correspondía.

BELCHITE
Pueblo Viejo
(Ruinas Históricas)

COMUNICA MÁS

6.15 Discute con tus compañeros el significado de los siguientes términos. Después, relacionen las palabras con su significado.

1 Preservar. .... ⚪	**a** Arrestado.
2 Fosa común. .... ⚪	**b** Ejecutado con un arma.
3 Sepultura. .... ⚪	**c** Hoyo en la tierra para enterrar a múltiples cadáveres.
4 Represalia. .... ⚪	**d** Infracción con los que se acusa a alguien.
5 Campo de concentración. ...... ⚪	**e** Labor que una persona hace por obligación como parte de su sentencia.
6 Depuración. .... ⚪	**f** Limpieza, purificación.
7 Detenido. .... ⚪	**g** Lugar en que está enterrado un cadáver.
8 Cargo. .... ⚪	**h** Lugar en que se obliga a vivir a cierto número de personas como prisioneros, generalmente por razones políticas.
9 Conscripto. .... ⚪	**i** Proteger de un daño o peligro.
10 Fusilado. .... ⚪	**j** Soldado, recluta.
11 Trabajo forzado. .... ⚪	**k** Venganza que adopta un Estado para responder a los actos en contra del Estado.

6.16 Busca en el texto todos los cognados que encuentras y haz una lista. Después, compártela con tu compañero/a. ¿Quién ha encontrado más palabras? Explica el significado de cada una.

6.17 Contesten las preguntas.

a ¿Crees que es importante recordar la historia? ¿Por qué?

b ¿Existe algún movimiento o actividad similar en tu país? ¿Te parece útil esta iniciativa?

c ¿Conoces bien la historia reciente de tu país? ¿Tus padres y abuelos te hablan o te hablaron alguna vez de los acontecimientos históricos más importantes que han vivido o vivieron? Cuéntanos alguno.

6.18 Escribe los cinco acontecimientos más interesantes que han ocurrido en Estados Unidos en el siglo XX y compártanlos en grupos pequeños. ¿Coinciden?

COMUNICACIÓN

- **Para pedir o exigir formalmente, se usa:**

  » *Me gustaría que* + imperfecto de subjuntivo
    – *Me gustaría que los campos de concentración no existieran.*

  » *Sería conveniente que* + imperfecto de subjuntivo
    – *Sería conveniente que las familias de desaparecidos encontraran a sus familiares.*

  » *Le(s) pediría/agradecería que* + imperfecto de subjuntivo
    – *Pediría que la ONU ayudara a la Asociación de la Memoria Histórica.*

  » *¿Le importaría que* + imperfecto de subjuntivo?
    – *¿Le importaría que hiciéramos una comparación con otras dictaduras?*

 Recuerda

- El imperfecto de subjuntivo se forma quitando *–ron* del pretérito en *ellos* y añadiendo una de las terminaciones correspondientes: *-ra, -ras, -ra, -ramos, -rais, -ran.*

6.19 Lee el testimonio de algunos españoles ante la situación en España que has conocido en el texto anterior y completa las frases.

Sergio

Francisco

Rodrigo

a ¿Cómo se puede explicar que, 40 años después de la muerte del dictador, sigan todavía en fosas comunes y cunetas unas 130.000 víctimas de aquel nefasto régimen? Me [1] .... esta situación cambiara y se pudieran descubrir esas fosas comunes, no con la iniciativa privada sino con la colaboración del gobierno de un país que asume su historia.

b Para qué ahora resucitar el pasado, el pasado pasado está. Le [2] .... a todos que olvidaran el dolor por el pasado y miraran hacia delante, para construir un país fuerte.

c ¿Cómo puede España mantener la cabeza erguida sin hacer nada respecto a los iconos que apoyan y enaltecen un régimen totalitario? Sería [3] .... desaparecieran los símbolos que alaban y enaltecen un comportamiento poco ético como se ha hecho en otros países de Europa.

Eva y Rosa

Rebeca

d Yo [4] .... todos reflexionaran objetivamente y reconocieran que se cometieron atropellos e injusticias en aquellos campos de concentración donde se fusilaron a muchas personas y de otras muchas se abusó.

e En mi opinión, es un tema de justicia para todos los españoles. Somos un pueblo que vive una democracia mayor de edad, estable y segura. Todos hemos trabajado bien para ello. Entonces, ¿a quién [5] .... las autoridades pertinentes hicieran lo que se ha hecho ya en muchos otros lugares?

COMUNICA MÁS

👥 **6.20** La dictadura española no fue la única en el mundo hispanohablante. Comenta con tu compañero/a qué otros países han vivido esta experiencia y cuántos de ellos viven ahora en democracia.

🔊 **6.21** Escucha los testimonios de una chilena y un argentino respecto a la reacción de sus países a los
[43] crímenes cometidos durante sus dictaduras. Contesta a las siguientes preguntas.

 a ¿Qué es Londres 38?
 b ¿Cuál es el propósito del Museo de la Memoria y los Derechos Humanos en Chile?
 c ¿Cuáles eran los objetivos de las organizaciones de las Madres de la Plaza del 2 de Mayo y las Abuelas de la Plaza del 2 de Mayo?
 d ¿Qué papel desempeñó Raúl Alfonsín en la memoria histórica de Argentina?
 e ¿Qué son los Juicios de la Verdad?
 f ¿Cuál es la posición de la ONU en el trabajo que está realizando Argentina respecto a su historia?

👥 **6.22** Escribe una carta a la ONU en la que comparas la situación de Chile, Argentina y España respecto a su memoria histórica. Utiliza las estructuras vistas para expresar tus exigencias. Elijan la mejor carta de la clase y envíenla.

👥 **6.23** Hagan una lista de temas o situaciones que tienen que mejorar en su estado, en su país y en el mundo. Escriban peticiones formales exigiendo su mejora. Pónganlo en común con la clase y elijan la situación más grave en cada entorno y la petición mejor redactada.

En mi estado	En mi país	En el mundo

Exigimos…

En mi estado	En mi país	En el mundo

PRONUNCIACIÓN y ORTOGRAFÍA

La grafía *h* y las palabras homófonas

LA GRAFÍA *H*

- En español la *h* es una letra muda, es decir, que no tiene sonido: *hola, huelga, hambre.*
- A veces el contacto de la *h* con algún grupo vocálico produce un sonido, como es el caso del grupo *hi* +, *que* lo podemos pronunciar como /ye/: *hielo, hierba, hierro.*

6.1 ¿Cómo se pronuncian las siguientes palabras? Por turnos, léanlas en voz alta.

- haber
- hecho
- hiedra
- habitante

- hiena
- hiel
- hoja
- historia

- hielo
- helado
- Honduras
- hierbabuena

- hospital
- hueco
- himno
- hierro

6.2 Analiza las palabras *tuvo/tubo* en las siguientes frases. Después, lee el cuadro y elige la opción correcta en cada caso.

a **Tuvo** mucha suerte al poder entrar en una universidad tan prestigiosa.
b El **tubo** de pasta de dientes se ha terminado y hoy es domingo.

LAS PALABRAS HOMÓFONAS

- Las palabras homófonas son palabras con ☐ **distinto**/ ☐ **el mismo** significado que suenan ☐ **diferente** / ☐ **igual**, pero que se escriben de forma ☐ **diferente** / ☐ **igual**.

6.3 En español hay palabras homófonas a causa de la *h*. Expliquen qué significan y pongan un ejemplo contextualizándolas.

a **Ola:** *onda del mar.*
  - Hay unas olas estupendas para hacer surf.

  Hola: ....

b **Abría:** ....
  Habría: ....

c **Haber:** ....
  A ver: ....

d **Ojear:** ....
  Hojear: ....

Pilar López de Ayala   Verónica Sánchez   Marta Etura

LAS 13 ROSAS

Una película de **Emilio Martínez-Lázaro**

Una producción de ENRIQUE CEREZO y PEDRO COSTA en coproducción con FILMEXPORT GROUP con la participación de TVE y CANAL+ "LAS 13 ROSAS"
PILAR LÓPEZ DE AYALA VERÓNICA SÁNCHEZ MARTA ETURA NADIA DE SANTIAGO GABRIELLA PESSION FÉLIX GÓMEZ FRAN PEREA ENRICO LO VERSO ASIER ETXENDIA
ALBERTO FERREIRO ADRIANO GIANNINI GOYA TOLEDO Peluquería PEPE JUEZ Maquillaje MARILÓ OSUNA y ALMUDENA FONSECA Música ROQUE BAÑOS Sonido CARLOS BONMATÍ
Vestuario LENA MOSSUM Montaje FERNANDO PARDO Dirección Artística JULIO MADURGA Operador JULIO MADURGA Director de producción MARTÍN CABAÑAS
Director de Fotografía JOSE LUIS ALCAINE Productor Asociado ROBERTO DI GOROLAMO Producida por ENRIQUE CEREZO y PEDRO COSTA guión de IGNACIO MARTÍNEZ DE PISÓN
Argumento de PEDRO COSTA IGNACIO MARTÍNEZ DE PISÓN y EMILIO MARTÍNEZ-LÁZARO Dirigida por EMILIO MARTÍNEZ-LÁZARO

www.las13rosas.com   CANAL+   MEDIA   EURIMAGES   altaclassics

SINOPSIS

El 1 de abril de 1939 termina la guerra civil española. Temiendo la sangrienta represión que se acercaba, muchos republicanos huyen del país, pero otros no pueden o no quieren, como las jóvenes muchachas protagonistas de esta historia real.

Franco promete que solamente serán castigados los que tengan las manos manchadas de sangre. Y ninguna de esas muchachas las tiene. Como Carmen, por ejemplo, de 16 años, que militaba en las Juventudes Socialistas pero nunca tuvo un arma. Ni su amiga Virtudes, que servía en casa de unos nuevos ricos franquistas y pasó la guerra dando de comer a ancianos y niños. Las detuvieron al mes de acabar la guerra. Sufrieron duros interrogatorios policiales y, finalmente, fueron trasladadas a la cárcel de Ventas donde había miles de mujeres. A las trece detenidas, a las que sus compañeras bautizaron como "las menores" por su corta edad, las acusaron de ayudar a la rebelión y de haber planeado un atentado contra Franco, un atentado irreal pero que daba base a la acusación.

DATOS TÉCNICOS

TÍTULO	LAS 13 ROSAS.

AÑO	2007.	**GÉNERO**	Drama.
PAÍS	España.	**DIRECTOR**	Emilio Martínez-Lázaro.

INTÉRPRETES

Pilar López de Ayala, Verónica Sánchez, Marta Etura, Nadia de Santiago, Bárbara Lennie, Goya Toledo, Gabriella Pession, Félix Gómez, Fran Perea, Enrico Lo Verso, Miren Ibarguren, Asier Etxeandía, Alberto Ferreiro, Luisa Martín, Secun de la Rosa, Adriano Giannini, Gabriella Pession, Patrick Criado, Leticia Sabater, Alberto Chaves.

SECUENCIAS DE LA PELÍCULA

00:19:24 ▶ 00:20:50
00:25:07 ▶ 00:27:55

¿SABÍAS QUE...?

- Las "trece rosas" es el nombre colectivo que se le dio a un grupo de trece jóvenes fusiladas por el régimen franquista en 1939.

ANTES

DE VER LA SECUENCIA

Desde el principio de la película hasta esta secuencia se van presentando a las diferentes protagonistas y se nos muestra su rutina diaria en un Madrid que acaba de ser ocupado por los nacionales, que acaban de ganar la guerra civil española.

6.1 ¿Qué sabes de la guerra civil española? ¿Qué bandos (sides) pelearon? ¿Quiénes ganaron la guerra? Habla con tus compañeros.

6.2 Observa las siguientes escenas y contesta a las preguntas. Trabaja con tu compañero/a.

- ¿Dónde están Blanca y su familia?
  ....
- ¿Qué están haciendo?
  ....
- ¿Por qué creen que tienen tanto dinero?
  ....
  ....

- ¿Qué están haciendo estas mujeres?
  ....
- ¿Cuál es el estado de ánimo de Juan? ¿Por qué?
  ....
- ¿Qué relación creen que hay entre ellos?
  ....

- ¿Por qué creen que Blanca ha ido a esta casa?
  ....
- ¿Qué le entrega a Juan?
  ....
- ¿Qué relación hay entre ellos?
  ....

TIEMPO
00:01:31
00:04:12

Blanca Brisac, es una de las "trece rosas", católica, votante de la derecha y madre de un hijo. Con el dinero guardado tras la guerra, decide ayudar económicamente a Juan, un músico, militante comunista y compañero de orquesta de su marido.

6.3 Lee el discurso radiofónico de las autoridades españolas y completa el mensaje.

> Españoles, ¡alerta!
>
> No todos los enemigos de España han conseguido escapar y la obligación de cada español es [1] .... Será un mal español, es decir, no será español [2] ...., y que sepan los que callan que en su día también deberán responder ante la justicia [3] ...., enemigos de la patria.

6.4 Ordena las frases del diálogo entre los cuatro personajes de la secuencia. Después, compáralo con tu compañero/a.

☐ **Cuñada:** ¡Te tienes que ir!

☐ **Blanca:** Buenas tardes, ¿está Juan?

☐ **Blanca:** No se preocupe, somos amigos, soy Blanca, la mujer de Enrique García.

☐ **Suegra:** No lo ha oído, ¡cierra!

☐ **Juan:** No se preocupe que en cuanto pueda me pienso marchar, pero usted no me puede echar, ¡este también es mi piso, de mi mujer!

☐ **Juan:** ¡Espera! Pasa Blanca, mi suegra y mi cuñada Manuela, ¿qué haces aquí?

☐ **Blanca:** Es todo lo que podemos darte.

☐ **Blanca:** ¿Dónde vas a estar? Enrique dice que es peligroso que te quedes aquí.

☐ **Cuñada:** No, no, no, lo siento, no... No sabemos nada de él.

☐ **Suegra:** ¡En mala hora os conocisteis! Tú le metiste toda esas ideas en la cabeza.

☐ **Suegra:** Sí, ¡vete! ¡Vete con tus amigos bolcheviques y vete, y no vuelvas más!

☐ **Juan:** Está bien.

☐ **Blanca:** Adiós.

☐ **Suegra:** ¡Es peligroso! Hasta tus amigos lo dicen.

6.5 Juan, cuando se despide de Blanca, le dice: "¡Si toda la gente de derechas fuera como tú!". ¿Qué quiere decir Juan con esta frase? Habla con tus compañeros.

DESPUÉS
DE VER LA SECUENCIA

6.6 Contesta las preguntas con tu compañero/a.

a ¿Qué último favor le pide Juan a Blanca?

....

b ¿Cómo reacciona Blanca?

....

c Juan dice: "Quién puede pensar en eso ahora". ¿Qué quiere decir con eso?

....

d ¿Qué consejo le da Juan a Blanca para continuar la vida con su marido?

....

6.7 Blanca visita a Juan porque es amigo de su marido y piensa que si va ella es menos peligroso para su marido. Con tu compañero/a, contesta las preguntas.

a ¿Creen que Blanca sufrirá consecuencias por ser buena persona y buena amiga?

b Y su marido, ¿creen que tendrá consecuencias?

6.8 ¿Has hecho alguna vez algo bueno por alguien y ha tenido consecuencias negativas en tu vida? Cuéntaselo a tus compañeros.

6.9 Imagínense las siguientes situaciones y digan a su compañero/a qué harían.

a Ha terminado la guerra y crees que estás protegido porque no has hecho nada. Un buen amigo tuyo está en peligro porque es del bando perdedor y hay represalias. ¿Qué harías por él?

b Estás en peligro porque estabas afiliado al partido que ha perdido la guerra. ¿Qué harías?

c Después de una guerra, un familiar tuyo está en grave peligro por sus ideas políticas. No ha hecho realmente nada malo, pero hay persecuciones y amenazas por parte de las autoridades para las personas que ayuden a los vencidos. ¿Qué harías?

6.10 ¿Qué consejos le darías a una persona que quiere ayudar a otra que se encuentra en un peligro real? Escribe cinco y compáralos con los de tu compañero/a. ¿Han coincidido? ¿Cuáles son los dos mejores? Elijan los mejores consejos de la clase.

GRAMÁTICA

Ⓐ EL IMPERFECTO DE SUBJUNTIVO

- The imperfect or past subjunctive is formed by dropping the **–ron** ending of the third-person plural of the preterit and adding **–ra** or **–se**. The **–se** form is used more often in Spain then elsewhere.

  *practica***ron** ▶ *practica***ra** / *practica***se**   *fue***ron** ▶ *fue***ra** / *fue***se**

- Use the imperfect subjunctive much in the same way as you would the present subjunctive (to express speaker's uncertainty, attitudes, emotions, or wishes) but when speaking about the past or hypothetical situations. Compare the following sentences:

  – *Es importante que respetes las normas.* ▶ – *Sería importante que respetaras las normas.*
  – *Quiero que vengas mañana más pronto.* ▶ – *Quería que vinieras mañana más pronto.*
  – *No creo que sea buena idea dejar el gimnasio.* ▶ – *No creía que fuera buena idea dejar el gimnasio.*

–AR verbs		–ER verbs		–IR verbs	
practicar		**beber**		**decidir**	
practica**ra**	practica**se**	bebie**ra**	bebie**se**	decidie**ra**	decidie**se**
practica**ras**	practica**ses**	bebie**ras**	bebie**ses**	decidie**ras**	decidie**ses**
practica**ra**	practica**se**	bebie**ra**	bebie**se**	decidie**ra**	decidie**se**
practicá**ramos**	practicá**semos**	bebié**ramos**	bebié**semos**	decidié**ramos**	decidié**semos**
practica**rais**	practica**seis**	bebie**rais**	bebie**seis**	decidie**rais**	decidie**seis**
practica**ran**	practica**sen**	bebie**ran**	bebie**sen**	decidie**ran**	decidie**sen**

» Los verbos irregulares en pretérito mantienen la irregularidad en todas las personas:

  *pu***dieron** ▶ *pu***diera**   *pi***dieron** ▶ *pi***diera**   *construy***eron** ▶ *construy***era**

» La correlación de tiempos en relación al pasado es la siguiente:

  1. Imperfecto   + imperfecto de subjuntivo ▶ – *Antes* **tenía** *miedo de que las clases* **fueran** *difíciles.*
  2. Pretérito   + imperfecto de subjuntivo ▶ – *Raquel me* **llamó** *para que la* **acompañara** *a clase.*
  3. Condicional   + imperfecto de subjuntivo ▶ – **Sería** *genial que todos* **pudiéramos** *pasarlo bien.*

6.1 **Completa las frases y relaciónalas con lo que expresa.**

	Prohibición	Orden y petición	Consejo
a El gobierno recomendó que los ciudadanos .... (mantenerse) tranquilos cuando hubo el alzamiento militar..	○	○	○
b Durante la dictadura chilena no estaba permitido que .... (agruparse, ellos) en partidos políticos.........	○	○	○
c Les agradecería que .... (reconocer) que se equivocaron robando la libertad a nuestro país.	○	○	○
d Estaba prohibido que se .... (hacer) apología del terrorismo.	○	○	○
e Me gustaría que .... (prestar) atención a la voluntad popular y .... (tomar) medidas para asumir la historia de nuestro país con respeto..................	○	○	○
f Exigió que .... (descubrir, ellos) las fosas comunes y .... (devolver, ellos) los restos a las familias.	○	○	○

6.2 Completa los cambios que se han producido en algunos países de Latinoamérica y España. ¿Cómo son las leyes en tu país? Escribe algunos cambios que se han producido en los últimos años. Coméntenlo con su compañero/a.

ANTES ESTABA PROHIBIDO EN...

- **México** que los matrimonios [1]..................... (disolverse) jurídicamente. Solo estaba permitido que las parejas vivieran separadas.
- **Cuba** que los ciudadanos [2]..................... (tener) celular. Solo estaban autorizados los oficiales de alto rango.
- **España** que las personas del mismo sexo [3]..................... (casarse).
- **Colombia** que se [4]..................... (interrumpir) el embarazo en todos los supuestos.
- **EE. UU.** que...

AHORA ESTÁ PERMITIDO EN...

- **México**, a partir de 2008, que los matrimonios [5]..................... (divorciarse) sin necesidad de expresar causa alguna.
- **Cuba** que cualquiera [6]............. (tener) celular.
- **España**, desde el 2005, que las personas del mismo sexo [7]............. (contraer) matrimonio.
- **Colombia** que las mujeres [8]..................... (abortar) cuando el embarazo es producto de una violación, cuando está en riesgo la vida de la madre, y cuando se presentan malformaciones en el feto.
- **EE. UU.** que... ....

6.3 Busca en Internet prohibiciones curiosas en tu país y en el mundo. Comenta con la clase las que más te hayan sorprendido.

6.4 ¿Y tú? Escribe los cambios que has experimentado en tu vida.

Antes estaba permitido / estaba prohibido...	**Ahora** está permitido / está prohibido...

GRAMÁTICA

You have already learned different ways to express hypotheses in Spanish. In this section you will learn to express factual and contrary-to-fact statements with **si**. Compare the following sentences that illustrate these two types of statements.

– *Si tengo 10 dólares, te los dejo.* (It's possible that I have the money)
– *Si tuviera 10 000 dólares, te los dejaría.* (I really don't have the money. Contrary-to-fact statement)

■ Condicionales probables:

» *Si* + presente de indicativo + futuro / presente / imperativo

– *Si gano suficiente dinero este verano, haré / hago / haz un viaje por toda Europa.*

■ Condicionales poco probables:

» *Si* + imperfecto de subjuntivo + condicional

– *Si ganara suficiente dinero este verano, haría un viaje por toda Europa.*

» Si terminara esto pronto, iría con vosotros de viaje.

6.5 Pregunta a tu compañero/a qué hace o qué va a hacer en estas situaciones.

■ No puede expresar su opinión.
■ Quiere ir a una manifestación y no está permitida.
■ Es sancionado injustamente.
■ No tiene acceso a información objetiva.

Modelo: ■ *¿Qué haces si no puedes expresar tu opinión?*
□ *Si no puedo expresar mi opinión, lucho para que eso cambie.*

6.6 Lean las respuestas que han dado algunas personas en una encuesta sobre el tema del dinero y la felicidad. ¿Con cuál de ellas se identifican más?

a Si tuviera un buen trabajo, se me acabarían muchos de los problemas que tengo.

b Si tuviera una tarjeta de crédito sin límite, no me preocuparía tanto.

c Si tienes una vida en pareja sólida, entonces eres feliz.

d Si contara con buena salud, podría hacer de todo para alcanzar la felicidad.

e Si ayudo a la gente, me siento útil para los demás y eso me proporciona bienestar.

f Si tienes una familia unida, las cosas siempre son más fáciles.

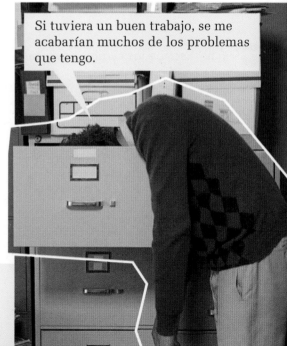

Si tuviera un buen trabajo, se me acabarían muchos de los problemas que tengo.

6.7 Hace un tiempo circuló por Internet el supuesto testamento literario del importante escritor colombiano Gabriel García Márquez, en el que nos cuenta cómo se comportaría si se le diese una oportunidad de vida. Relaciona el texto. Después, escucha y comprueba.

[44]

Relaciona:

1 Si Dios me obsequiara un trozo de vida, ... ○

2 ¡Dios mío! Si yo tuviera un corazón, ... ○

3 Dios mío, si yo tuviera un trozo de vida, ... ○

4 Si supiera que hoy fuera la última vez que te voy a ver dormir, ... ○

5 Si supiera que esta fuera la última vez que te vea salir por la puerta, ... ○

6 Si supiera que esta fuera la última vez que voy a oír tu voz, ... ○

7 Si supiera que estos son los últimos minutos que te veo, ... ○

a te abrazaría fuertemente y rezaría al Señor para poder ser el guardián de tu alma.

b diría "te quiero" y no asumiría, tontamente, que ya lo sabes.

c escribiría mi odio sobre el hielo, y esperaría a que saliera el sol. Pintaría con un sueño de Van Gogh sobre las estrellas un poema de Benedetti, y una canción de Serrat sería la serenata que le ofrecería a la Luna. Regaría con mis lágrimas las rosas, para sentir el dolor de sus espinas, y el encarnado beso de sus pétalos...

d vestiría sencillo, me tiraría de bruces al sol, dejando descubierto, no solamente mi cuerpo, sino mi alma.

e no dejaría pasar un solo día sin decirle a la gente que quiero que la quiero. Convencería a cada mujer u hombre de que son mis favoritos y viviría enamorado del amor.

He aprendido que un hombre solo tiene derecho a mirar a otro hacia abajo, cuando ha de ayudarle a levantarse. Son tantas cosas las que he podido aprender de ustedes; pero realmente de mucho no habrán de servir, porque cuando me guarden dentro de esa maleta, infelizmente me estaré muriendo.

Siempre di lo que sientes y haz lo que piensas.

f te daría un abrazo, un beso y te llamaría de nuevo para darte más.

g grabaría cada una de tus palabras para poder oírlas una y otra vez indefinidamente.

6.8 Imagina que no tienes ningún tipo de restricciones, ¿qué harías con respecto a...?

- el trabajo
- las vacaciones
- tu casa
- el carro
- tus abuelos
- los amigos

- esos amigos de tus amigos a los que no soportas
- el jefe
- tus estudios
- los viajes
- tu país

Modelo: *Si viviera más cerca de mi abuelo, lo visitaría cada semana.*

Si los amigos de Carmen vinieran a cenar con nosotros, yo no les hablaría.

GRAMÁTICA

 6.9 Lean esta nota. ¿En qué circunstancias escribirían ustedes una nota semejante?

Mucha suerte y presta mucha atención a todo lo que ocurra a tu alrededor; ya sabes que no hay nada mejor que la prudencia. Aquí todos estamos contigo.

Pues, no sé. Yo escribiría algo así si un amigo mío fuera a pasar una entrevista de trabajo, para darle ánimos y, de paso, algunos consejos sobre la observación y la prudencia, que nunca vienen mal.

C *COMO SI* + IMPERFECTO DE SUBJUNTIVO

You have been using **como** to mean *as*, *like*, and *since*. The expression, **como si**, means *like* or *as if*. It is used to make a comparison with something not real.

- Cuando queremos describir algo, ya sean objetos, personas o acciones, nos ayudamos comparándolo con elementos semejantes y usamos la partícula **como**.

    – *Escribes como un niño de seis años.*
    – [1] ....

- A veces, cuando queremos describir algo o una situación, usamos ideas o situaciones que no han pasado, son imaginarias, pero que nos ayudan a describir o explicar la situación. Para ello usamos ***como si*** + imperfecto de subjuntivo.

    – *Estás comiendo la tarta como si fueras un niño de seis años.*
      (Situación imaginaria = ser un niño de seis años)
    – *El niño comía la tarta como si fuera el único en la fiesta.*
      (Situación imaginaria = ser el único niño)
    – [2] ....
    – [3] ....

- ***Ni que*** + imperfecto de subjuntivo, sirve para comparar una acción con otra que sabemos que es imposible. Es sinónimo de ***como si***, pero es más enfático, tiene más fuerza.

    – *No sé por qué estás tan nervioso, ni que fuera la primera vez que tienes un examen.*
      (Situación imaginaria = es el primer examen en la vida de un estudiante de universidad)
    – [4] ....

»Canta como un grillo.

6.10 Lee la conversación entre Rosa y Julia y fíjate en las diferentes funciones de *como* en español. Completa el cuadro anterior con ejemplos sacados de la conversación.

💬 Mira esta foto que encontré de antes de la guerra. Creo que es la abuela de mi madre con sus amigas en la playa.

💬 ¡Qué trajes de baño llevan! Están vestidas como si fueran a una fiesta y no a bañarse.

💬 Es verdad. ¡O como si tuvieran frío!

💬 Yo nunca iría así a la playa, ni que estuvieran en el Polo Norte.

💬 La pobre abuela, en aquellos tiempos tendría que vestirse como una señorita decente.

6.11 Explica con tus palabras el significado de la siguiente frase, respondiendo a las preguntas.

ESTÁN VESTIDAS COMO SI FUERAN A UNA FIESTA.

a ¿Van a una fiesta realmente?

b ¿Qué parte de la frase es la real y la imaginaria?

c En "Como si fueran a una fiesta", ¿la acción se realiza antes, al mismo tiempo o después de la acción de la frase real?

d ¿Qué tiempo verbal acompaña a *como si*? ¿Por qué?

e ¿Es una comparación o una condición?

6.12 Observen las siguientes fotos del pasado y completen las frases utilizando *como si*. Elijan una de ellas y escriban una conversación como la de la actividad 6.10. Represéntenla ante la clase.

El abuelo...

Posan para la foto...

Se miran...

El soldado español...

EL EXILIO

NIÑOS DE MORELIA

 6.1 ¿Qué sabes sobre la guerra civil española? ¿Qué piensas que les pasó a los republicanos, los que perdieron la guerra? Mira las fotos y habla con tu compañero/a.

📖 **LEER**

6.2 Lee el texto y comprueba tus hipótesis a las preguntas anteriores.

El capítulo mexicano más conocido es quizás el de los 'Niños de Morelia', como se conoce a los cerca de 500 menores de edad acogidos por el entonces presidente Lázaro Cárdenas en 1937 durante la guerra civil española.

El Servicio de Evacuación de Refugiados Españoles (SERE), el primer organismo de auxilio a los republicanos exiliados, fue creado en París en febrero de 1939. En representación del SERE, en México se creó el Comité Técnico de Ayuda a los Refugiados Españoles (CTARE) cuyo objetivo sería recibir, alojar, proporcionar auxilio y distribuir a los inmigrantes por el territorio mexicano. Se estiman en unos 6000 los refugiados llegados a México a bordo de los buques *Sinaia*, *Ipanema* y *Mexique* en 1939. A todos estos buques cabe añadir el viaje del *Winnipeg*, gestionado por Pablo Neruda, que entró en el puerto de Valparaíso, Chile, en el mismo año con unos 2500 pasajeros.

Ante la presión del gobierno español, la SERE desapareció a comienzos de 1940, pero el éxodo siguió. Los historiadores piensan que México acogió cerca de 25 000 refugiados españoles entre 1939 y 1942, gran parte durante el gobierno del presidente Lázaro Cárdenas. De estos refugiados se cree que la "inmigración intelectual" o de "élite" era del 25% del total. Llegaron, además, obreros y campesinos, así como militares, marinos y pilotos, hombres de Estado, economistas y hombres de empresa, todos ellos vinculados al gobierno republicano derrotado (*defeated*) en la guerra.

» Morelia (México).

La tarea que hicieron los refugiados fue de un valor absolutamente inapreciable para México, aquella irrepetible generación de intelectuales españoles exiliados, trabajando con grupos de mexicanos ayudó enormemente a la consolidación del país después de la Revolución.

6.3 Vuelve a leer el texto y completa la ficha.

Ficha:

Organizaciones a cargo del éxodo: ....

Número de niños acogidos en Morelia, México:	Presidente de México que apoyó el exilio a México:	Número de refugiados llegados a México entre 1939 y 1942:
....	....	....

Ocupación de los refugiados: ....

Beneficio para México: ....

 ESCUCHAR

[45]

6.4 Elvira, una de las refugiadas acogidas por México, cuenta cómo logró salir de España. Escucha la primera parte de su historia y contesta las preguntas.

a ¿A qué partido pertenecía Elvira?

b ¿Por qué decidió salir de España?

c ¿Cuál era su profesión? ¿Dónde vivía?

d ¿Con quién decidió salir?

e ¿Qué encontraron en la frontera con Francia?

f ¿Su marido había combatido en la Guerra Civil? ¿Por qué (no)?

g ¿Qué decidieron hacer?

 ESCRIBIR

6.5 ¿Cómo imaginas el viaje de Elvira a través de los Pirineos? Escribe una posible historia.

[46]

6.6 Escucha la segunda parte de la historia de Elvira. ¿Es como la imaginaste?

 HABLAR

6.7 ¿Qué opinas sobre Elvira? ¿Conoces a alguna persona que haya sobrevivido a dificultades tan enormes?

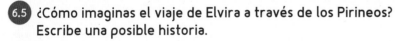 Conectores del discurso

- Para introducir un nuevo argumento o idea: **referente a, respecto a, en relación con, en cuanto a, por otra parte**...

- Para expresar un inconveniente u obstáculo que no impide que la acción principal se cumpla: **aunque, a pesar de que**...

- Para concluir: **por último, finalmente, para terminar, en conclusión**...

DOS PINTORES, DOS MUNDOS

¿SABEN QUÉ MUSEOS SON?

6.1 Observa estos lugares. ¿Saben a qué pintores están dedicados? ¿Qué personalidades crees que tienen? ¿Saben en qué países están?

CON ORIGINALIDAD

6.2 Ahora, observa con atención sus autorretratos y relaciona las siguientes frases con su autor.

a Alguna vez salí a la calle totalmente de azul o con un geranio tras la oreja.

b Dicen que mi pintura es surrealista, pero no es cierto. Yo siempre pinto mi propia realidad.

c Recibí muchos mensajes del espacio a través de mis largos bigotes.

d Soñé con montar mi propio museo y lo hice en mi ciudad natal.

e A mi matrimonio lo definen como la unión entre una paloma y un elefante.

f Pinto autorretratos porque paso la mayor parte de tiempo en soledad.

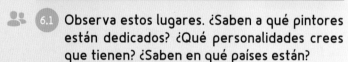

»Salvador Dalí.

»Frida Kahlo.

6.3 Lee las biografías de los dos pintores y comprueba tus respuestas anteriores.

SALVADOR DALÍ

Pintor español que nació en 1904 en Figueras, Gerona. Sus veranos en Cadaqués, un pequeño pueblo de pescadores, fueron lo mejor de su infancia y a menudo reflejó su paisaje y recuerdos en sus cuadros. De 1929 a 1936 fue la etapa más fructífera de su vida, donde pintó cualquier "pensamiento automático" que le pasaba por la cabeza. Encontró su propio estilo, el "método paranóico-crítico", y conoció al amor de su vida: Gala. Diseñó escaparates y decorados, creó sus primeros objetos surrealistas y salió a la calle pintado de azul o con un geranio tras la oreja. Durante la Segunda Guerra Mundial se exilió con Gala a Estados Unidos durante ocho años y conquistaron Nueva York. El estallido de la bomba atómica sobre Hiroshima le impresionó tanto que los fenómenos científicos y la física nuclear ocuparon el centro de su atención. Sus largos bigotes, desde los que recibía mensajes desde el espacio, y sus bastones alcanzaron una fama mundial.

»Museo de Dalí, Figueras.

A partir de 1970 se dedicó a su último gran sueño: montar su propio museo en el edificio del antiguo teatro de Figueras. Diseñó el museo como una gran autobiografía: una especie de cueva de "Dalí-Babá" que narra las distintas visiones del mundo que tuvo a lo largo de la vida... Murió en 1989 y fue enterrado en su museo de Figueras.

FRIDA KAHLO

Pintora mexicana que nació en Coyoacán, en 1907. Sin embargo, Frida siempre dijo que nació en 1910, año de la revolución mexicana. En 1925, un grave accidente de tranvía la dejó con lesiones permanentes durante toda su vida, y tuvo que someterse a 32 operaciones quirúrgicas. El aburrimiento y la soledad de la época de su recuperación la llevaron a

pintar numerosos autorretratos. Años más tarde, en 1929, se casó con Diego Rivera, con el que mantuvo una relación basada en el amor, la infidelidad, el vínculo creativo y el odio. Se divorciaron para volverse a casar un año después. Al matrimonio lo llamaron la unión entre un elefante y una paloma, porque Diego era enorme y obeso, y Frida pequeña y delgada.

»Autoretrato de Frida Kahlo.

El poeta y ensayista surrealista André Bretón definió la obra de Frida como surrealista, pero ella lo negó afirmando que nunca pintó sus sueños, sino su propia realidad. Murió en Coyoacán en 1954, fue incinerada y sus cenizas se encuentran en la Casa Azul de Coyoacán.

GUÍA DE OCIO

 ARTE

Galatea de las Esferas (1952). Salvador Dalí reflejó en este cuadro tres de sus obsesiones: su mujer Gala, la ciencia y el misticismo. Dalí se sintió muy atraído por la ciencia, primero con la teoría de la relatividad de Einstein y, después, con los experimentos nucleares, los avances en el estudio del ADN, la naturaleza de la luz o la física cuántica. En 1951 publicó el *Manifiesto místico*, donde expresó su interés por los fenómenos nucleares. En esta pintura combinó la vertiente espiritual, con el retrato místico de Gala, y la ciencia, reflejada en las esferas como pequeñas partículas que componen la materia y forman el universo.

1 ¿Cuáles son las obsesiones de Dalí representadas en este cuadro?

2 ¿Cuáles son las vertientes que se combinan en el cuadro? ¿Cómo se reflejan?

3 ¿Qué acontecimientos científicos influyeron en la obra de Dalí?

4 ¿En qué se basa su *Manifiesto místico*?

ARTE

Diego y yo (1949). Frida Kahlo pintó este autorretrato cuando su marido, Diego Rivera, mantenía una aventura con la estrella de cine María Félix, que además era amiga íntima de Frida. La pintora bromeó muchas veces sobre este romance. Sin embargo, esta pintura revela sus sentimientos. Frida llora porque está rota de dolor. Su larga melena que se enreda en el cuello simboliza el fuerte dolor que la está estrangulando. La obsesión que siente por su marido se refleja en la imagen de Diego en su frente que, a pesar del dolor que le ocasionan sus infidelidades, le sigue amando.

1 ¿En qué momento pintó Frida este autorretrato?

2 ¿Quién fue María Félix?

3 ¿Qué simboliza el largo cabello rodeando el cuello de Frida?

4 ¿Cómo se refleja en el cuadro la obsesión de Frida por su marido?

Busca en Internet la película *Frida* y observa un fragmento. ¿Cómo refleja la película la personalidad de Frida Kahlo?

 **CINE**

Salma Hayek representó el papel de la famosa pintora mexicana en la película *Frida*, que estuvo nominada a seis Premios Oscar. Madonna y Jennifer Lopez estuvieron interesadas en protagonizar esta película.

LITERATURA PARA LA VIDA

¿Qué representan estas imágenes?

6.1 ¿Conoces a Juan Rulfo? ¿Qué sabes de él? Lee los siguientes datos biográficos de este autor.

JUAN RULFO

Juan Nepomuceno Carlos Pérez Rulfo Vizcaíno, más conocido como Juan Rulfo, nació en Acapulco, estado de Jalisco, el 16 de mayo de 1917. Murió en la ciudad de México, el 7 de enero de 1986. Fue escritor, guionista y fotógrafo perteneciente a la Generación del 52. La reputación de Rulfo se asienta en dos pequeños libros: *El llano en llamas*, publicado en 1953, y la novela *Pedro Páramo*, publicada en 1955. Juan Rulfo fue uno de los grandes escritores latinoamericanos del siglo XX, que pertenecieron al movimiento literario denominado "realismo mágico", y en sus obras se presenta una combinación de realidad y fantasía, cuya acción se desarrolla en escenarios americanos, y sus personajes representan y reflejan el tipismo del lugar, con sus grandes problemáticas socioculturales, entretejidas con el mundo fantástico.

INVESTIGA

Busca en Internet y amplía tu información contestando estas preguntas:

a ¿Asistió a la universidad? ¿Por qué temas sentía gran curiosidad y en cuáles se especializó?

b ¿Fueron importantes sus fotografías? ¿De qué trataban?

c ¿Ha tenido repercusión internacional o solo es conocido en el mundo hispano?

d ¿Has leído algún libro suyo?

6.2 Van a leer el comienzo del cuento de Juan Rulfo llamado *¡Diles que no me maten!*, que habla sobre la vida de los campesinos durante la Revolución mexicana. ¿Lo conoces? ¿De qué crees que trata?

....

....

....

....

....

6.3 Escucha y lee el fragmento. Después, responde a las preguntas: ¿Por qué Juvencio le pide a Justino
[47] que no lo maten? ¿Quién quiere matarlo?

 Diles que no me maten

> **Juvencio:** ¡Diles que no me maten, Justino!
> Anda, vete a decirles eso. Que por caridad.
> Así diles. Diles que lo hagan por caridad.
>
> **Justino:** No puedo. Hay allí un sargento que
> 5 no quiere oír hablar nada de ti.
>
> **Juvencio:** Haz que te oiga. Date tus mañas
> y dile que para sustos ya ha estado bueno.
> Dile que lo haga por caridad de Dios.
>
> **Justino:** No se trata de sustos. Parece que te
> 10 van a matar de a de veras. Y yo ya no quiero
> volver allá.
>
> **Juvencio:** Anda otra vez. Solamente otra
> vez, a ver qué consigues.
>
> **Justino:** No. No tengo ganas de ir. Según eso,
> 15 yo soy tu hijo. Y, si voy mucho con ellos,
> acabarán por saber quién soy y les dará por
> afusilarme a mí también. Es mejor dejar las
> cosas de ese tamaño.
>
> **Juvencio:** Anda, Justino. Diles que tengan
> 20 tantita lástima de mí. Nomás eso diles.
> (*Justino apretó los dientes y movió la
> cabeza*) –No. (*Y siguió sacudiendo la cabeza
> durante mucho rato*). Dile al sargento que te
> deje ver al coronel. Y cuéntale lo viejo que
> 25 estoy. Lo poco que valgo. ¿Qué ganancia
> sacará con matarme? Ninguna ganancia. Al
> fin y al cabo él debe de tener un alma. Dile
> que lo haga por la bendita salvación de su
> alma.
>
> **Justino:** (*Se levantó de la pila de piedras en
> 30 que estaba sentado y caminó hasta la puerta
> del corral. Luego se dio vuelta*). Voy, pues.
> Pero si me afusilan a mí también, ¿quién
> cuidará de mi mujer y de los hijos?
>
> **Juvencio:** La Providencia, Justino. Ella se
> 35 encargará de ellos. Ocúpate de ir allá y ver
> qué cosas haces por mí. Eso es lo que urge.

(Fragmento de *Diles que no me maten*, Juan Rulfo)

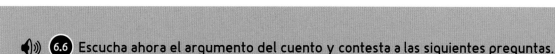 **6.4** De acuerdo con lo que leyeron, ¿podrían describir un poco a los dos personajes? ¿Podrían
calcular sus edades? ¿En qué tiempos creen que tuvo lugar?

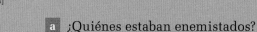 **6.5** Con lo que han leído del cuento traten de construir su propia versión de la historia. ¿Qué es
lo que creen que pasó para estar en esta situación?

....

....

....

6.6 Escucha ahora el argumento del cuento y contesta a las siguientes preguntas.
[48]

> **a** ¿Quiénes estaban enemistados?
> **b** ¿Cuál era la causa de esta pelea?
> **c** Finalmente, ¿qué desató y cuál fue el dramático final?
> **d** ¿Cómo vivió Juvencio?
> **e** ¿Le sirvió para algo la decisión que tomó de cómo vivir su vida?
> **f** ¿Coincide el argumento real del cuento con lo que habían imaginado?

¿QUÉ HE APRENDIDO?

- **Completa estas frases y relaciónalas con su función correspondiente.**

  1 Te recomiendo que ....

  ....

  2 Estaba prohibido que ....

  ....

  3 Les agradecería que ....

  ....

a	◯	Prohibición
b	◯	Orden o petición
c	◯	Consejo

- **Traduce a tu lengua. ¿Cómo has traducido los subjuntivos?**

  1 Sería aconsejable que siempre lucharas por el bien común.

  ....

  2 Yo en tu lugar, sería prudente.

  ....

  3 Estaba prohibido que los familiares entraran a la zona de prisioneros.

  ....

  4 El juez me pidió que hablara con más claridad.

  ....

- **Escribe una frase para cada situación.**

  1 Da un consejo para mejorar las condiciones sociales de tu barrio.

  ....

  2 Pide consejo a un amigo para superar los problemas de desigualdad en tu trabajo.

  ....

  3 Exige ciertas condiciones para elegir al alcalde de una ciudad.

  ....

- **Completa las siguientes frases.**

  1 Si vienes ....

  2 ....

  .... tendría más dinero.

  3 Si viviera en otro país ....

  ....

- **Completa las siguientes frases.**

  1 Estás viviendo la vida como si ....

  ....

  2 Disfrutaba de sus vacaciones como si ......

  ....

  3 Se comió él solo todos los pasteles, ni que

  ....

AHORA SOY CAPAZ DE...

		SÍ	NO
1	...pedir y dar consejo.	◯	◯
2	...pedir y exigir formalmente.	◯	◯
3	...expresar condicionales posibles y poco probables en el presente y en el futuro...	◯	◯
4	...expresar condicionales irreales en el pasado.	◯	◯
5	...comprender y usar palabras relacionadas con los momentos de la historia.......	◯	◯

MI VOCABULARIO

Historia social y política

el acontecimiento event, occurrence
el alzamiento uprising, revolt
el apoyo support
el/la campesino/a farmer, peasant
el campo de concentración concentration camp
el cargo charge
el/la conscripto/a draftee
la depuración filtering, purification
el/la detenido/a detainee
la dictadura dictatorship
la fosa común mass grave
el golpe de Estado coup
la guerra war
el inicio beginning, start
la junta militar millitary junta
el/la líder/esa leader
la lucha fight, battle
la manifestación demonstration, protest
el poder power
la reforma agraria land reform
el/la refugiado/a refugee
la represalia reprisal, retaliation
la sepultura burial
el trabajo forzado forced labor
el tratado treaty

Verbos

agruparse to form a group
censurar to censor, denounce
contraer to contract
durar to last
exigir to demand
fusilar to execute by firearm
liderar to lead
mantenerse to stay, keep
obsequiar to reward
preservar to preserve
prestar atención to pay attention
reconocer to recognize
rendirse to give up, surrender
surgir to arise, emerge
tomar medidas to take measures

Palabra y expresiones útiles

actualmente at present, currently

Conectores del discurso

a pesar de que despite the fact that
aunque even though
en conclusión in short, to sum up
en cuanto a regarding, with regard to
en relación con in relation to/with
finalmente finally
para terminar in closing
por otra parte on the other hand
por último lastly
referente a concerning
respecto a with respect to

Apéndices

- Resumen gramatical
- Tabla de verbos
- Glosario gramatical
- Glosario de vocabulario

UNIDAD 1
Ⓐ LOS TIEMPOS VERBALES DEL PASADO

PRESENT PERFECT

■ The present perfect tense is used for past actions occurring in a period of time that is still current (*hoy*, *esta mañana*, *en mi vida*, etc.).
> – *Esta semana he tenido un problema con mi coche.*

■ Additionally, the present perfect expresses an action completed prior to a point in the present.
> – *He estado en Londres.*

■ The tense is formed using the present tense of the auxiliary verb **haber** plus the past participle of the main verb.

	Present tense of *haber*	Past participle		
		trabajar	beber	vivir
Yo	**he**			
Tú	**has**			
Él/ella/usted	**ha**	+ trabaj**ado**	beb**ido**	viv**ido**
Nosotros/as	**hemos**			
Vosotros/as	**habéis**			
Ellos/ellas/ustedes	**han**			

Irregular past participles include:

poner ▶ **puesto**	descubrir ▶ **descubierto**	abrir ▶ **abierto**	romper ▶ **roto**
hacer ▶ **hecho**	volver ▶ **vuelto**	componer ▶ **compuesto**	ver ▶ **visto**
escribir ▶ **escrito**	decir ▶ **dicho**	morir ▶ **muerto**	deshacer ▶ **deshecho**

■ Remember, the past participle in all compound tenses does not vary in number and gender.
> – ***Pedro** ha **venido** ya. **Luisa** y **Susana** han **venido** ya.*

■ Common time expressions used with the present perfect:
- – **Hoy**
- – **Todavía no, ya**
- – **Esta mañana, este mes/año**
- – **Hasta ahora**
- – **Últimamente**
- – **Nunca**
- – **Siempre**
- – **¿Alguna vez...?**
- – **¿Cuántas veces...?**

■ The present perfect is commonly used with *ya, todavía no, alguna vez, nunca*, etc. to ask and talk about personal experiences.
> – *¿Has estado alguna vez en Perú?*

PRETERIT

■ The preterit tense is used to express competed actions that began and ended at a fixed point in the past (*ayer, el año pasado, en 2007*, etc.).
> – *Ayer fui a clase.*

■ The preterit is also used when talking about the number of times an action took place in the past.
> – *El año pasado fui varias veces al teatro.*

■ The preterit interrupts ongoing actions in the past.
> – *Estábamos comiendo en casa cuando llamó mi madre por teléfono.*

■ The preterit tense is commonly used with the following time expressions:
- **Ayer**
- **El otro día**

- **El mes, año, semana pasado/a**
- **En** + *mes/año*

- **Anteayer**
- **Anoche**

Regular verbs

	trabajar	beber	vivir
Yo	trabaj**é**	beb**í**	viv**í**
Tú	trabaj**aste**	beb**iste**	viv**iste**
Él/ella/usted	trabaj**ó**	beb**ió**	viv**ió**
Nosotros/as	trabaj**amos**	beb**imos**	viv**imos**
Vosotros/as	trabaj**asteis**	beb**isteis**	viv**isteis**
Ellos/ellas/ustedes	trabaj**aron**	beb**ieron**	viv**ieron**

■ Spelling changes occur before the vowel **e** in verbs ending in **–car**, **–gar**, and **–zar**:
car > **qué**: buscar ▶ busqué
gar > **gué**: cargar ▶ cargué
zar > **cé**: utilizar ▶ utilicé

Irregular verbs

■ These verbs have irregular stems and share the same set of irregular endings.

■ Irregular verbs do not have written accents.

■ Verbs formed from irregular verbs will also be irregular in the preterit:
proponer ▶ *propuse, propusiste, propuso...*

estar	tener	poder	saber	haber
estuve	**tuv**e	**pud**e	**sup**e	**hub**e
estuviste	**tuv**iste	**pud**iste	**sup**iste	**hub**iste
estuvo	**tuv**o	**pud**o	**sup**o	**hub**o
estuvimos	**tuv**imos	**pud**imos	**sup**imos	**hub**imos
estuvisteis	**tuv**isteis	**pud**isteis	**sup**isteis	**hub**isteis
estuvieron	**tuv**ieron	**pud**ieron	**sup**ieron	**hub**ieron

poner	andar	hacer	venir	querer
puse	**anduv**e	**hic**e	**vin**e	**quis**e
pusiste	**anduv**iste	**hic**iste	**vin**iste	**quis**iste
puso	**anduv**o	**hiz**o	**vin**o	**quis**o
pusimos	**anduv**imos	**hic**imos	**vin**imos	**quis**imos
pusisteis	**anduv**isteis	**hic**isteis	**vin**isteis	**quis**isteis
pusieron	**anduv**ieron	**hic**ieron	**vin**ieron	**quis**ieron

Irregular verbs: *ir, ser* and *dar*

ser / ir	dar
fui	di
fuiste	diste
fue	dio
fuimos	dimos
fuisteis	disteis
fueron	dieron

■ The verb **dar** uses regular **–er** endings in the preterit.

■ Both **ir** and **ser** share the same preterit forms. The context will help to determine which verb is being used.
   – *Ramón fue a la fiesta.*
   – *Fue el primero en llegar.*

■ These verbs do not have written accents.

Verbs with irregular stems and 3ʳᵈ person plural endings

decir	traer
dije	**tra**je
dijiste	**tra**jiste
dijo	**tra**jo
dijimos	**tra**jimos
dijisteis	**tra**jisteis
dijeron	**tra**jeron

■ In this group, the **–ieron** ending becomes **–eron** after the **j** in the stem.

■ These verbs do not have written accents.

■ Other verbs include: *producir, reducir, conducir...*

Other irregular verbs

pedir	dormir	leer
pedí	dormí	leí
pediste	dormiste	leíste
pidió	durmió	leyó
pedimos	dormimos	leímos
pedisteis	dormisteis	leísteis
pidieron	durmieron	leyeron

■ Verbs ending in **–ir** that stem change in the present tense will stem change in the preterit in 3ʳᵈ person singular and plural as follows: **e>i, o>u**

■ Other verbs like **pedir** include: *repetir, sentir, servir, divertirse, medir, preferir, corregir, seguir, mentir...*

■ Other verbs like **dormir** include: *morir(se).*

■ Some verbs ending in **–eer** and **–uir** change from **i** to **y** in 3ʳᵈ person singular and plural endings: **ió > yó** and **ieron > yeron**.

■ Other verbs like **leer** include: *construir, caer, oír, creer, destruir.*

■ This change does not occur in verbs ending in **–guir** such as *seguir, conseguir, distinguir...*

IMPERFECT

■ The imperfect tense is used to refer to habitual or repeated actions in the past.
   – *Estudiaba en un colegio a las afueras de mi ciudad.*
   – *De joven practicaba algunos deportes acuáticos.*

■ It is used to describe people or circumstances in the past.
> – *Su padre era moreno y tenía los ojos negros.*
> – *Hacía un día estupendo, así que decidí pasar el día en la ciudad.*

■ It also describes both ongoing and simultaneous actions in the past.
> – *Estábamos comiendo cuando se apagó la luz.*
> – *Siempre que nos hacía una visita, nos traía un regalo.*
> – *Mientras Ana se duchaba, Iván preparaba la cena.*

■ The imperfect is commonly used with the following time expressions:

– **Esa noche**	– **Ese día**	– **Antes... ahora**
– **Porque**	– **Cuando**	– **Siempre que**
– **Mientras**		

Regular verbs

	trabajar	beber	vivir
Yo	trabaj**aba**	beb**ía**	viv**ía**
Tú	trabaj**abas**	beb**ías**	viv**ías**
Él/ella/usted	trabaj**aba**	beb**ía**	viv**ía**
Nosotros/as	trabaj**ábamos**	beb**íamos**	viv**íamos**
Vosotros/as	trabaj**abais**	beb**íais**	viv**íais**
Ellos/ellas/ustedes	trabaj**aban**	beb**ían**	viv**ían**

Irregular verbs

	ser	ir	ver
Yo	**era**	**iba**	**veía**
Tú	**eras**	**ibas**	**veías**
Él/ella/usted	**era**	**iba**	**veía**
Nosotros/as	**éramos**	**íbamos**	**veíamos**
Vosotros/as	**erais**	**íbais**	**veíais**
Ellos/ellas/ustedes	**eran**	**iban**	**veían**

Ⓑ PLUSCUAMPERFECTO

■ The pluperfect or past perfect is used:

» To talk about an action that ended before another past action. Note the use of **todavía** and **ya**:
> – *Cuando llegué al cine la película no había comenzado todavía/la película todavía no había comenzado.*
> (Llegué al cine a las 17:59h, la película comenzó a las 18:00h)
> – *Cuando llegué al cine, la película había comenzado ya/la película ya había comenzado.*
> (Llegué al cine a las 18:05h y la película comenzó a las 18:00h)

» To talk about an action that took place before another past action, but with a sense of immediacy:
  – *Le compré un juguete y al día siguiente ya lo había roto.*
  – *Para mi cumpleaños me regalaron una novela y a la semana siguiente ya la había leído.*

» To talk about an action that we had never done before. Note the use of **nunca** and **nunca antes**:
  – *Nunca/Nunca antes había estado aquí/No había estado aquí nunca/nunca antes.*
  – *Nunca/Nunca antes habíamos viajado en globo/No habíamos viajado en globo nunca/nunca antes.*

» To ask if a person had ever done something before. Note the use of **antes** and **alguna vez**:
  – *¿Habías estado en Madrid alguna vez/antes?*
  – *¿Habías estado alguna vez/antes en Madrid?*

■ The pluperfect is commonly used with the following time expressions:
  – **Ya**   – **Al rato**   – **Al momento**
  – **Hasta ahora**   – **Nunca**

	Imperfect form of *haber*	Past participle		
		trabajar	beber	vivir
Yo	**había**			
Tú	**habías**			
Él/ella/usted	**había**			
Nosotros/as	**habíamos**	+ trabaj**ado**	beb**ido**	viv**ido**
Vosotros/as	**habíais**			
Ellos/ellas/ustedes	**habían**			

Irregular past participles

poner ▶ **puesto**	decir ▶ **dicho**	ver ▶ **visto**
volver ▶ **vuelto**	romper ▶ **roto**	descubir ▶ **descubierto**
morir ▶ **muerto**	escribir ▶ **escrito**	componer ▶ **compuesto**
hacer ▶ **hecho**	abrir ▶ **abierto**	deshacer ▶ **deshecho**

Ⓒ USOS DE *SER* Y *ESTAR* (REVISIÓN)

■ The verb **ser** is used to:

» Identify or define.
  – *Esto es una linterna.*

» Specify origin, nacionality.
  – *Soy de Praga.*

» Identify a person's profession, religion, ideology.
  – *Eres carpintero.*

» Describe what an object is made of.
  – *La mesa es de hierro y madera.*

» State where an event takes place.
  – *La boda es en un castillo medieval.*

» Describe what a person or object is like.
  – *Marta es morena y alta.*

» Make value judgements using *ser* + adjetivo + verbo.
  – *Es normal que llueva en otoño.*
  – *Es necesario ir a verlo.*

» Express time, parts of the day and the date.
  – *Son las cuatro y media pasadas.*

» State the price or cost of something.
  – *Las galletas son 60 céntimos.*

» Indicate ownership, possession and recipient.
  – *Esta canción es para mi madre.*

■ The verb **estar** is used to:

» State where someone or something is located.
   – *El restaurante está en el número 65.*

» Describe people or things from a subjective point of view.
   – *Marta está un poco más gordita ahora.*

» Describe temporary conditions.
   – *Laura está enferma y Luis está muy preocupado.*

» Say that something is done.
   – *Ya está todo preparado.*

» Identify temporary professions or situations.
   – *Está de recepcionista, pero es músico.*
   – *La biblioteca está cerrada los fines de semana.*

» Talk about fluctuating prices.
   – *Las fresas están a dos euros el kilo.*

» Describe a continuous action in the present.
   – *Estamos buscando información en Internet.*

UNIDAD 2

Ⓐ EL PRESENTE DE SUBJUNTIVO: VERBOS REGULARES

■ In general, the subjunctive is used in Spanish to express wishes, emotions, and purpose. The present subjunctive refers to a present or future time.

■ The present subjunctive is formed by dropping the **o** in the **yo** form of the present indicative, and using the opposite endings.

–ar verbs use: **–e, –es, –e, –emos, –éis, –en.**
–er / –ir verbs use: **–a, –as, –a, –amos, –áis, –an.**

» Note that the first and third person are the same in all conjugations.

	hablar	comer	vivir
Yo	hable	coma	viva
Tú	hables	comas	vivas
Él/ella/usted	hable	coma	viva
Nosotros/as	hablemos	comamos	vivamos
Vosotros/as	habléis	comáis	viváis
Ellos/ellas/ustedes	hablen	coman	vivan

Ⓑ EL PRESENTE DE SUBJUNTIVO: VERBOS IRREGULARES

■ Almost all verbs that are irregular in the present indicative will be irregular in the present subjunctive.

» Verbs that stem change in the present indicative, **e>ie**, **o>ue**, and **u>ue**, will have the same stem change in the present subjunctive in all forms except **nosotros** and **vosotros**.

» Verbs that change to **y** in the present indicative will change to **y** in the present subjunctive for all forms.

	E>IE	O>UE	U>UE	E>I	I>Y
	querer	**poder**	**jugar**	**pedir**	**construir**
Yo	qu**ie**ra	p**ue**da	j**ue**gue	p**i**da	constru**y**a
Tú	qu**ie**ras	p**ue**das	j**ue**gues	p**i**das	constru**y**as
Él/ella/usted	qu**ie**ra	p**ue**da	j**ue**gue	p**i**da	constru**y**a
Nosotros/as	queramos	podamos	juguemos	pidamos	construyamos
Vosotros/as	queráis	podáis	juguéis	pidáis	construyáis
Ellos/ellas/ustedes	qu**ie**ran	p**ue**dan	j**ue**guen	p**i**dan	constru**y**an

» Note the following spelling changes:
ga/go/gu/gue/gui: jugar ▶ *juegue, juegues...*
ge/gi/ja/jo/ju: recoger ▶ *recoja, recojas...*
za/zo/zu/ce/ci: gozar ▶ *goce, goces...*
ca/co/cu/que/qui: sacar ▶ *saque, saques...*

» Exceptions:
   – The verbs **sentir** and **dormir** have two stem changes in the present subjunctive: **o>ue** and **o>u**:

	E>IE	O>UE
	sentir	**dormir**
Yo	s**ie**nta	d**ue**rma
Tú	s**ie**ntas	d**ue**rmas
Él/ella/usted	s**ie**nta	d**ue**rma
Nosotros/as	s**i**ntamos	d**u**rmamos
Vosotros/as	s**i**ntáis	d**u**rmáis
Ellos/ellas/ustedes	s**ie**ntan	d**ue**rman

» Other verbs:
   – ***Sentir***: consentir, divertirse, mentir, divertirse, advertir...
   – ***Dormir***: morir.

■ Verbs with irregular **yo** forms:

	1.ª persona presente de indicativo	Raíz verbal del presente de subjuntivo	Terminaciones del presente de subjuntivo
tener	tengo	**teng-**	
venir	vengo	**veng-**	
poner	pongo	**pong-**	**-a**
hacer	hago	**hag-**	**-as**
salir	salgo	**salg-**	**-a**
decir	digo	**dig-**	**-amos**
oir	oigo	**oig-**	**-áis**
traer	traigo	**traig-**	**-an**
conocer	conozco	**conozc-**	
valer	valgo	**valg-**	

■ Verbs that are completely irregular:

ser	estar	ir	haber	saber	ver	dar
sea	esté	vaya	haya	sepa	vea	dé
seas	estés	vayas	hayas	sepas	veas	des
sea	esté	vaya	haya	sepa	vea	dé
seamos	estemos	vayamos	hayamos	sepamos	veamos	demos
seáis	estéis	vayáis	hayáis	sepáis	veáis	déis
sean	estén	vayan	hayan	sepan	vean	den

C USOS DEL PRESENTE DE SUBJUNTIVO: DAR CONSEJOS Y HACER RECOMENDACIONES

■ The present subjunctive is used to:

» Give someone advice or make recommendations.

| **Me/Te/Le/Nos/Os/Les Aconsejar / Recomendar** | + **que** + subjunctive |

- *El médico me ha recomendado que haga ejercicio.*
- *Yo os aconsejo seguir por este camino y no saliros de la ruta.*

» If there is no change of subject, the infinitive is used.
- *Te aconsejo ir en transporte público si quieres llegar antes al centro.*

Expansión gramatical

■ Other ways to express recommendations or give advice:

» **Imperative**
- *Póngase esta pomada tres veces al día.*

» **Tienes que / Debes / Puedes** + infinitive
- *Si no quieres quedarte sin ellas, tienes que comprar las entradas con antelación.*

» **Tendrías que / Deberías / Podrías** + infinitive
- *Deberías leer más si quieres ampliar tu vocabulario.*

» **Hay que** + infinitive
- *Hay que ir pensando qué le vamos a regalar a mamá para su cumpleaños.*

D USOS DEL PRESENTE DE SUBJUNTIVO: EXPRESAR PETICIONES

■ The present subjunctive is used to make requests or give orders with **pedir**, **rogar**, **exigir**, **mandar**, **ordenar**, etc.
- *Te pido que hables con ella antes de sacar tus propias conclusiones.*

UNIDAD 3

A LOS RELATIVOS *QUE* Y *DONDE* CON INDICATIVO Y SUBJUNTIVO

■ Relative clauses function as adjectives in that they identify or describe people and things. The person or thing being described in a relative clause is called the antecedent. The pronoun that replaces the antecedent can be **que** (for people and things) or **donde** (for places).

– *La camiseta que tiene más colores es mía. = La camiseta colorida es la mía.*
– *La mujer que tiene el pelo negro es mi madre. = La mujer morena es mi madre.*
– *La camiseta que tiene el dibujo de Mickey Mouse es la mía.*

Expansión gramatical: Relative pronouns

■ **Que** is the most commonly used pronoun. It is preceded by an article. It is used as follows:

» If the antecedent is not expressed: – *Los que se cuidan viven más.*
» In emphatic statements with **ser**: – *Él es el que me insultó.*
» After prepositions: – *Ese es el joven con el que te vi.*

■ **Donde** is used when the antecedent is a place.
– *Esa es la escuela donde estudio.*

■ **Lo que** is used when the antecedent refers to a concept or idea.
– *No entiendo lo que dices.*

■ **Quien/quienes** refer only to people. It is equal to: **el/la/los/las que**.
– *Quienes se cuidan viven más.*
– *Ese es el joven con quien te vi.*

» It is also used after **haber** and **tener**.
– *No hay quien te entienda.*

■ **Cual** is used with an article and must also have an antecedent.
– *Estuvimos estudiando, hecho lo cual, nos fuimos a tomar algo.*

» It can also be used after prepositions.
– *En mi habitación hay un mueble en el cual guardo mi patinete.*

■ **Cuyo, cuya, cuyos, cuyas** is a relative adjective meaning whose.
– *Esa es la casa cuyo propietario es famoso. (= el propietario de la casa es famoso)*

■ **Estructura de las oraciones de relativo**

» Relative clauses use the following construction:
antecedent + relative pronoun + indicative/subjuntive
– *Los muchachos que hablan español pueden participar en el club de conversación.*
– *Busco una persona que hable español.*

» The indicative is used when what is expressed about the antecedent is certain or known:
– *La ciudad donde nací está cerca de Madrid.*
– *El libro que se ha comprado Fernando es muy entretenido.*

» The subjunctive is used:
– When the antecedent is unknown, undefined, or can not be identified with certainty.
– *Fernando está buscando un libro que sea muy entretenido.*

– When asking whether something or someone exists and uses the following construction:
¿Hay / Conoces (a) / Sabes si hay + indefinite pronoun/adjective + relative pronoun + subjunctive?

   – *¿Hay alguna persona que sepa explicarme por qué aquí se usa el subjuntivo?*
   – *¿Conoces a alguien que sea políglota?*
   – *¿Hay algo en la tienda que te quieras comprar?*

– When the existence of a person or thing is denied and uses the following construction:
No hay + indefinite pronoun/adjective + relative pronoun + subjunctive

   – *En esta clase no hay nadie que sea capaz de hacer esta actividad.*
   – *No hay ninguna zapatería cerca que venda botas de piel.*

– When expressing a lack of or shortage of something:
Hay poco, -a, -os, -as + noun + relative pronoun + subjunctive

   – *En esta ciudad hay poca gente que conozca a este político.*

– When requesting something that is just imagined, but may not exist:
Necesito / Quiero + person/thing + relative pronoun + subjunctive

   – *Necesito a alguien que sea capaz de traducir chino.*
   – *Quiero algo que me haga juego con estos zapatos.*

B PRONOMBRES Y ADJETIVOS INDEFINIDOS

The following indefinite pronouns do not vary in form.

	people	things
Existence	**alguien**	**algo**
Non existence	**nadie**	**nada**

– *¿Alguien te ha enviado un mensaje al celular?*
– *No, no me ha escrito nadie.*
– *Tengo hambre, necesito comer algo.*
– *No gracias, no quiero nada ahora, acabo de tomar un refresco.*

» The following pronouns agree in number and gender, and can replace both people and things:

	singular	plural
Existence	**alguno/a**	**algunos/as**
Non existence	**ninguno/a**	–

The following indefinite adjectives can modify both people and things.

	singular	plural
Existence	**algún/a**	**algunos/as**
Non existence	**ningún/a**	–

– *Perdone, ¿tiene alguna camiseta verde?* (adjective)
– *Sí, tenemos algunas en la estantería del fondo.* (pronoun)

» **Ningunos/ningunas** are seldomly used, and then, only with plural nouns: *ningunas tijeras, ningunos pantalones...*

   – *¿Has comprado los pantalones que necesitabas?*
   – *No he comprado ningunos porque eran muy feos.*

C VERBOS DE SENTIMIENTOS CON INFINITIVO Y SUBJUNTIVO

■ To express emotions that may be negative in nature, the following expressions are used:

» When there is no change in subject, the infinitive is used.

Me irrita/molesta/indigna/fastidia/da rabia **No soporto / Odio** **Es una vergüenza/una pena/inadmisible/intolerable** **Estoy + harto-a/cansado-a/aburrido-a... + de**	+ infinitive

– *Me molesta ser yo el que siempre tira la basura en mi casa.*
– *No soporto madrugar por las mañanas.*
– *Estoy aburrida de repetirle a mi hijo que limpie su habitación.*

» When there is a change in subject, the subordinate clause is introduced with **que** + subjunctive.

– *A mí me indigna que algunos gamberros rompan el mobiliario urbano.*
– *Me irrita que algunos conductores no respeten a ciclistas ni peatones.*
– *Es intolerable que en las ciudades no se tomen medidas más drásticas contra la polución.*

» Remember that with verbs similar to **gustar** (*me irrita/me molesta...*) the subject can be plural and must agree.

– *Me irrita/me molesta/me fastidia... +* singular noun
  – *A mí me indigna la gente que rompe el mobiliario urbano.*
– *Me fastidian/dan rabia/indignan... +* plural noun
  – *Me irritan los conductores que no respetan a ciclistas ni peatones.*

Expansión gramatical

■ Expressions that refer to negative emotions can be classified according to the degree of intensity and emotion they express and their degree of formality.

	High degree of intensity	Neutral / Standard
Formal	es intolerable; es inadmisible	me indigna
Informal	es una vergüenza; odio; me irrita; estoy harto/a de; me da rabia; no soporto	es una pena; estoy cansado/a de; me fastidia; estoy aburrido/a de; me molesta

■ Other verbs of emotion follow the same grammatical structure:

Me alegra/hace feliz **Me entristece/da pena** **Me da envidia/miedo/vergüenza** **Me decepciona/preocupa/enorgullece**	+ infinitive (if there is no change of subject) + **que** + subjunctive (with a change of subject)

– *Me da vergüenza hablar delante de muchas personas.*
– *Me da pena que no puedas venir al viaje con nosotros.*

■ As with verbs that express negative emotions, the subject of the verb can also be a noun.

– **Me hace feliz/da pena/da rabia/decepciona...** + singular noun
  – *Me hace feliz un buen paseo por el campo un día soleado.*
– **Me alegran/entristecen/dan envidia/preocupan...** + plural noun
  – *Me dan envidia las personas que están todo el día viajando.*

UNIDAD 4
A CONTRASTE *POR* / *PARA*

■ **Para** is used to express the purpose or objective of an action.
   – *Estoy ahorrando para hacer un viaje por Asia.*
   – *He comprado estos aguacates para hacer guacamole.*

» Other uses of **para** include:
   – Destination.
      – *Yo me voy ya para casa. La verdad es que estoy un poco cansado.*
      – *Yo voy para el centro. ¿Quieres que te acerque a tu casa?*
   – Point in time.
      – *Esta tarea es para la semana que viene, no para mañana.*
      – *¿Para cuándo dijiste que necesitas el informe?*
   – Opinion.
      – *Para mí, esta no es la solución al problema. Algo arregla, sí, pero el problema sigue existiendo.*
      – *Para mí que Pedro y Juan se han enfadado, yo nunca los veo bromear juntos.*
   – Recipient.
      – *La escuela celebra una fiesta de despedida para todos los alumnos que finalizan sus clases.*
   – Comparison.
      – *Para ciudad bonita, Granada. No te puedes ir de España sin visitarla.*
      – *A mí me sale muy bueno el gazpacho, pero para gazpacho bueno, el de mi abuela.*
   – Asking about purpose and what something is for: **¿Para qué...?** / **Para qué** + indicativo.
      – *¿Para qué me has llamado esta tarde?*

■ **Por** is used to express the cause or motive for an action.
   – *No pudo entrar a la fiesta porque llevaba tenis.*

» Other uses of **por** include:
   – Price.
      – *Ya no quedan entradas por menos de 80 pesos.*
   – Exchange.
      – *Creo que voy a cambiar esta falda por el vestido, me lo voy a poner más.*
      – *Yo no puedo ir a la conferencia, le he dicho a Pedro que vaya por mí.*
   – Means.
      – *He estado toda la tarde hablando con mi madre por Skype.*
      – *Disculpe, pero todas las reclamaciones deben hacerse por escrito.*
   – Approximate time.
      – *Yo creo que fue por junio o julio cuando vinieron a visitarnos, ¿no?*
   – Express by with an undetermined location.
      – *Esta mañana pasé por tu barrio, pero, como sabía que estabas trabajando, no te llamé.*
      – *Si pasas por una ferretería, ¿te importa comprar una bombilla? Esta se acaba de fundir.*

■ Both **por** and **para** are followed by an infinitive when there is no change in subject and by **que** + subjuntive when there is a change in subject.
   – *He venido para preguntar por los cursos de español.*
   – *He venido para que me informen sobre los cursos de español.*

Expansión gramatical

■ The following expressions also denote purpose and can be followed by an infinitive when there is no change of subject and by **que** + subjunctive when there is a change of subject:
a fin de, con el fin de, con el objeto de.
– *Los enfermos crónicos deben vacunarse a fin de evitar complicaciones posteriores.*
– *El ayuntamiento ha aumentado la frecuencia de trenes en el metro durante las fiestas con el fin de evitar aglomeraciones.*
– *La empresa ha realizado un exhaustivo estudio de mercado con el objeto de conocer los intereses de los potenciales clientes.*

B ORACIONES TEMPORALES CON *CUANDO*

■ **Cuando** is used to introduce a subordinate clause and can be followed by indicative or subjunctive.
» The indicative is used when the action refers to the present or past.
– **Cuando** + present + present (habitual)
– *Cuando llego al trabajo, me preparo un café.*
– **Cuando** + preterit or imperfect + preterit or imperfect
– *Cuando llegué al trabajo, me preparé un café.*
– **Cuando** + imperfect + imperfect (habitual in the past)
– *Cuando llegaba de trabajar, siempre me preparaba un café.*
– **Cuando** + preterit + imperfect
Cuando + imperfect + preterit (past action interrupted by another action)
– *Cuando llegué al trabajo, Ana estaba preparándose un café.*
– *Cuando estaba durmiendo, sonó el teléfono y me asusté.*
» The subjunctive is used after cuando when referring to an action in the future.
– **Cuando** + present subjunctive + future or expression denoting future (*ir a / querer / pensar* + infinitive) or imperative.
– *Cuando seas mayor, podrás salir hasta tarde.*
– *Cuando te mudes, vas a necesitar muebles nuevos.*
– *Cuando me gradúe, quiero ir a Inglaterra para mejorar el inglés.*
– *Cuando salga del trabajo, pienso ir al centro.*
– *Cuando llegues a casa, pon la lavadora, por favor.*

C OTRAS ORACIONES TEMPORALES CON INDICATIVO Y SUBJUNTIVO

■ Usage:
» To express an action that immediately follows another:
– **Tan pronto como / En cuanto / Nada más**
– *Tan pronto como vengan, ponemos la mesa.*
– *En cuanto termines de estudiar, llamamos a los abuelos.*
– *Nada más levantarme, sonó el teléfono.*
» To set up an action that will not occur until another one takes place:
– **Hasta que (no)**
– *Hasta que no termine los exámenes, no puedo salir de fiesta.*

» To express an action that take place before or after another one:
  – **Antes/después de (que)**
    – *Antes de usarlo, hay que leer bien las instrucciones.*
    – *Después de que terminen de pintar, saldremos de compras.*
    – *Antes del examen, tengo que repasar un poco.*

  > Note: **Antes/después de** can be followed by a noun when referring to dates, periods of time, or events such as a test, a wedding, a trip, etc.

» To express an action that is repeated each time another one takes place:
    – *Cada vez que se ducha, deja el suelo mojado.*

■ These expression can be followed by an infinitive, indicative, or subjunctive as indicated:
» Time expression + infinitive. The subject in both clauses is the same.
    – *Antes de terminar la carrera, empecé a trabajar.*
    – *Después de viajar a Sevilla, le cambió la vida.*
    – *Nada más entrar en la fiesta, vio a su exnovia.*

  > Note: Only **antes de**, **después de**, **hasta**, and **nada más** can be followed by an infinitive when there is no change in subject and **nada más** can only be followed by an infinitive.

» Time expression + indicative. Expresses an action in the present or past.
    – *En cuanto llegan a casa, escriben wasaps a sus amigos.*
    – *Después de que llegamos a Barcelona, nos fuimos a ver la Sagrada Familia.*

» Time expression + subjunctive. When referring to a future action.
    – *Cada vez que voy a su casa, como demasiado.*
    – *Cada vez que vaya a su casa, intentaré comer menos.*
    – *Siempre que salgas de viaje, llámame, por favor.*

UNIDAD 5

Ⓐ ORACIONES IMPERSONALES CON INDICATIVO Y SUBJUNTIVO

■ Constructed as follows:

Ser	
Estar	+ adjective/adverb/noun + indicative/subjunctive
Parecer	

■ Expressions that state facts are followed by the indicative.

Es seguro		
Es obvio		
Es cierto		
Es indudable	+ **que** + indicative	– *Está claro que esto tiene que cambiar.*
Está claro		
Está comprobado		
Me parece evidente		

▬ When these same expressions are negative, the subjunctive is used.
– *No es cierto que viva en Mallorca.*

▬ Expressions that present information as a value judgement are followed by the subjunctive.

Es normal
Es lógico
Es horrible
Es increíble | **+ que** + subjunctive
Está bien
Me parece intolerable

– *Es lógico que tenga miedo.*

Ⓑ EL PRESENTE PERFECTO DE SUBJUNTIVO: EXPRESAR EXTRAÑEZA

▬ The present perfect subjunctive is a compound tense formed by the present subjunctive of **haber** plus the past participle of the main verb.

	Imperfect form of *haber*		Past participle
Yo	**haya**		
Tú	**hayas**		
Él/ella/usted	**haya**	+	trabaj**ado**
Nosotros/as	**hayamos**		beb**ido**
Vosotros/as	**hayáis**		viv**ido**
Ellos/ellas/ustedes	**hayan**		

Irregular past participles

poner ▶ **puesto**	decir ▶ **dicho**	ver ▶ **visto**
volver ▶ **vuelto**	romper ▶ **roto**	descubrir ▶ **descubierto**
morir ▶ **muerto**	escribir ▶ **escrito**	componer ▶ **compuesto**
hacer ▶ **hecho**	abrir ▶ **abierto**	deshacer ▶ **deshecho**

▬ Remember, the past participle in compound tenses does not vary in number and gender.
– *Es probable que **Pedro** haya **venido**. Es probable que **Luisa y Susana** hayan **venido**.*

▬ The present perfect subjunctive has the same qualities relating to time as the present perfect indicative. It is used to express wishes, opinions or doubts about what has happened.
🗨 *¿Sabes si **han salido** ya las notas del examen?*
💬 *No sé, <u>no creo que</u> **hayan salido** todavía, lo hicimos hace menos de una semana…*
🗨 *¡Qué nervios! <u>Espero que</u> **hayamos aprobado**.*

C USOS DE *SE*

■ Reflexive pronoun

» As a reflexive pronoun, **se** replaces himself, herself, yourself (formal), themselves, and yourselves in reflexive constructions. These verbs describe actions that people do to or for themselves (*lavarse*, *vestirse*, *parecerse...*).

– *Yo me ducho por las mañanas, pero mi hermano se ducha por las noches.*
– *Mi hijo se viste tan despacio que después tenemos que correr para no llegar tarde al colegio.*
– *Este bolso se parece a uno que tienes tú, ¿no?*

» **Se** + verb in 3rd person singular or plural is equivalent in meaning to passive voice when the agent of the action is not important: *se alquila, se vende, se explica, se sabe...* instead of *es alquilado, es vendido, es explicado, es sabido...*

– *Esta semana se inaugura una nueva sala de conciertos en la capital.*
– *Los primeros resultados de las votaciones se conocerán una vez cerrados los colegios electorales.*
– *Se produjeron algunos destrozos en el mobiliario urbano después de la manifestación.*

» With plural verbs, **se** can be used to express reciprocal actions in that the action is done to or for one another (*escribirse*, *verse*, *comunicarse*, *hablarse...*).

– *Laura y Nacho se conocieron cuando tenían veinte años, pero nunca se han casado.*
– *Mis hijos, con el celular, solo se comunican por WhatsApp. Creo que solo hablan por teléfono cuando yo los llamo.*

» **Se** replaces indirect objects **le** or **les** before direct objects **lo**, **la**, **los**, **las**.

🗨 *¿Tienes mis entradas?*
🗨 *Sí, se las di a Marta, las tiene ella.*
– *Me alegro mucho de que te hayan ascendido, ¿se lo has dicho ya a los demás?*

UNIDAD 6

A EL IMPERFECTO DE SUBJUNTIVO

■ The imperfect subjunctive is formed by dropping the **–ron** from the 3rd person plural of the preterit tense and adding the following set of endings: **–ra, –ras, –ra, –ramos, –rais, –ran.**

Regular verbs in the preterit	Imperfect subjunctive
viajar ▸ viajaron	viaja**ra**, viaja**ras**, viaja**ra**, viajá**ramos**, viaja**rais**, viaja**ran**
beber ▸ bebieron	bebie**ra**, bebie**ras**, bebie**ra**, bebié**ramos**, bebie**rais**, bebie**ran**
vivir ▸ vivieron	vivie**ra**, vivie**ras**, vivie**ra**, vivié**ramos**, vivie**rais**, vivie**ran**

Irregular verbs in the preterit	
tener ▸ tuvieron	**tuv**iera, **tuv**ieras, **tuv**iera, **tuv**iéramos, **tuv**ierais, **tuv**ieran.
ser ▸ fueron	**fuera**, **fueras**, **fuera**, **fuéramos**, **fuerais**, **fueran**.
poder ▸ pudieron	**pud**iera, **pud**ieras, **pud**iera, **pud**iéramos, **pud**ierais, **pud**ieran.
dormir ▸ durmieron	**durm**iera, **durm**ieras, **durm**iera **durm**iéramos, **durm**ierais, **durm**ieran.
construir ▸ construyeron	construyera, construyeras, construyera, construyéramos, construyerais, construyeran.
decir ▸ dijeron	**dij**era, **dij**eras, **dij**era, **dij**éramos, **dij**erais, **dij**eran.

■ The imperfect subjunctive can also be formed using the **–se** endings although the **–ra** form is more commonly used.

-ar	-er	-ir
habla**ra** / habla**se**	comie**ra** / comie**se**	escribie**ra** / escribie**se**
habla**ras** / habla**ses**	comie**ras** / comie**ses**	escribie**ras** / escribie**ses**
habla**ra** / habla**se**	comie**ra** / comie**se**	escribie**ra** / escribie**se**
hablá**ramos** / hablá**semos**	comié**ramos** / comié**semos**	escribié**ramos** / escribié**semos**
habla**rais** / habla**seis**	comie**rais** / comie**seis**	escribie**rais** / escribie**seis**
habla**ran** / habla**sen**	comie**ran** / comie**sen**	escribie**ran** / escribie**sen**

■ The imperfect subjunctive is used when the verb in the main clause requires a subjunctive and is in the past or conditional tense.

Tense of verb in main clause		Tense of the subjunctive verb
Present, Perfect perfect, Future, Imperative	▶	Present
Preterit, Imperfect, Pluperfect, Conditional	▶	Imperfect

Ⓑ ESTRUCTURAS CONDICIONALES

■ To express the condition that has to be met in order for an action to take place, the following constructions can be used:

» To express possible or probable situation:

  – **Si** + present indicative + future
    – *Si sales ahora, llegarás a tiempo.*

  – **Si** + present indicative + presente
    – *Si quieres, nos tomamos un café.*

  – **Si** + present indicative + imperativo
    – *Si recibes su fax, mándame una copia.*

» To express an improbable or false (contrary to fact) situation:

  – **Si** + imperfect subjunctive + conditional
    – *Si fuera rica, viajaría por todo el mundo.*

  – **De** + infinitive +conditional
    – *De ser rica, viajaría por todo el mundo.*

Ⓒ *COMO SI* + IMPERFECTO DE SUBJUNTIVO

■ **Como** is used when describing objects, people, and actions in comparison to other similar elements.
    – *Yo soy como mi padre. Me encanta hablar de política.*

■ **Como si** + imperfect subjunctive compares two actions (a real one and an imaginary one) that are simultaneous.
    – <u>*Andas por la calle*</u> <u>*como si estuvieras perdido*</u>.
    (Real action: actually walking) (Imaginary action: being lost which is not true)

  Como si is always followed by the imperfect subjunctive as it signals improbability.

■ **Ni que** + imperfect subjunctive compares an action with another one we know to be impossible. Like **como si**, it is always followed by the imperfect subjunctive, but conveys a stronger sense of improbability.
    – *¡Qué cara! ¡Ni que hubieras visto al diablo!*

Pretérito

■ Verbos regulares

-AR	-ER	-IR
cantar	**comer**	**vivir**
cant**é**	com**í**	viv**í**
cant**aste**	com**iste**	viv**iste**
cant**ó**	com**ió**	viv**ió**
cant**amos**	com**imos**	viv**imos**
cant**asteis**	com**isteis**	viv**isteis**
cant**aron**	com**ieron**	viv**ieron**

■ Verbos irregulares

andar	caer	comenzar	concluir	construir	constribuir
anduve	caí	comen**c**é	concluí	construí	contribuí
anduviste	caíste	comenzaste	concluiste	construiste	contribuiste
anduvo	ca**yó**	comenzó	conclu**yó**	constru**yó**	contribu**yó**
anduvimos	caímos	comenzamos	concluimos	construimos	contribuimos
anduvisteis	caísteis	comenzasteis	concluisteis	construisteis	contribuisteis
anduvieron	ca**yeron**	comenzaron	conclu**yeron**	constru**yeron**	contribu**yeron**

dar	decir	destruir	dormir	empezar	estar
di	**dije**	destruí	dormí	empe**c**é	**estuve**
diste	**dijiste**	destruiste	dormiste	empezaste	**estuviste**
dio	**dijo**	destru**yó**	d**u**rmió	empezó	**estuvo**
dimos	**dijimos**	destruimos	dormimos	empezamos	**estuvimos**
disteis	**dijisteis**	destruisteis	dormisteis	empezasteis	**estuvisteis**
dieron	**dijeron**	destru**yeron**	d**u**rmieron	empezaron	**estuvieron**

hacer	ir	jugar	leer	medir	morir
hice	**fui**	ju**gu**é	leí	medí	morí
hiciste	**fuiste**	jugaste	leíste	mediste	moriste
hizo	**fue**	jugó	le**yó**	m**i**dió	m**u**rió
hicimos	**fuimos**	jugamos	leímos	medimos	morimos
hicisteis	**fuisteis**	jugasteis	leísteis	medisteis	moristeis
hicieron	**fueron**	jugaron	le**yeron**	m**i**dieron	m**u**rieron

oír	pedir	pescar	poder	poner	querer
oí	pedí	pes**qu**é	**pude**	**puse**	**quise**
oíste	pediste	pescaste	**pudiste**	**pusiste**	**quisiste**
o**yó**	p**i**dió	pescó	**pudo**	**puso**	**quiso**
oímos	pedimos	pescamos	**pudimos**	**pusimos**	**quisimos**
oísteis	pedisteis	pescasteis	**pudisteis**	**pusisteis**	**quisisteis**
o**yeron**	p**i**dieron	pescaron	**pudieron**	**pusieron**	**quisieron**

saber	ser	servir	sonreír	tener
supe	fui	serví	sonreí	tuve
supiste	fuiste	serviste	sonreíste	tuviste
supo	fue	sirvió	sonrió	tuvo
supimos	fuimos	servimos	sonreímos	tuvimos
supisteis	fuisteis	servisteis	sonreísteis	tuvisteis
supieron	fueron	sirvieron	sonrieron	tuvieron

traducir	traer	ver	haber
traduje	traje	vi	hubo
tradujiste	trajiste	viste	
tradujo	trajo	vio	
tradujimos	trajimos	vimos	
tradujisteis	trajisteis	visteis	
tradujeron	trajeron	vieron	

Imperfecto

■ Verbos regulares

-AR	-ER	-IR
cantar	comer	vivir
cantaba	comía	vivía
cantabas	comías	vivías
cantaba	comía	vivía
cantábamos	comíamos	vivíamos
cantabais	comíais	vivíais
cantaban	comían	vivían

■ Verbos irregulares

ser	ir	ver
era	iba	veía
eras	ibas	veías
era	iba	veía
éramos	íbamos	veíamos
erais	ibais	veíais
eran	iban	veían

Presente perfecto

■ Verbos regulares

-AR	-ER	-IR
cantar	comer	vivir
he cantado	he comido	he vivido
has cantado	has comido	has vivido
ha cantado	ha comido	ha vivido
hemos cantado	hemos comido	hemos vivido
habéis cantado	habéis comido	habéis vivido
han cantado	han comido	han vivido

Participios irregulares

abrir ▶ **abierto**	freír ▶ **frito**	resolver ▶ **resuelto**
absolver ▶ **absuelto**	hacer ▶ **hecho**	revolver ▶ **revuelto**
cubrir ▶ **cubierto**	imprimir ▶ **impreso**	romper ▶ **roto**
decir ▶ **dicho**	morir ▶ **muerto**	ver ▶ **visto**
escribir ▶ **escrito**	poner ▶ **puesto**	volver ▶ **vuelto**

Imperativo

Verbos regulares

cantar	comer	vivir
canta	come	vive
cante	coma	viva
canten	coman	vivan

Verbos irregulares

cantar	comer	vivir	construir	contar	decir	dormir
cae	conduce	conoce	construye	cuenta	**di**	duerme
caiga	conduzca	conozca	construya	cuente	**diga**	duerma
caigan	conduzcan	conozcan	construyan	cuenten	**digan**	duerman

elegir	empezar	hacer	huir	ir	jugar	llegar
elige	empieza	**haz**	huye	**ve**	juega	llega
elija	empiece	**haga**	huya	**vaya**	juegue	llegue
elijan	empiecen	**hagan**	huyan	**vayan**	jueguen	lleguen

oír	pedir	pensar	poner	saber	salir	ser
oye	pide	piensa	**pon**	sabe	**sal**	**sé**
oiga	pida	piense	**ponga**	sepa	salga	sea
oigan	pidan	piensen	**pongan**	sepan	salgan	sean

tener	venir	vestir	volver
ten	**ven**	viste	vuelve
tenga	**venga**	vista	vuelva
tengan	**vengan**	vistan	vuelvan

Futuro

■ Verbos regulares

cantar	comer	vivir
cantar**é**	comer**é**	vivir**é**
cantar**ás**	comer**ás**	vivir**ás**
cantar**á**	comer**á**	vivir**á**
cantar**emos**	comer**emos**	vivir**emos**
cantar**éis**	comer**éis**	vivir**éis**
cantar**án**	comer**án**	vivir**án**

■ Verbos irregulares

caber	haber	decir	hacer	poder	poner	querer
cabré	habré	diré	haré	podré	pondré	querré
cabrás	habrás	dirás	harás	podrás	pondrás	querrás
cabrá	habrá	dirá	hará	podrá	pondrá	querrá
cabremos	habremos	diremos	haremos	podremos	pondremos	querremos
cabréis	habréis	diréis	haréis	podréis	pondréis	querréis
cabrán	habrán	dirán	harán	podrán	pondrán	querrán

saber	salir	tener	valer	venir
sabré	saldré	tendré	valdré	vendré
sabrás	saldrás	tendrás	valdrás	vendrás
sabrá	saldrá	tendrá	valdrá	vendrá
sabremos	saldremos	tendremos	valdremos	vendremos
sabréis	saldréis	tendréis	valdréis	vendréis
sabrán	saldrán	tendrán	valdrán	vendrán

Pluscuamperfecto

	Participios regulares	
había		lleg**ado**
habías	**–ado** (–ar verbs)	com**ido**
había	**–ido** (–er / –ir verbs)	viv**ido**

■ Participios irregulares

abrir ▶ **abierto**   resolver ▶ **resuelto**   volver ▶ **vuelto**
hacer ▶ **hecho**   escribir ▶ **escrito**   revolver ▶ **revuelto**
decir ▶ **dicho**   ver ▶ **visto**
romper ▶ **roto**   poner ▶ **puesto**

Condicional

■ Verbos regulares

hablar	comer	escribir
hablar**ía**	comer**ía**	escribir**ía**
hablar**ías**	comer**ías**	escribir**ías**
hablar**ía**	comer**ía**	escribir**ía**
hablar**íamos**	comer**íamos**	escribir**íamos**
hablar**íais**	comer**íais**	escribir**íais**
hablar**ían**	comer**ían**	escribir**ían**

■ Verbos irregulares

caber ▶ **cabr**–	poner ▶ **pondr**–			ía
haber ▶ **habr**–	venir ▶ **vendr**–			ías
saber ▶ **sabr**–	salir ▶ **saldr**–			ía
querer ▶ **querr**–	valer ▶ **valdr**–	**+**		íamos
tener ▶ **tendr**–	hacer ▶ **har**–			íais
poder ▶ **podr**–	decir ▶ **dir**–			ían

Presente de subjuntivo

■ Verbos regulares

-AR	-ER	-IR
hablar	comer	escribir
habl**e**	com**a**	escrib**a**
habl**es**	com**as**	escrib**as**
habl**e**	com**a**	escrib**a**
habl**emos**	com**amos**	escrib**amos**
habl**éis**	com**áis**	escrib**áis**
habl**en**	com**an**	escrib**an**

■ Verbos irregulares con cambio vocálico

e ▶ ie	o ▶ ue	u ▶ ue	e ▶ i (en todas las personas)
querer	volver	jugar	pedir
qu**ie**ra	v**ue**lva	j**ue**gue	p**i**da
qu**ie**ras	v**ue**lvas	j**ue**gues	p**i**das
qu**ie**ra	v**ue**lva	j**ue**gue	p**i**da
queramos	volvamos	juguemos	p**i**damos
queráis	volváis	juguéis	p**i**dáis
qu**ie**ran	v**ue**lvan	j**ue**guen	p**i**dan

■ Los verbos **dormir** y **morir** tienen dos cambios vocálicos en presente de subjuntivo: o ▶ ue y o ▶ u:

- d**ue**rma, d**ue**rmas, d**ue**rma, d**u**rmamos, d**u**rmáis, d**ue**rman.
- m**ue**ra, m**ue**ras, m**ue**ra, m**u**ramos, m**u**ráis, m**ue**ran.

■ Verbos con irregularidad en **yo**

poner ▶ **pong**–	traer ▶ **traig**–		**a**
tener ▶ **teng**–	hacer ▶ **hag**–		**as**
salir ▶ **salg**–	caer ▶ **caig**–	+	**a**
venir ▶ **veng**–	construir ▶ **construy**–		**amos**
decir ▶ **dig**–	conocer ▶ **conozc**–		**áis**
			an

■ Verbos completamente irregulares

haber	estar	ir	ser	saber	ver	dar
haya	**esté**	**vaya**	**sea**	**sepa**	**vea**	**dé**
hayas	**estés**	**vayas**	**seas**	**sepas**	**veas**	**des**
haya	**esté**	**vaya**	**sea**	**sepa**	**vea**	**dé**
hayamos	**estemos**	**vayamos**	**seamos**	**sepamos**	**veamos**	**demos**
hayáis	**estéis**	**vayáis**	**seáis**	**sepáis**	**veáis**	**deis**
hayan	**estén**	**vayan**	**sean**	**sepan**	**vean**	**den**

■ Otros verbos con irregularidad

e ▶ ie (except in the **nosotros** and **vosotros** forms)

cerrar ▶ c**ie**rre	encender ▶ enc**ie**nda	mentir ▶ m**ie**nta
comenzar ▶ com**ie**nce	encerrar ▶ enc**ie**rre	querer ▶ qu**ie**ra
despertarse ▶ se desp**ie**rte	entender ▶ ent**ie**nda	recomendar ▶ recom**ie**nde
divertirse ▶ se div**ie**rta	gobernar ▶ gob**ie**rne	sentarse ▶ se s**ie**nte
empezar ▶ emp**ie**ce	manifestar ▶ manif**ie**ste	sentir ▶ s**ie**nta

o ▶ ue (except in the **nosotros** and **vosotros** forms)

acordarse ▶ se ac**ue**rde	rogar ▶ r**ue**gue
acostarse ▶ se ac**ue**ste	soler ▶ s**ue**la
contar ▶ c**ue**nte	sonar ▶ s**ue**ne
llover ▶ ll**ue**va	soñar ▶ s**ue**ñe
probar ▶ pr**ue**be	volar ▶ v**ue**le
resolver ▶ res**ue**lva	volver ▶ v**ue**lva

e ▶ i (en todas las personas)

competir ▶ comp**i**ta
despedir ▶ desp**i**da
despedirse ▶ se desp**i**da
impedir ▶ imp**i**da
medir ▶ m**i**da
repetir ▶ rep**i**ta

Presente perfecto de subjuntivo

Verbos regulares

-AR	-ER	-IR
cantar	comer	vivir
haya cant**ado**	**haya** com**ido**	**haya** viv**ido**
hayas cant**ado**	**hayas** com**ido**	**hayas** viv**ido**
haya cant**ado**	**haya** com**ido**	**haya** viv**ido**
hayamos cant**ado**	**hayamos** com**ido**	**hayamos** viv**ido**
hayáis cant**ado**	**hayáis** com**ido**	**hayáis** viv**ido**
hayan cant**ado**	**hayan** com**ido**	**hayan** viv**ido**

Participios irregulares

abrir ▸ **abierto**
absolver ▸ **absuelto**
cubrir ▸ **cubierto**
decir ▸ **dicho**
escribir ▸ **escrito**

freír ▸ **frito**
hacer ▸ **hecho**
imprimir ▸ **impreso**
morir ▸ **muerto**
poner ▸ **puesto**

resolver ▸ **resuelto**
revolver ▸ **revuelto**
romper ▸ **roto**
ver ▸ **visto**
volver ▸ **vuelto**

Imperfecto de subjuntivo

Verbos regulares

hablar	comer	vivir
habla**ra**/habla**se**	comie**ra**/comie**se**	vivie**ra**/vivie**se**
habla**ras**/habla**ses**	comie**ras**/comie**ses**	vivie**ras**/vivie**ses**
habla**ra**/habla**se**	comie**ra**/comie**se**	vivie**ra**/vivie**se**
hablá**ramos**/hablá**semos**	comié**ramos**/comié**semos**	vivié**ramos**/vivié**semos**
habla**rais**/habla**seis**	comie**rais**/comie**seis**	vivie**rais**/vivie**seis**
habla**ran**/habla**sen**	comie**ran**/comie**sen**	vivie**ran**/vivie**sen**

Verbos irregulares

preferir ▸ prefirieron ▸ prefiriera / prefiriese
dormir ▸ durmieron ▸ durmiera / durmiese
seguir ▸ siguieron ▸ siguiera / siguiese
leer ▸ leyó ▸ leyera / leyese
tener ▸ **tuvieron** ▸ **tuviera / tuviese**
poner ▸ **pusieron** ▸ **pusiera / pusiese**
ir/ser ▸ **fueron** ▸ **fuera / fuese**
caber ▸ **cupieron** ▸ **cupiera / cupiese**

A

a causa de (5) because of, due to
a fin de (que) (4) in order to
a pesar de que (6) despite the fact that
abstenerse (de) (5) to abstain, refrain (from)
acabar (1) to end, finish
acabar de (+ infinitivo) (7) to have just (done something), to finish
acercarse (1) to get close, approach
acogedor/a (3) cozy
aconsejar (2) to advise
el acontecimiento (6) event, occurrence
actualmente (6) at present, currently
el adelanto (3) advance
además (3) besides, in addition
la Administración y Dirección de Empresas (4) business administration
afónico/a (7) hoarse
el agobio (3) stress
agruparse (6) to form a group
Ah, ¿sí? (1) Oh, really?
ahorrar (1) (3) to save
al cabo de (4) after + a period of time
al final (1) at the end, in the end
albergado/a (5) housed, sheltered
algo (3) something, anything
alguien (3) someone, anyone
algún (+ nombre masc. sing.) (3) some, any
alguno/a/os/as (3) some, any
el alojamiento (3) lodging, accomodation
el alzamiento (6) uprising, revolt
ampliar (4) to expand, increase
amplio/a (3) spacious
amueblado/a (3) furnished
analizar un tema (2) analize a topic or theme
la anécdota (1) story, anecdote
antes de (4) before
apagar (1) to switch off
el aparador (3) store window
aparecer (1) to appear, show up
apestar (9) to stink
aportar (4) to provide
el apoyo (6) support
el aprendizaje (2) learning
aprobar (o>ue) (2) to pass, to approve
el aprovechamiento (4) use (beneficial)
aprovechar el tiempo (2) to take advantage of time
aprovecharse de (2) to take advantage of someone
arrojar(se) (1) to hurl (yourself)
así que (4) consequently, so much so
la asignatura obligatoria (2) required course
la asignatura optativa (2) optional course
la asistencia (5) aid
el/la asistente (4) attendee
aunque (6) even though
la ayuda a domicilio (5) home help service

B

el bachillerato (2) high school diploma
la beca (2) scholarship
el botiquín (5) first-aid kit
buscar (1) to look for

C

cada vez (4) each time
caerse (1) to fall
la calidad (3) quality
la calidad de vida (5) quality of life
la calificación (4) grade
el/la campesino/a (6) farmer, peasant
el campo de concentración (6) concentration camp
capacitar (4) to train, teach skills
el cargo (6) charge
la carrera (1) (4) race, career, degree, major
la carta de motivación (4) letter of intent
la carta de presentación (4) cover letter
censurar (6) to censor, denounce
el centro de desintoxicación (5) rehab/detox clinic
los chapulines (1) grasshopper
chismoso/a (1) gossipy
las Ciencias Ambientales (4) environmental science
las Ciencias de la Educación (4) education (major)
la clase práctica (2) lab, workshop
la clase presencial (2) face-to-face class
la clase teórica (2) theory class
clásico/a (3) classic
colaborar (5) to cooperate
el colegio bilingüe (2) bilingual school
el colegio privado (2) private school
combinado/a (3) matched (as in goes together)
el comentario de texto (2) text analysis something)
el comité de empresa (4) committee of workers that discusses company relations
como (5) since, because
la comodidad (3) convenience
comprobado/a (5) confirmed, verified
con el fin de (que) (4) as long as
el conjunto de rasgos (5) combination of characteristics
conocer (1) to know, be familiar with
el conscripto (6) draftee
conseguir (1) (4) to get, obtain, achieve (goal)

consultar un libro/una enciclopedia/Internet (2) to look up information in a book/an enciclopedia/ on the Internet

contraer (6) to contract

el contrato (4) contract

el/la coordinador/a (4) manager, organizer

el corbatín (3) bow tie

cuando... (1) when...

Cuenta, cuenta. (1) Do tell.

cumplir (4) to accomplish, fulfill

el currículum (4) resume

el curso de perfeccionamiento (2) continuing education

el curso escolar (2) school year

el curso intensivo (2) intensive course

el curso virtual (2) online course

D

dado que (5) given that, since

dar envidia (3) to envy

dar miedo (3) to fear

dar pena (3) to feel shame, sadness

dar vergüenza (3) to be embarrassed

darse cuenta de algo (1) to realize, to become aware of

de esta manera (4) in this way

debatir un tema (2) to debate a topic

debido a (5) on account of, owing to

dejar (1) to allow, leave behind, abandon

dejar de (+ infinitivo) (1) to stop, to quit (doing something)

el Departamento de Recursos Humanos (4) Human Resources Department

el Departamento Financiero (4) Finance Department

la depuración (6) filtering, purification

el Derecho (4) law

desconectar (3) to disconnect

desde (4) since

desde luego (5) of course

el desfile (3) fashion show, parade

deslavado/a (3) faded, washed out

desmentir (5) to refute

el desplazamiento (3) trip, journey

después (4) de after

destacar (4) to stand out

el destino (3) destination

el/la detenido/a (6) detainee

la dictadura (6) dictatorship

Dime, dime. (1) Tell me.

el diseñador/a (3) designer

disfrazarse (1) to put on a costume

la divisa (5) foreign currency

divorciarse (7) to divorce

la donación de sangre (5) blood donation

donar (5) to donate

el drogadicto/a (5) drug addict

durar (6) to last

E

el otro día... (1) the other day...

eliminar (1) to eliminate

en conclusión (6) in short, to sum up

en cuanto (4) (6) as soon as, a regarding, with regard to

en definitiva (2) ultimately, in the end

en fin que... (1) in the end...

en primer lugar (1) first of all, in the first place

en relación con (6) in relation to/with

en segundo lugar (1) secondly, in the second place

encender (1) to switch on

encima (3) not only that

el enfoque (2) approach, focus

es decir (4) that is to say, meaning

es más (3) furthermore

es que (2) it's just that, the thing is therefore

la escalada (3) climb

el escote (3) neckline

la escuela de idiomas (2) language school

la escuela secundaria (2) secondary school

estampado/a (3) print

estresado/a (3) stressed

los estudios primarios (2) primary education

la etiqueta (3) label, tag

exagerar (3) to exaggerate

exigir (2) (6) to demand

expediente (2) academic transcript

extrañar (2) to surprise, to puzzle, to miss

F

fastidiar (3) to irritate, annoy

fijarse en (3) to pay attention to

el/la filósofo/a (4) philosopher

finalmente (1) (6) finally

la firma (3) business

el/la físico/a (4) physicist

la formación profesional (4) professional training

formarse (4) to train, educate (oneself)

la fosa común mass grave

la funeraria (1) funeral home

fusilar (6) to execute by firearm

G

el gasto (3) expense

el golpe de Estado (6) coup

la gorra (3) cap

la guerra (6) war

H

hace unos meses (1) some months ago
hacer feliz (3) to make happy
hacer un experimento (2) to do an experiment
hallar (1) to find
hasta (3) even
hasta que (4) until
la higiene (5) hygiene
el/la historiador/a (4) historian
las horas extras (4) overtime
el/la huésped (3) guest, lodger

I

igualmente (3) equally, by the same token
incluso (3) even, including
incómodo/a (1) uncomfortable
indiscutible (5) indisputable
la Ingeniería Civil (4) civil engineering
el/la ingeniero/a industrial (4) industrial engineer
iniciar (4) to start, begin
el inicio (6) beginning, start
innegable (5) undeniable
insólito/a (1) unbelievable, unusual
el instituto (2) high school (Spain)
el instituto tecnológico (2) institute of technology
el intercambio (2) exchange
irritar (3) to irritate

J

la jornada (3) day trip
las joyas (3) jewelry
la junta militar (6) millitary junta

L

las letras (4) language arts
el/la líder/esa (6) leader
liderar (6) to lead
el logro (4) achievement
la lucha (6) fight, battle
luego (2) therefore
luminoso/a (3) bright (with light)
la luna de miel (1) honeymoon

M

el malentendido (1) misunderstanding
mandar (2) to order, to send
la manifestación (6) demonstration, protest
mantener (la calma) (2) to maintain (calm)
mantenerse (6) to stay, keep
las manutención (5) living expenses, child support
la marca (3) brand

más aún (3) even more
el máster (2) masters
mejorar (5) to improve
memorizar (2) to memorize
el mercado laboral (4) job market
la metodología (2) methodology
mientras (4) while
molestar (3) to bother, annoy
el montañismo (3) mountain climbing
la movilidad reducida (5) reduced mobility

N

nada (3) nothing, not anything
nada más (4) as soon as
nadie (3) no one, not anyone
las necesidades (5) needs
ningún (+ nombre masc. sing.) (3) sing. none, not one
No digas esas cosas. (2) Don't say those things.
¡No te olvides de nada! (1) Don't forget any part of it/anything
No te pongas así. (2) Don't get like that.
la nómina (4) pay slip
la nota alta/baja (2) high/low grade
la nota media(2) grade point average
¡Nunca había oído nada parecido! (1) I have never heard of such a thing!

O

o sea (2) (4) in the other words, or rather, that is,
odiar (3) to hate
Ojalá (2) I hope
olvidar (1) to forget
ordenar (2) to order
orientar (4) to guide, direct

P

para empezar (4) for starters, to start with
para terminar (6) in closing
el paracaídas (1) parachute
parecer (1) to seem, appear
el parque de atracciones (3) amusement park
pasar lista (2) to take attendance
el/la patrocinador/a (5) sponsor
el payaso (1) clown
perder (1) to lose
perderse (3) to lose oneself
pero (1) but
pintoresco/a (3) colorful, picturesque
el piropo (1) flirtatious remark
placentero/a (1) pleasant
plantear una duda (2) to lay out a problem
la plantilla (4) staff, workforce

pleno/a (3) in the middle of
el poder (6) power
ponerse de pie (1) to stand up
por esa razón (4) for that reason, that's why
por otra parte (6) on the other hand
por otro (lado) (1) on the other hand, what's more
por supuesto (5) of course
por último (6) lastly
por un lado (1) on the one hand
el preescolar (2) preschool
la prenda (3) article of clothing
preservar (6) to preserve
prestar atención (6) to pay attention
prestar servicio (5) to provide a service
primeramente (1) in the first place
los primeros auxilios (5) first aid
la prisa (3) rush, hurry
el probador (1) fitting room
profundizar (4) to go in depth
el programa au pair (2) program for studying abroad while working as a live-in nanny
(Pues) Resulta que (1) It turns out that
puesto que (5) given that, since

Q

Que cumplas más años. (2) Many happy returns.
Que sean muy felices. (2) (I hope) you will be very happy.
Que sueñes con los angelitos. (2) (I hope) you dream with angels.
Que te diviertas. (2) (I hope) you have fun.
¿Qué te pasa/pasó? (1) What's wrong?/What happened to you?
Que te vaya bien. (2) (I hope) it goes well for you.
Que tengas buen provecho. (2) (I hope) you enjoy the meal.
Que tengas suerte. (2) I wish you luck.
(Que) sí, hombre, (que) sí. (2) Yes, of course, of course.
¡Quiero saberlo con todo lujo de detalles! (1) I want to know/hear every detail about it!

R

reaccionar (2) to react
el recién nacido/a (5) newborn
recomendar (e>ie) (2) to recommend
reconocer (1) (6) to recognize
recordar (1) to remember
el referente (4) mentor
referente a (6) concerning
reflexionar (2) to reflect

la reforma agraria (6) land reform
el/la refugiado/a (5) (6) refugee
la reinserción (5) reintegration
reír (1) to laugh
rendirse (6) to give up, surrender
la represalia (6) reprisal, retaliation
rescatar (1) to rescue
respecto a (4) (6) regarding, with respect to
el reto (4) challenge
rogar (o>ue) (2) to beg

S

¿Sabes qué pasó ayer? (1) Do you know what happened yesterday?
el sabor taste
la salud materna (5) health of women during pregnancy
la salud pública (5) public health
saludable (5) healthy
seguir (1) to follow
la seguridad vial (5) road/traffic safety
el senderismo (3) hiking
sentarse (1) to sit
la sepultura (6) burial
ser un referente para alguien (4) to be a mentor
la sierra (3) mountain range
sin embargo (1) (5) however, nevertheless
solicitar (4) to apply for, request
sonreír (1) to smile
soportar (3) to put up with
sorprender (3) to surprise
el sueldo (4) salary
¡Sueñas! (informal) (2) You're dreaming!
surgir (6) to arise, emerge
suspender (2) to fail (a course, test, etc.)
el susto (1) fright, scare

T

tan pronto como (4) as soon as
la temporada (3) season
Tengo que contarte una cosa. (1) I have something to tell you.
Tienes razón. (5) You are right.
tirar(se) (1) to throw (yourself)
tomar medidas (6) to take measures
total que (1) in short
el trabajo forzado (6) forced labor
el transporte adaptado (5) handicapped accesible transportation
el tratado (6) treaty

U

un día (1) one day
una vez (1) one time

V

la vacuna (5) vaccine
las viviendas tuteladas (5) sheltered housing
la vocación (4) vocation
el voluntariado (5) voluntary work, service

Y

ya que (5) considering that, now that

The authors wish to thank the many peoples who assisted in the photography used in the textbook. Credit is given to photographers and agencies below.

We have made every effort to trace the ownership of all copyrighted material and to secure permission from copyright holders. In the event of any question arising as to the use of any material, please let as now and we will be pleased to make the corresponding corrections in future printings.

Col. Shutterstock / amazingmikael, Col. iStock) | **Page 163** (Gertjan Hooijer, Col. Shutterstock) | **Pages 164-167** (Por cortesía de EGEDA, Sociedad de Servicios para los Productores Audiovisuales) | **Page 168** (De Visu, Shutterstock.com / Oliver Hoffmann, Col. Shutterstock / ChameleonsEye, Shutterstock.com) | **Page 169** (Purestock, Col. Thinkstock / AndreyPopov, Col. iStock / gawriloff, Col. iStock / Kichigin, Col. iStock) | **Page 170** (bibiphoto, Shutterstock.com / lisafx, Col. iStock / hjalmeida, Col. iStock) | **Page 171** (Celig, Col. Shutterstock / Fuse, Col. Thinkstock / Daniel Ernst, Col. iStock / Dann Tardif/ Fuse, Col. Thinkstock / SanneBerg, Col. iStock) | **Page 172** (Dr. Morley Read, Col. Shutterstock / sunsinger, Col. Shutterstock / NAR studio, Col. Shutterstock) | **Page 174** (Cathy Yeulet, Col. iStock / EDHAR, Col. Shutterstock) | **Page 175** (wavebreakmedia, Col. Shutterstock / everything possible, Col. Shutterstock) | **Page 176** (Lunov Mykola, Col. Shutterstock) | **Page 177** (Kevin Oh, Col. Shutterstock) | **Page 178** (Miguel Campos, Shutterstock.com / Purestock, Col. iStock / Cover Juan Luis Guerra, La bilirrubina, por cortesía de coveralia.com / JackF, Col. iStock / Syda Productions, Col. Shutterstock) | **Page 179** (Anton_Ivanov, Col. Shutterstock / lenetstan, Col. Shutterstock / BrAt82, Col. Shutterstock / Dmitriy Raykin, Col. Shutterstock) | **Page 180** (Ramon Casas - MNAC- Pío Baroja) | **Page 181** (Quang-Ngo, Col. iStock)

UNIDAD 6

Page 184 (Peter Scholz, Shutterstock.com) | **Page 186** (APavlov, Col. Shutterstock / photo-nuke, Col. Shutterstock / Andy-pix, Col. Shutterstock / catalin eremia, Col. Shutterstock / Konstantin Chagin, Col. Shutterstock) | **Page 187** (BrAt82, Col. Shutterstock) | **Page 188** (Olga Popova, Shutterstock.com / Neftali, Shutterstock.com / Adwo, Col. Shutterstock / gary yim, Shutterstock.com / Anton_Ivanov, Shutterstock.com) | **Page 189** (Everett Historical, Col. Shutterstock / oneinchpunch, Col. Shutterstock / darkbird77, Col. iStock) | **Page 190** (Colman Lerner Gerardo, Shutterstock.com) | **Page 192** (Yuliya Evstratenko, Col. Shutterstock / chairoij, Col. Shutterstock) | **Page 193** (Everett Historical, Col. Shutterstock / Alba Jimenez Aranda, Col. Shutterstock) | **Page 194** (catwalker, Shutterstock.com / Brendan Howard, Shutterstock.com / Olga Popova, Shutterstock.com / chrisdorney, Shutterstock.com / wantanddo, Shutterstock.com) | **Page 195** (El Nariz, Col. Shutterstock / Monkey Business Images, Col. Shutterstock / Nadino, Col. Shutterstock / Fotoluminate LLC, Col. Shutterstock / PathDoc, Col. Shutterstock) | **Page 196** (Everett Historical, Col. Shutterstock / Everett Collection, Col. Shutterstock / meunierd, Shutterstock.com) | **Page 197** (Ollyy, Col. Shutterstock) | **Pages 198-201** (Por cortesía de EGEDA, Sociedad de Servicios para los Productores Audiovisuales) | **Page 203** (tetmc, Col. iStock) | **Page 204** (LuckyBusiness, Col. iStock / Jupiterimages, Col. Stockbyte) | **Page 205** (Por cortesía de Jose Lara, Flickr, en Creative Commons / imtmphoto, Col. Shutterstock) | **Page 206** (Daniel M Ernst, Col. Shutterstock / FCSCAFEINE,

Col. Shutterstock) | **Page 207** (Everett Collection, Col. Shutterstock / Elzbieta Sekowska, Col. Shutterstock / Everett Collection, Col. Shutterstock / Everett Historical, Col. Shutterstock) | **Page 208** (Por cortesía de MaríaJoséFelgueresPlanells, en Creative Commons / AlbertoLoyo, Col. iStock) | **Page 209** (Fotoluminate LLC, Col. Shutterstock) | **Page 210** (Colman Lerner Gerardo, Shutterstock.com / MPanchenko, Shutterstock.com) | **Page 211** (Guillermo Kahlo, en Creative Commons / Carl Van Vechten and one more author - Van Vechten Collection at Library of Congress / Goran Bogicevic, Shutterstock.com) | **Page 212** (Por cortesía decine.com / Cover por cortesía de coveralia.com) | **Page 213** (T photography, Shutterstock.com / Alexcrab, Col. iStock / Ingram Publishing, Col. Thinkstock / Medioimages-Photodisc, Col. DigitalVision) | **Page 214** (Por cortesía de Rulfo por Lyon, en Creative Commons / Cubierta por cortesía de Fondo 2000)